公共文化服务创新研究丛书

丛书主编：何　俊
丛书副主编：张卫中　郭持华

浙江省农村文化队伍建设研究

金才汉　耿志红　主编

ZHEJIANGSHENG NONGCUN WENHUA
DUIWU JIANSHE YANJIU

ZHEJIANG UNIVERSITY PRESS
浙江大学出版社

《浙江省农村文化队伍建设研究》
编委会

主　编：金才汉　耿志红

副主编：张少坡　马德良

撰　写：金才汉　张少坡　马德良　戴旭锋

　　　　郑有堆　赖飞明　蔡海滨

目　　录

第一章　农村文化队伍建设总论 ……………………………… 1

一、农村文化队伍的内涵 ………………………………… 2

二、农村文化队伍建设的基本原则和指导方针 ………… 13

三、农村文化队伍建设的目标任务 ……………………… 18

第二章　浙江省农村文化队伍建设现状与趋势 …………… 24

一、农村文化队伍的发展历程 …………………………… 24

二、农村文化队伍建设的主要成就 ……………………… 27

三、农村文化队伍建设面临的问题 ……………………… 35

四、农村文化队伍建设的发展趋势 ……………………… 38

第三章　浙江省农村文化专业干部队伍建设 ……………… 45

一、农村文化专业干部队伍的构成 ……………………… 45

二、农村文化专业干部队伍的地位和作用 ……………… 53

三、农村文化专业干部的录用途径和素质要求 ………… 57

四、创新农村文化专业干部队伍建设的主要举措 ……… 62

第四章　浙江省农村文化管理员队伍建设 ………………… 87

一、农村文化管理员队伍的构成与特征 ………………… 87

二、农村文化管理员队伍的发展现状 …………………… 90

三、农村文化管理员队伍建设的基本做法 ············ 96

四、农村文化管理员队伍建设的主要成效 ············ 99

第五章　浙江省农村业余文艺团队建设 ············ 116

一、新时期农村业余文艺团队概况 ············ 116

二、农村业余文艺团队的作用 ············ 125

三、浙江省农村业余文艺团队建设的主要举措 ············ 128

第六章　浙江省农村文化志愿者队伍建设 ············ 153

一、浙江省农村文化志愿者队伍的形成和发展 ············ 154

二、浙江省农村文化志愿者队伍的管理及运行 ············ 163

三、浙江省农村文化志愿者实践成果和社会价值 ············ 170

四、浙江省农村文化志愿者队伍建设典范 ············ 176

第七章　浙江省农村文化队伍建设的基本经验 ············ 186

一、加强农村文化队伍建设的主要做法 ············ 186

二、统筹农村文化队伍发展的几点启示 ············ 199

第八章　浙江省农村文化队伍建设的发展策略 ············ 205

一、建立农村文化队伍的准入机制 ············ 205

二、健全农村文化队伍的管理制度 ············ 209

三、构建农村文化队伍培训体系 ············ 213

四、完善农村文化队伍的激励机制 ············ 216

五、建立符合省情的农村文化人才评价使用制度 ············ 221

参考文献 ············ 228

后　记 ············ 233

第一章　农村文化队伍建设总论

国以才立,政以才治,文以才兴。改革开放特别是进入新世纪以来,党中央、国务院把加强农村文化人才队伍建设作为推进社会主义新农村建设、发展农村文化事业的重要抓手,作为构建农村公共文化服务体系的重要内容,不断制定和完善政策法规,加大培养、选拔和使用力度,从而使文化环境进一步优化,文化人才工作取得显著成就,文化队伍不断壮大,社会主义新农村文化建设欣欣向荣。浙江省早在1999年就提出了建设文化大省的目标,全面实施文化人才工程,加强基层文化人才队伍建设。经过十几年的建设和发展,浙江已初步形成了一支规模宏大的,适应时代要求、富有开拓精神、善于创新创造的农村文化人才队伍,为助推浙江"文化强省"建设作出了应有的贡献。

自党的十七大以来,文化部积极贯彻中央人才工作会议精神和《国家中长期人才发展规划纲要(2010—2020年)》,科学规划,编制出台了《全国文化系统人才发展规划(2010—2020年)》,并在党的十七届六中全会站在建设社会主义文化强国的新高度和文化事业发展繁荣新的历史起点上,作出了建设宏大文化人才队伍,为社会主义文化大发展大繁荣提供有力人才支撑的战略部署,为我国农村文化人才发展和队伍建设指明了方向。2012年出台的《文化部"十二五"时期文化改革发展规划》中将加强文化人才队伍建设列为重要的一章;党的十八大以及十八届三中全会提出了加强社会主义文化建设,实现文化事业大繁荣大发展,完善公共文化服务体系,提高服务效能,建设文化强国,实现中国梦的目标,这也使得做好文化人才建设工作成为当务之急。本章将从农村文化队伍建设的内涵、特征、意义,农村文化队伍建设的基本原则和指导方针,农村文化队伍建设的目标任务等三个部分进行阐述。

一、农村文化队伍的内涵

农村文化队伍,是活跃农村文化生活和加强农村精神文明建设的基础力量,是农村群众文化活动延续和发展的动力。稳定和发展农村文化队伍,是我国农村文化事业管理的主要内容之一,是社会主义市场经济体制下农村群众文化繁荣发展的自身要求和关键所在。由此看来,培养造就一支规模庞大、素质优良、结构合理的农村人才队伍,能为新农村建设提供强大的智力支持与动力保障,对于推动社会主义新农村建设具有重要的战略意义。从另一方面来看,农村文化队伍建设,其水平的高低、质量的好坏,也是衡量该区域文化综合实力的重要标志之一。

(一) 农村文化队伍的内涵

从构成的范围上说,农村文化队伍有广义和狭义两种。

广义的农村文化队伍,包括为农村文化建设服务的县级以下文化馆(站)、县图书馆(室)及广电、文博、体育及其他公益性文化服务组织和机构,由这些单位、组织和机构的文化工作者所形成的为农村文化建设提供人才支撑和人员服务的队伍,如农村文化指导员队伍和农村文化志愿者队伍等。狭义的农村文化队伍,是指直接生存和活跃在农村的进行农村文化建设的专职文化队伍和强化农村文化氛围的业余文化队伍,包括农村文化管理队伍、农村文化创作队伍、农村文化活动队伍、农村文化市场队伍、民间艺人队伍(非物质文化遗产传承队伍)等。①

从参与的对象来说,农村文化队伍就是以文化为服务手段,为农村文化建设提供人才支撑和人员服务、活跃农村文化生活的各类人员的总称,也包括农村文化专业队伍和业余队伍两个方面。农村文化专业队伍由县(市、区)图书馆专业队伍、县(市、区)文化馆专业干部、乡镇(街道)综合文化站干部以及农村电影放映队专业人员等组成。这支由"两馆一站"等专业人才组成的队伍是农村文化建设的基本力量。他们以自身的专业优势成为农村文化活动的主要策划者和组织者,属于政府编制下的专职文化队伍。这支队伍自身素质较高,不仅要接触不同职业、不同层次的群众,还会涉及不同的艺术门类,综合性强,组织协调的工作量大,活动策划、专业辅导、组织宣传、创作演出是他们的主要工作。农村业余文化队伍主要包括活跃在农村的各类业余文化团队、农村文化志愿者队伍、农村文化管理员队伍、业余文保员、文化市场协管员队伍、民间艺人队伍(非物质文化遗产传承队伍)等等。业余文化队伍虽然在专业上不如专职队伍,但他们是农村文化活动的真正主体,人数众多,渗透在广大的人民群众之中。很多参与农村文化活动的积极分子如民间歌手、乡村画家、民间艺人、网络作家、业余诗人、民间文化传承人等等,都具有一定的文化特长,热心基层文化活动,为丰富农村文化生活、繁荣农村文化发展贡献了力量。

农村业余文化队伍对于经常、便利且低成本地满足农民群众的各类文化需求,提高农民群众的文化素质和生活质量,树立农村文明新风尚,构建农村和谐社会以及保护优秀传统文化、挖掘特色文化具有显著的积极作用。因而,必须充分重视发挥农村业余文化队伍的作用,使他们在专职文化工作者的指导下,真正成为新农村文化建设的

---

① 浙江省新农村文化建设90问[DB/OL].浙江省文化厅主页,http://www.zjwh.gov.cn,2009年7月14日

生力军,这是使农村文化活动具有持久生机活力的关键所在。

农村文化建设既为了人也要依靠人。多样化的农村文化队伍是农村公共文化服务体系建设的骨干力量,宏大的农村文化队伍是农村文化建设取得成就的关键所在。无论是专业的文化队伍还是业余的文化活动团队,都在为农村社会主义文化建设提供源源不断的发展动力。

(二) 农村文化队伍的特征

农村文化队伍是宣传党和政府的相关政策的有效载体,是农村思想建设的引领者和精神家园的建设者,能够为社会带来良好的秩序,促进社会和谐。党的"十二五"时期发展规划中把"加强文化人才队伍建设"作为其中一项重要任务,各级党委和政府也不断出台政策,加大了农村文化建设步伐,扶持农村各类文化队伍成长,农村文化队伍作为农村文化的组织者、建设者和传播者,对于农村文化建设的促进作用也充分地显现出来。当然,为了更好地加强农村文化队伍建设,使之更有利于推进农村公共文化服务体系的全面构建,我们就有必要掌握农村文化队伍的基本特征。剖析农村文化队伍的成长与发展,农村文化队伍应具有以下几个特征:

1. 服务性

农村文化队伍的作用具有服务性。农村文化队伍建设是农村公共文化服务体系供需机制的直接体现,它以满足农村群体的享受文化成果、参与文化活动、接受文化教育等文化需求为目标,[①]为农村文化生活提供文化活动人才支撑和文化产品服务,具有显著的服务性。具体可以包含四个方面:第一是"以人为本"的服务理念。农村文化队伍要强化以人为本的工作意识和服务意识。第二是群众导向的服务模式。农村文化队伍要适应人民群众文化需求与个性偏好的新变化、新要

---

① 刘吉发、金栋昌等,文化管理学导论[M],北京:中国人民大学出版社,2013 年3 月,第 314 页。

求,提供丰富多样的文化产品与灵活多变的文化服务,不断拓展农村文化队伍的服务范围,使其成为一支社会性、全民性的文化建设队伍。第三是文化惠民的服务准则。作为社会主义新农村建设的直接参与者,从"文化为民、文化惠民"的要求出发,提升农民群众的文化素质,真诚服务三农。第四是绩效评估的服务考核。各支文化队伍都能用各类指标来量化、细化服务标准,使服务机制达到优化。

此外,农村文化队伍活跃在农村,通过广泛开展农村文化志愿者服务,建立农村文化指导员制度、实施文化下乡工程等等,积极参与农村文化建设,服务社会,服务民生,使服务走向纵深,潜移默化地完成社会主义新农村先进文化与优秀民间文化的对接与融合。

2. 多样性

农村文化队伍的组成具有多样性。这是因为:其一,群众文化活动的多样性,决定了农村文化队伍的多样性。广大群众由于文化修养、年龄层次、兴趣爱好等的不同,导致了参加的文化活动也不同。因此,物以类聚,人以群分。这些人自然就分化成了多支不同的文化活动队伍,年龄结构上也呈现阶梯现象,老、中、青、少等多层次并存。在素质结构上,以群文专业的文艺队伍为主,自发性民间队伍为辅。其二,由于文化活动需求的多元性,决定了农村文化队伍具有多样性,策划、撰稿、主持、舞美、乐队、摄影摄像等方面的文化人才都要充实,这样才能更适应农村文化活动的需要。其三,人数众多的各类业余文化团队、农村文化志愿者队伍、农村文化管理员队伍、业余文保员、文化市场协管员队伍、民间艺人队伍、非物质文化遗产传承人队伍等等也热心地参与进来,成为了农村文化队伍的一分子,增添了这支农村文化队伍的组成元素,使得农村文化活动的开展更加丰富多彩。

3. 公共性

农村文化队伍还具有公共性,它是现代公共文化服务体系特性的重要体现,包含了农村文化队伍的共享性、公益性等特质,体现了社会主义和谐社会对一个服务型文化队伍的基本要求。农村文化队伍的公共性首先体现在共享性上。农村文化队伍带有自发性质,常以服务民生作为队伍发展的一个出发点,把农民群众作为被服务的对象,积极参与农村社区的文体活动,组织上相对比较开放,能吸引更多的群众积极参与,使更多的人民群众分享到文化活动,从活动中得到了身心愉悦,必定会对农村文化氛围的形成产生积极的影响。其次,农村文化队伍的公共性还包含公益性。这里的公益性是指农村文化队伍的活动应当尊重社会全体成员的共同利益,不能以盈利为目的的属性。农村文化队伍以服务农村文化建设为目标,追求社会效益的最大化,满足的是广大人民群众的公共文化需求,惠及最广大的农村人民群众的根本利益。基层文化建设关系到农村乡镇的千家万户,关系到最广大人民群众的根本利益,这是农村文化队伍最大的服务对象,也是农村文化队伍工作最大的公益性。以"两馆一站"为主体的农村文化专职队伍本身就属于公益性文化事业单位的范畴,他们提供的也是公益性质的免费辅导培训,承担公益性的文化活动项目。广大的业余文化队伍积极发挥志愿者精神,在满足自身精神文化需求的同时,免费为各种文化活动提供人力和节目支撑,公益性质更加明显。

(三)农村文化队伍建设的意义

农村文化队伍是文化部门面向基层、面向群众的文化活动直接承担者,是农村文化事业建设的主体,是实施基层公共文化服务体系的重要力量。繁荣农村群众文化生活、发展文化事业与文化产业离不开一支业务强、素质精的文化队伍。随着农民生活水平的日渐提升,农村文化阵地建设的不断加强,农村文化设施投入大有改善,农民文化生活观念也逐渐发生了变化。农村文化队伍从无到有,从小到大,活动从简单到丰富,从"送"文化到"种"文化,丰富多彩的文化生活对提升农民幸福感起到了重要作用。建设好农村文化队伍,开发好村落文化资源,创新农村文化队伍活动,才能更加丰富农村基层的文化生活,提升农民文化素质,完善公共文化服务体系,从而有力地推动社会主义新农村建设的步伐。

1. 加强农村文化队伍建设是推动文化大发展大繁荣的必然要求

充分认识加强农村文化队伍建设的必要性和紧迫性,对于我们更加自觉、更加主动地重视和加强文化人才工作,培养和造就数以亿万计的文化人才大军,为建设社会主义文化强国提供丰富的智力资源和坚实的人才保障具有十分重要的意义。党的十七届六中全会于2011年10月18日闭幕,会议通过了《中共中央关于深化文化体制改革推动社会主义文化大发展大繁荣若干重大问题的决定》。全会提出,推动社会主义文化大发展大繁荣,队伍是基础,人才是关键。要坚持尊重劳动、尊重知识、尊重人才、尊重创造,深入实施人才强国战略,牢固树立人才是第一资源的思想,全面贯彻党管人才的原则,加快培养造就德才兼备、锐意创新、结构合理、规模宏大的文化人才队伍。① 党的十八大提出要做好社会主义文化强国建设的目标,文化人才队伍也是我国社会主义现代化建设的重要方面军,是文化繁荣发展的第一宝贵资源。

文化大发展大繁荣提升了我国的文化软实力。文化软实力是美国哈佛大学教授约瑟夫·奈(Joseph Nye)提出的,国内学者将文化软实力概括为"一个国家国民的思想道德、理想信念、核心价值观念、文化科学素质和民族文化传统、民族文化遗产,以及民族性格、民族心理、风俗习惯等文化发展和文化积累所形成的现实力"。② 农村文化建设是提升文化软实力的重要组成部分,是整个公共文化服务体系的重要基础之一,农村文化队伍建设是整个文化人才建设的一个重要组成部

---

① 李伟.建设宏大文化人才队伍[J].求是,2011(23)
② 杨力龙.提高文化软实力与建设社会主义核心价值体系[J].中共太原市委党校学报,2008(1)

分，推动整个社会文化的大繁荣大发展离不开农村文化的力量。一方面，农村自身传统文化资源极为丰富，民间工艺、民间音乐、民间美术、民间舞蹈、地方戏曲、神话传说、史诗民谣、传统建筑等数不胜数，它们经过历史的沉淀，已经扎根于农村的广阔土地，成为新农村文化建设的精神血脉和延续基因。另一方面，农民当前的精神文化需求也在悄悄地发生转变：年轻人不再守着一成不变的稻田，他们追求新知识、新技术，喜欢上网、读书、唱歌等丰富的娱乐生活；老年人也不甘落后，除了喜欢传统的戏曲、体育活动外，随着生活水平的提升，他们也渐渐喜欢外出旅游、养身保健等新时尚，甚至排舞、驴行也积极参与；外来的新居民、乡镇企业的工人除了积极参与大众文化活动外则更加关注实用性的文化生活，比如法律咨询、养殖技术、IT培训等等。要实现新农村文化求知、求乐、求美的多元化需求，创作群众喜闻乐见的文艺作品，丰富和活跃农村的文化生活，没有一支熟悉农村文化现状的、热心农村文化生活的人才队伍是不可能做到的。建设一支宏大的农村文化人才队伍，"形成各类人才竞相涌现、高端人才层出不穷，人尽其才、才尽其用的生动局面，不仅是文化大发展大繁荣的重要标志，而且是实现文化大发展大繁荣的重要保障。"①

所以，各级政府应当承担起农村文化队伍建设发展的重要责任，在充分落实农村文化基础设施建设、农村文化经费保障、农村文化建设管理、农村文化资源提供之外，还要大力加强对农村文化人才和文艺团队的挖掘、培训、辅导，提供必要的政策支持和资金保障。乡镇、行政村都要合力推进农村文化队伍建设，引导农民群众共同参与文化活动，使这支队伍成为弘扬先进文化、培养社会主义新型农民、推动农村文化建设的重要力量。

---

① 李伟. 建设宏大文化人才队伍为社会主义文化大发展大繁荣提供有力人才支撑[DB/OL]. 人民出版社网（http://www.ccpph.com.cn/res/wzzk/jj_1/201111/t20111115_102437.shtml）

2. 加强农村文化队伍建设是提升改善文化人才资源质量规模的迫切需要

农民是农村文化建设的受惠者，更是农村文化建设的主力军。"十二五"期间，在党中央统一领导下，农村文化将得到健康快速发展。浙江省已经全面落实"种"文化活动、文化大篷车、"流动大舞台"、"农家书屋"工程等文化项目，省内的各市县还有众多丰富多彩的文化活动把着眼点放到了农村文化建设上，农村文化生活呈现出蒸蒸日上的喜人局面。但我们也要清醒地看到，相对于轰轰烈烈的农村文化生活，我们的农村文化队伍建设稍显滞后。无论是文化人才队伍的总量和质量、高端文化人才的比重，还是基层文化团队的可持续发展、人才结构的合理性，都存在着明显的缺陷。所以，"十二五"期间不仅是我国经济发展的重要战略机遇期，也是文化发展的重要战略机遇期。抓住机遇，提高农村文化人才队伍的整体质量和规模，是提升和改善农村文化建设的迫切需要。

也正是因为农村文化需求和文化活动的迅猛发展，导致了农村文艺人才的大量短缺。浙江省针对党的十七届六中全会《决定》提出了"加快培养造就德才兼备、锐意创新、结构合理、规模宏大的文化人才队伍"的工作目标和建设文化强省"文化人才队伍发展壮大，一批文化领军人物脱颖而出，民间文化人才的作用得到充分发挥"的发展要求，结合农村文化队伍建设的实际，及时作出了加强农村人才队伍建设的一系列重大部署。一方面针对缺人就会缺活动的情况，首先稳定现有的农村文化管理队伍，配足乡镇（街道）综合文化站工作人员。大力培养和发展镇村文艺表演、文艺创作、健身保健、宣传报道、民间艺术、竞技体育等各类文化队伍，充分发挥他们在繁荣农村文化中的主力军作用。开展文化活动时，由乡镇（街道）综合文化站出面，邀请、整合区域内外现有的文化活动专业人才、农村文化活动积极分子、文化志愿者、业余文化小团队等等进行策划组织、排练演出，其次从县（市、区）文化馆"农村文化人才资源库"中挖掘相关文化活动人才，参与活动，再次则需要文化部门广开门路,吸纳更多热心农村文化事业,身怀一技之长的文化人才加入到文化队伍中来,提供发展条件,落实相关待遇,从而扩大农村文化人才队伍的总量。另一方面,提升原有农村文化队伍的自身素质,适应不断提升的文化活动水平的需要。其一,依托文化馆、图书馆等公共文化机构,以及国家信息资源共享工程等传播渠道,建立农村文化人才培训网络,对乡镇专职文化管理人员和各类业余文化骨干进行辅导,提升他们创作、表演的水平;其二,加强文化人才自身修养,各乡镇要大力支持和鼓励在职农村文化人才积极报考脱产学习、函授培训等学历教育或业务深造。也可以把好人才入口关,引导和邀请高校毕业生和文化志愿者参与农村文化建设,到农村担任文艺辅导员、文化指导员,结合乡镇(街道)综合文化站、大学生村官选聘等,人事、文化部门着力做好农村文化人才的职称评定工作,促进文化专业队伍整体素质的提升;其三,重视本土文化人才的培养,开展文化帮扶活动。把民间文化人才纳入培训范围,充分发挥上级文化单位的人才优势,针对各类人才的不同特点和成长规律,邀请文化专家与相关从事民间绘画、民间文学创作、民间舞蹈表演等的本土人才结对帮扶,提高他们的文化活动和创作能力,使之成为农村文化活动的领军人物。

因此,我们要在巩固、壮大现有农村文化队伍的基础上,立足农村需要,进一步提高队伍自身的素质,提升队伍创编、管理的水平,形成文艺人才与文艺作品互相促进的良好局面。这既是贯彻落实好党的十七届六中全会《决定》和十八大提出的工作任务,促进农村文化人才质量规模的进一步提升的有力表现,也是提升各地农村文化队伍规模、改善文化人才资源质量的有效手段。

3. 加强农村文化队伍建设是提高农村文化建设水平的重要举措

农村文化建设的根本目标是培养与现代文明相适应的新一代农民,建设现代化的新农村。我国农村文化建设的战略目标之一就是对

"人"的发展目标,即通过文化发展战略的实施全面提高我国亿万农民的文化素质、科技素质、能力素质、法律意识、市场意识、全球意识、创新意识,实现其现代化。① 加强农村文化人才队伍建设是实现农村文化建设"人"的目标的重要举措,是农村群众文化领域的基础工程。在我国,城乡二元差距也深深地体现在文化建设上。由于城市经济发展迅速,社会精英人才集聚,文化建设相对比较繁荣,而在农村地区,经济相对落后,文化人才相对缺乏,导致了农村文化建设缓慢,文化生活贫瘠。随着农村经济的发展,人民群众对文化追求日趋强烈,对文化生活的消费需求也越来越高。因此,迫切需要一支功能全面的农村文化队伍应对新农村文化建设。重视农村文化队伍的建设,制定吸引文化人才参与的政策,完善机构编制、学习培训、待遇保障等方面的政策措施,鼓励支持各类民间文化团体的发展,重视发现和培养优秀民间文艺人才、非物质文化遗产项目代表性传承人,积极培育和发展农村文化志愿者队伍,形成专兼结合的基层文化工作队伍。只有队伍组建了,人才成长了,并且不断地加强培养,才能解决农村文化人才队伍的不足现状,解决文化活动缺乏组织,文化生活无法开展,文化建设水平低下的各种现实困难,才有农村文化建设水平的逐步提高。

近年来,许多地方都出台了本地区文化建设的相关文件和政策,许多有针对性的部署都是基于农村文化队伍建设的角度提出的,随着更多的高层次高素质的文化专业人才到农村从事文化活动,乡村民间文艺人才和文艺团队的建设得到积极扶持,更多企业和个人积极地参与到农村文化建设中来,农村文化队伍日益壮大,建强建精,以文化队伍建设推动农村文化的自觉创新日渐形成。建设好这支农村文化队伍,能更好地承担起农村文化建设的使命,为社会主义新农村文化建设提供更有力人才支撑,也为农村公共文化体系建设打下扎实的实践基础。

---

① 　孙萍.文化管理学[M].北京:中国人民大学出版社,2011:256

4. 加强文化人才队伍建设是全面落实省委《文化强省》部署的必要保证

2011 年 11 月 16 日至 18 日,中共浙江省委十二届十次全体(扩大)会议在杭州举行。会议审议并通过了《中共浙江省委关于认真贯彻党的十七届六中全会精神大力推进文化强省建设的决定》(以下简称《决定》),全面部署了推动浙江从文化大省向文化强省迈进的各项工作。会议提出,造就高层次领军人物和高素质文化人才队伍。加强基层文化人才队伍建设,创新文化人才工作机制,把加强文化人才队伍建设作为文化强省的六大建设任务之一。

随着农村经济的发展,人民群众对文化追求日趋强烈,对文化生活的消费需求也越来越高,因此,建设一支高素质的农村文化队伍已成为新农村建设的迫切要求。根据《决定》的部署要求,浙江省各地方政府应采取有效措施,全面贯彻党管人才的原则,制订我省基层文化人才队伍建设规划,完善机构编制、学习培训、待遇保障等方面的政策措施,深入实施基层文化队伍素质提升工程,构建省、市、县、乡、村五级文化志愿服务网络体系,形成专兼结合的基层文化工作队伍。《决定》还对文化人才的培养开发、评价发现、选拔任用、流动配置、激励保障机制以及农村文化队伍的成长环境等作了相关的要求。

从《决定》我们可以看出浙江对文化建设特别是基层文化队伍建设的重视。加强农村文化队伍建设,不仅是贯彻落实《决定》的一项具体工作体现,而且是确保《决定》提出的各项任务得以全面完成的必备条件。

2013 年 3 月,浙江省文化厅印发《浙江省公共文化服务体系建设提升年活动实施方案》,把农村文化礼堂建设列为省政府的实事工程重点实施。通过专家指导员队伍、文化志愿者队伍、文化礼堂管理员队伍等的多管齐下,着力加强文化礼堂民间文化人才队伍建设,培育了一大批高素质的农村文化人才,使农村文化礼堂在这些文化人才队伍的带动下,真正成为广大群众的精神家园,也为"两富"浙江作出应有的贡献。

二、农村文化队伍建设的基本原则和指导方针

建设适应新形势的农村文化是加强党的执政能力建设、发展社会主义先进文化、构筑农村和谐社会不可或缺的内容之一，农村文化队伍是农村文化建设的主力军，造就一支高素质的农村文化生活骨干队伍和文艺人才队伍是搞好新农村文化建设的重要保证。当然，正如文化建设不是一朝一夕就能达成的一样，农村文化队伍的建设也需要一个从认识到重视、持续发展的过程。所以，必须坚持以政府为主导，鼓励社会力量积极参与，同时吸取各方先进经验，更新观念，勇于创新，才能探索出一条与经济社会发展水平相适应的，适合实际情况的农村文化队伍发展之路。

（一）农村文化队伍建设的基本原则

文化靠人创造，人才强才能事业兴。切实加强农村文化人才队伍建设，形成各类人才竞相涌现、高端人才层出不穷，人尽其才、才尽其用的生动局面，是推动社会主义新农村文化建设的重要保障。加强农村文化队伍建设，必须坚持以下基本原则：

1. 坚持引进、培养和激励相配套的原则

农村文化建设需要有效地组织和辅导群众开展文化活动，满足人民群众日益增长的文化需求。一方面要加强文化队伍的更新，加大优秀专业人才引进力度，坚持对文艺骨干队伍的培养，优化文化人才引进、培养制度，通过外聘专家讲座、送入高校进修、城乡结对互助、岗位实践锻炼等途径，打造高层次农村文化人才，凝聚和培育文化业余爱好者队伍，辅导和带动周围更多的群众参与到文化活动中来，壮大农村文化人才队伍，活跃整个农村的文化活动氛围。另一方面要制定相

关的激励配套措施，充分发挥队伍作用，保持队伍的稳定。保障各专职文化人才队伍的工资、福利待遇，确保人员在编在岗，制定相应的农村文化队伍建设目标责任制和文化活动奖励制度，把文化队伍建设纳入政府年终目标管理综合考评的范畴，调动其积极性，强化自身文化素质，创新文化队伍活动。

2．坚持重点突破和整体推进相结合的原则

在农村文化人才队伍建设中，各级政府必须坚持文化服务人民为宗旨，以打造农村本土文化人才为突破口，扶持民间文艺队伍的发展壮大，深入推进"送文化"与"种文化"活动，实施"民间名家"和"民间文艺星级团队"评定工程，辐射区域内所有的文艺队伍，打造特色，传承和发扬民间文化艺术，使得农村文化活动遍地开花，促进了文化人才队伍的成长，整体推进农村文化队伍建设水平。

在中国，民间文化艺术源远流长，许多富有地方特色的民间艺术是本土文化不可分割的组成部分，是发展本土文化建设不可或缺的资源。把民间艺术传承人与参与者发展好、组织好，引导他们参与本土农村文化建设是繁荣农村文化的关键。把抓好本土文化队伍建设作为重点，打造一支农村文化活动的地方军，激励农民自建队伍、自办文化，多样式开展群文活动，扶持和培养当地文化队伍走向专业化、市场化，并以此为龙头，指导更多本土的艺术团队建设，培育、衍生出更多的本土文艺人才，建立起农村文化活动的长效机制，带动全民参与文体活动的热情，把农村文化队伍的建设难题化解在最基层。这样的形式既盘活了本土文化资源，又能较好地破解农民接受文化培训难、编排文化节目难、开展文化活动难的"三难"局面，全面推进农村文化队伍的建设。

3．坚持增加总量和提高质量相并重的原则

农村文化建设的繁荣需要宏大的农村基层文化队伍作为支撑，有了稳定壮大的队伍，才会有经常性群众活动的开展，文化设施的功能才能得到充分发挥。这支宏大文化人才队伍的质量和总量将决定农村文化建设的进度。文化人才的个体素质提高和文化人才的总量提升是农村文化队伍建设点和面的关系，既要关注面上的发展又要追求点上的突破，才能促使农村文化队伍合理发展、健康成长。

在实践中，一方面坚持增加农村文化人才的总量。要做到既稳定好当前的农村文化队伍数量，控制基层的文化人才队伍的流失率，又鼓励更多的优秀大学毕业生、农村业余文化骨干、有一技之长的民间艺人等等加入到农村文化队伍中来，建立庞大的农村文化志愿者队伍，启动农村文化人才储备库项目建设，加大培训力度，提高农村文化人才在农村人口中的所占比例。另一方面坚持提高农村文化人才队伍的素质。给文化人才创造进修的条件，增加锻炼的机会以实践促提升，重点加强对文化站干部和文艺活动带头人的培训指导，两者并重，才能建设一支具备综合专业素质的农村文化复合型人才队伍，带动人民群众积极参与文化活动，全面适应日新月异的文化发展脚步。

4. 坚持观念更新和机制创新相结合的原则

深入学习党的十七届六中全会以及十八大、十八届三中全会精神，解读中央关于农村文化队伍建设的相关文件，更新文化队伍建设观念，树立人才资源是第一资源的观念，形成全社会广泛参与的工作机制，共同建设农村文化队伍的工作格局。培养农民群众的文化自信，转化农民的文化观念，把农民的文化活动从电视机前、麻将室里拉出来，让他们关注自己的健康生活，自发地为改善和提高自己的精神文化生活而努力。

在转变观念的同时，还要克服农村文化队伍素质低下、管理使用散乱、激励机制难以落实等问题，创新人才管理机制，注重人才培养的实效和创新。扶持业余团队，锻炼人才队伍，调整人才结构，创新管理制度，优化人才成长环境，建立健全农村文化人才激励机制，实现人才成长的全程动态监管。鼓励农民自办文化，使农民群众成为文化队伍建设的真正主体，更好地促进农村文化队伍的快速、健康发展。

5. 坚持高层次人才、骨干人才和基础人才队伍建设相衔接的原则

农村文化队伍要形成衔接有序、梯次配备的合理结构。没有形成人才储备梯队递进发展的结构，几年后势必造成人才储备的断层，不利于农村文化队伍的可持续发展。从人才层次结构来说，可分为基础人才、骨干人才和高层次人才。高层次文化人才也就是当前文化建设最稀缺的资源，往往具有文化素质高，创新能力卓越，心理素质强，道德品质优秀等特点。骨干人才是潜在的高层次人才，文化部门应该支持他们的创新活动，提高他们的素质，在发现、培养和使用中，用人所长，避其所短，最大限度地发挥这些骨干人才的效率。基础文化人才队伍是农村文化建设的最有生机的力量，是农村文化建设最主要的实践者。

这三支人才队伍梯次衔接，发挥高层次人才、专家队伍的"传、帮、带"作用，以他们丰富的经验、过硬的专业技能和对农村文化建设的奉献精神来感染基础文化队伍，并以年青一代身上的大胆开拓、不畏困难的精神反过来激发高层次的农村文化建设专家队伍的实践创新，重点抓好年轻、优秀、骨干、特色文化人才队伍的培养工作，扭转农村文化人才的"断层"局面。

（二）农村文化队伍建设的指导方针

加强农村文化队伍建设，要高举中国特色社会主义伟大旗帜，以邓小平理论和"三个代表"重要思想为指导，深入贯彻落实科学发展观，解放思想，实事求是，与时俱进，坚持党管干部、党管人才原则，立足农村文化工作的实际需要，统筹兼顾、突出重点、整体推进，进一步提高队伍的思想理论素质和业务创新能力，进一步充实力量和优化结构，不断提高队伍建设科学化水平，努力造就一支政治坚定、素质优良、扎根基层、服务群众的文化人才队伍，为推动社会主义文化大发展大繁

荣提供坚强的组织保证和人才支持。

当前和今后一个时期,农村文化队伍建设指导方针可以概括为:服务农村,以用为本,创新机制,整体推进。

1. 服务农村

把服务农村发展作为农村文化队伍建设的根本出发点和落脚点是因为农村文化队伍直接面对广大人民群众,是公共文化服务体系建设的神经末梢。因为农民是农村文化活动的直接参与者和消费者,更是农村文化的建设者。农村文化队伍的建设直接服务于农村文化活动,丰富基层老百姓的文化生活,农村文化建设目标、任务的确定,要充分尊重农民意愿,反映农民要求,让农民充分参与,使之成为农村民心工程。要把农民高兴不高兴、满意不满意、拥护不拥护作为检验文化建设成效的根本标准。只有这样才能正确围绕科学发展目标确定人才队伍建设任务,根据科学发展需要制定人才政策措施,用科学发展成果检验人才工作的成效,才能让农村文化队伍建设真正做到以"民"为本,服务农村。

2. 以用为本

文化人才队伍发展坚持以用为本,是科学发展观在文化人才工作领域的集中体现,是一种新的人才观,也是我们农村文化队伍建设的新着力点。坚持以用为本,必须着力解决农村文化人才"不够用"、"不适用"、"不被用"等问题,努力使各类文化人才各得其所、用当其时、各展所长。目前,在用人的操作层面上,论资排辈、文凭至上的现象仍然存在,有些地方引进人才的目的在于装饰"门面",优秀人才得不到重用的情况也不少,这就造成了人才资源的极大浪费。解决这些问题,相关部门必须要坚持以用为本,敢用真用,主动提供舞台,最大限度地发挥文化人才的聪明才智,激发他们创业干事的热情。

3. 创新机制

创新文化人才工作体制机制,是引才、聚才、留才、用才的关键所在。要把深化改革作为推动农村文化队伍发展的根本动力。坚决破除束缚人才发展的思想观念和制度障碍,充分发挥农村文化队伍的基础性、战略性作用,激发农村文化队伍的创造活力,从开发人才资源、调整人才结构、保证人才投入、创新人才制度等方面完善文化队伍政策运行机制,探索文化队伍评价认定机制,创新文化队伍考核激励机制,最大限度地激发农村文化人才队伍的创造活力。

4. 整体推进

推进农村文化队伍建设,政策是前提,机制是保障,人才是根本,只有整体联动,建设一支结构合理、规模宏大的农村文化队伍才有可能。新农村建设中,我们要不断加大农村业余文化队伍的扶持力度,加快推进农村文化队伍的制度建设,结合新农村建设发展对农村文化人才队伍培养的新要求,及时调整文化人才培养的方向和知识结构。形成专职队伍和业余队伍双线并进,制度建设和实践培养两头并举,形成"政府引导、群众主体、社会参与"的农村文化队伍建设格局,全面推进农村文化队伍建设,不断增强农村文化人才队伍的整体实力,夯实农村基层文化建设的基础。

文化人才队伍是我国社会主义现代化建设的重要力量,充分认识加强文化人才队伍建设的必要性和紧迫性,对于我们更加自觉、更加主动地重视和加强农村文化人才队伍工作,培养和造就高素质、高数量的农村文化人才大军,为社会主义新农村文化建设提供丰富的智力资源和坚实的人才保障具有十分重要的意义。

三、农村文化队伍建设的目标任务

加强农村文化建设,是树立和落实科学发展观、建设社会主义新农村、构建和谐社会的重要内容,是大力发展社会主义先进文化、全面建设小康社会的重要举措。近年来,各级党委、政府采取一系列的政策措施,保障农民群众享受文化的基本权益,农民群众精神文化生活得到一定程度的改善,农村文化建设也取得了一定成就,但农村文化队伍建设相对滞后。农村文化队伍是开展农村各项文化活动的基础,加快建设一支适应新农村文化建设需要的农村人才队伍,是全面贯彻党中央"尊重劳动、尊重知识、尊重人才、尊重创造"的方针,实施"人才兴文"战略,建设社会主义新农村的前提条件。在未来的农村文化管理实践中,真正组建好、发展好、使用好这些队伍,打破常规,创新思路,采取有效措施,因地制宜,改变人才队伍的培养方式,稳定和发展专兼职结合的农村文化队伍,切实建立起农村文化队伍建设的长效机制,文化大发展大繁荣才会真正落实到实处。

(一) 农村文化队伍建设的目标

根据国家"十二五"时期文化改革发展规划纲要以及《中共中央关于深化文化体制改革推动社会主义文化大发展大繁荣若干重大问题的决定》中关于加强文化人才队伍建设的相关要求,结合我国现阶段农村文化队伍发展现状,现阶段农村文化队伍建设的总目标应该是:

以县(市、区)两馆一站等专职文化干部队伍、农村文化管理队伍、农村业余文艺人才队伍、农村文化志愿者服务队伍为主体的稳定的专兼职结合的农村文化人才队伍建设不断加强;人才引进和培养模式不断创新;农村文化队伍的保障机制、农村文化人才队伍使用、评价、激励制度得到建立和完善;人才队伍的整体素质明显提高,结构趋于合理;有利于农村文化人才大量涌现、健康成长的良好氛围得到进一步优化;社会各方力量参与农村文化建设和人才培养的力度明显提高;农村文化人才队伍数量和质量稳步提升;一支规模宏大、结构合理、素质优良的农村文化队伍逐渐成形,农村文化队伍人才辈出、人尽其才的新局面基本实现。

力争到2020年底,农村文化队伍建设能够实现跨越式发展。具体要达到以下发展目标:

1. 壮大人才队伍总量

到 2020 年,拥有一支相对完备的农村文化人才队伍。农村文化专职队伍稳步增加,业余兼职的群众文化活动骨干队伍不断壮大,队伍总量也进一步扩大。按照《全国宣传思想文化中长期人才发展规划(2010—2020 年)》的要求,就是到 2020 年,人才资源总量要从现在的 1400 万人增加到 2200 万人,增长 58% 左右。

2. 优化人才队伍结构

到 2020 年,农村文化高层次人才比重稳步扩大,各级各类文化人才在文化管理、文化产业和区域结构的配置更加合理,人才队伍的知识结构、专业结构更加优化,老、中、青相结合的文化人才队伍梯次结构构建完成。高层次、创新型、综合型人才所占比重增大,高、中、初级技术职称人员比例达到 1∶3∶6 的优化标准。

3. 提高人才队伍素质

在发挥不同层次各类农村文化人才作用和提高队伍整体素质的基础上,造就一大批有较高学术造诣、联系实际的理论工作者,一大批道德高尚、服务水平精湛的群众文化工作者,一大批献身农村文化事业、成就出类拔萃的民间艺人,一大批既懂得文化发展规律、又懂得市场运作规律的文化经营管理专门人才。到 2020 年,专业文化队伍中具有本科以上学历的达到 55% 以上,具有中级以上专业技术水平的达到 60% 以上。

4. 深化人才制度改革

力争用 3 至 5 年的时间,逐步建立符合文化事业单位特点的单位自主用人、人员自主择业、政府依法监督、配套措施完善的人事管理体制;健全竞争和激励机制,搞活用人和分配制度,逐步形成人员能进能出、职务能上能下、待遇能升能降,人才结构合理,优秀人才能够脱颖而出,充满生机与活力的人事管理机制。

（二）农村文化队伍建设的主要任务

依据国家文化部文化发展"十二五"规划主要任务和浙江省农村文化人才队伍建设的总目标，建设新时期农村文化人才队伍，必须立足当前，着眼长远，坚持引进、培育、服务、扶持、管理多管齐下，才能全面提高农村人才队伍建设水平，实现农村文化事业全面可持续发展。因此，农村文化队伍建设要具体抓好以下五项工作：

1. 建立健全农村文化队伍管理机制

各级党委和政府要切实担负起加强农村文化队伍建设的重要责任，要把农村文化队伍建设列入重要议事日程，建立健全农村文化人才队伍建设目标责任制和相关评价机制，把建设费用纳入政府财政支出预算。一是人员管理方面。制定实施农村文化人才队伍建设规划，完善机构编制、人员配备、教育培训、待遇保障、评价激励等方面的政策措施，加快落实公共文化机构从业人员职业资格制度，明确乡镇文化站编制，根据乡镇人口数确定文化站编制员额。在街道发展社区文化指导员，在农村发展文化管理员，逐步建立一支素质较高、人员稳定、专兼职相结合的基层文化队伍。二是待遇管理方面。要按照国家和省有关规定，提高乡镇（街道）文化专职干部的职级待遇，完善乡镇（街道）文化员养老、失业、医疗保险等社会保障机制，建立一支稳定的乡镇（街道）文化干部队伍。同时，通过各级财政安排专项经费，以发放津贴的方式，落实好村级文化管理员的待遇。三是业务管理方面。区县（市）文化馆、图书馆和乡镇（街道）文化站要通过深化改革，建立健全竞争、激励、约束机制和岗位目标责任制，提高自我发展能力和公共服务能力。

2. 加大农村文化队伍建设资金投入

各级政府要充分发挥公共财政的职能作用，把农村文化人才队伍开发、培养、引进经费纳入年度预算，完善有关职能部门的支持体系。

加大对农村文化人才队伍建设工程的资金投入,确保文化人才建设经费投入比例逐年增长,可以每年从各级文化建设经费中划拨一部分资金,整合农村人才队伍建设其他相关费用,设立"农村文化艺术成就奖"、"农村文化创新人才奖"、"农村文化建设突出贡献奖"等奖项,表彰在农村文化建设中作出贡献的农村文化人才和团队。同时,广泛动员社会力量参与,鼓励和支持企业、社会、个人等民间资金进入农村文化事业发展领域,开发农村文化人才资源,培育农村文化队伍,逐步健全以政府支持为主导,社会、用人单位和个人共同参与的多元化农村文化人才建设投入机制。

3. 实施农村文化队伍素质提升工程

坚持以科学发展观为指导,深入贯彻文化部《关于开展全国基层文化队伍培训工作的意见》,将农村文化队伍培训工作纳入本地区文化建设总体规划,制定符合实际、科学系统的培训计划,分批分类分层对全省文化馆、图书馆干部、乡镇(街道)文化员及群众文艺骨干进行全员培训。并将培训任务进行层层分解,采取绩效评价制度等切实有效的措施,加强督促检查和考核,确保培训工作目标和各项任务落到实处。以"抓普及、促提高,抓提高、带普及"的思路,实施"人才兴文"战略,完善现有人才队伍培养机制,努力培育一支高素质的基层文化干部队伍,为实现文化大发展大繁荣,建设文化强国提供人才保障和智力支持。

4. 优化农村文化队伍的发展环境

努力营造一个有利于农村文化队伍脱颖而出、人尽其才、才尽其用的农村文化人才发展环境,加速农村文化人才的成长和发展,为农村文化人才建设提供强有力的支持。一是要优化农村文化人才的成长环境。各级党委、政府及文化主管部门要牢固树立人才是第一资源的理念,为农村文化人才队伍的成长提供组织保证,制定相关的人才引进、培养、使用的实施办法,对在相关领域有影响的农村拔尖文化人才和优秀作品进行媒体宣传,增强荣誉感。二是要优化农村文化队伍的政策环境。坚持人才发展、以用为本,完善文化人才培养开发、评价发现、选拔任用、流动配置、激励保障机制,为优秀人才脱颖而出、施展才干创造良好的制度环境。进一步完善人才考核评价和人才联系制度,为其提供发展的空间、实践的舞台和创业的天地。三是优化农村文化人才的服务环境。为农村文化人才提供一个施展其才能的舞台,鼓励用人单位为各类农村文化人才建立养老和医疗保险,及时解决农村文化人才队伍在思想、工作、生活上存在的问题,真心关爱农村文化人才队伍的自身发展,让越来越多的优秀农村文化人才脱颖而出,保证农村文化人才队伍建设各项措施的顺利实施和文化人才建设目标的实现。

5. 构建农村文化队伍的网络体系

加强农村文化人才队伍建设,要高度重视业余文化人才队伍建设。业余文化人才既是文化的参与者、传播者,又是群众文化活动的组织者,已经成为公共文化服务体系一支不可替代的有生力量,发挥着重要作用。在建设专业文化人才队伍的同时,必须切实加强业余文化人才队伍建设。一是抓机关、学校、企事业等单位的文化骨干,通过开展节庆、调演、比赛等活动,进一步培养他们的文化兴趣,调动他们组织、参与文化活动,服务群众文化生活的热情;二是抓街道、社区这支业余文化队伍,依托街道办事处、居委会等基层组织,把区域范围内的文化爱好者组织起来,使之成为发动、组织群众开展经常性文化活动的中坚力量;三是抓遍布农村的民间文艺队伍,为具有一定文化特长、热心基层文化活动的各类文化人才牵线搭桥,创造条件,提供方便;四是抓文化志愿者队伍,按照不同类型志愿者的专业职业特长、服务优势和本人意愿,为合理安排志愿服务方式类型、增强志愿者服务能力提供必要的支持。同时,加强对他们的管理和引导,让他们朝着积极健康的方向发展,用先进文化思想牢固占领农村文化阵地,使业余文化人才与专业文化人才相得益彰,形成县(市、区)、乡镇(街道)、农村(社区)以及机关、企事业单位上下贯通、纵向到底、横向到边的农村文化人才队伍网络体系。

第二章 浙江省农村文化队伍建设现状与趋势

浙江省素称"文物之邦",文化底蕴深厚,文化资源丰富,文化名人荟萃。近年来,浙江省农村文化工作在省委、省政府领导下,创造性地贯彻中央的方针政策,系统推进农村文化队伍建设,深入贯彻落实《浙江省建设文化大省纲要》,以宣传文化系统"五个一批"人才选拔培养为龙头,全省农村文化人才培养工作走向制度化、经常化;体制外的民族民间文化人才选拔、认定全面展开,多渠道培养机制初步形成。目前,浙江形成了一支忠诚于党的文化事业,对建设文化强省充满信心,把个人专业与兴趣结合起来,有强烈求知欲、奋发向上、初具规模的农村文化队伍。面向未来,正确应对思想文化领域的各种新形势、新挑战,充分发挥农村文化资源优势,全面加强浙江农村文化人才队伍建设,是建设文化强省的必由之路。

一、农村文化队伍的发展历程

改革开放以来,浙江农村文化队伍逐步形成、发展和壮大,展示了浙江农村文化蓬勃发展的良好态势。回顾30多年的探索与实践历程,以及我省经济、政治、文化、社会等的发展背景,浙江农村文化人才队伍建设主要经历了三个阶段:一是恢复创建阶段(1977年至1985年);二是建设提升阶段(1986—1998年);三是发展壮大阶段(1999年至今)。

（一）恢复创建阶段（1977 年至 1985 年）

以文化馆站恢复和重建为主要标志。20 世纪 70 年代末，党的十一届三中全会后到 1992 年，浙江农村文化队伍建设的重点，是全面恢复建立县市级文化馆、图书馆和乡镇文化站等文化事业机构。1979 年 10 月 16 日，浙江省文化局颁布了《浙江省文化馆工作试行条例》和《浙江省公社文化站工作试行条例》，对文化馆、文化站的性质、工作任务、服务对象、干部、经费等作了具体的规定，对于浙江文化馆、文化站工作的开展起到了很好的规范作用和推动作用。如吴兴县于 1980 年 4 月，在 45 个公社恢复 44 个文化站，文化站干部 44 人，他们在文艺方面均有一技之长，平均年龄 26 岁。1984 年 3 月 28 日，国务院办公厅转发文化部《关于当前农村文化站问题的请示的通知》后，浙江省政府出台了相关政策，下达专项指标，落实文化站干部的编制和待遇问题。1984 年 11 月 22 日，我省发文落实了第一批择优录用的 1267 名文化站工作人员为国家干部。这批热爱群众文化工作又有文艺特长的文化干部，在以后基层文化建设中发挥了排头兵的作用。资料显示，1981 年至 1984 年，浙江连续四年抓文化站发展，取得了显著成效。"六五"期间，我省有文化馆 93 个，文化站 3505 个，提前一年完成国家"六五"计划"乡乡有文化站"的目标，覆盖全省的农村文化队伍网络初步形成，标志着农村文化已发展到一个新的阶段。① 1984 年，浙江省有群众业余演出组织 1841 个，群众业余创作组织 1543 个，已初步形成了一个比较完善的群众文化队伍网。

（二）建设提升阶段（1986—1998 年）

以农村文化人才队伍建设职业化、专业化制度发展为主要标志。

---

① 王全吉，周航. 浙江改革开放 30 年群众文化实践研究[M]. 杭州：杭州出版社，2010：4

在这一阶段,浙江省农村文化干部职称评审与经常性的群众文化业务培训,是两个令人关注、影响长远的事情。1986 年 9 月 22 日,中央职称改革领导小组发出〔86〕职改字第 160 号《关于转发文化部〈群众文化专业人员实行图书资料、文物博物专业职务试行条例的实施细则〉的通知》,请各地在群众文化部门实行专业职务聘任时参考执行。1987 年下半年,浙江各市成立群众文化职称专业职称评审委员会,群众文化高级职称评委会设在省文化厅,各市成立群众文化中级职称评委会,当年即开展全省范围的职称评审工作。1987 年 10 月,嘉兴等市成立群文、艺术、图书、文博 4 个专业人员中初级职务评委会。1988 年上半年,全省完成首次群众文化职称评审,仅嘉兴市获得群文、艺术、图书、文博、电影 5 个专业技术职称的就有 697 人,其中副高职称 9 人,中级 192 人,初级 496 人。专业技术职称评审,使浙江群众文化干部不断提升自己的业务素质,进一步增强了对群众文化工作的使命感。1990 年 10 月至 1991 年 3 月,全省开展文化馆站干部业务考核,4039 名干部参加考试,有 3861 名成绩合格,其中成绩优秀、良好的分别为 1086 名和 1941 名。这是浙江省群众文化队伍业务建设的一次整体检阅,群众文化干部进一步重视自身业务素质的提高。[①] 1991 年浙江省人事厅、文化厅和财政厅联合发文,招聘录用 800 人为城乡文化站专职干部,其中从事群众文化工作 8 年以上的有 502 人。1994 年,省机构编制委员会、省人事厅、财政厅和文化厅发文,从"在岗文化站人员"中招聘 1200 名文化专职干部。"八五"期间,浙江群众文化队伍进一步健全和壮大,全省群众文化队伍达 7000 多人,全省乡镇、街道文化站定编工作于 1995 年基本完成,有力地促进了基层群众文化队伍的稳定与健全。

---

① 王全吉,周航.浙江改革开放 30 年群众文化实践研究[M].杭州:杭州出版社,2010:16—17

（三）发展壮大阶段（1999 年至今）

以农村文化人才队伍建设专业化提升和规模化发展为主要标志。进入新世纪后，大学毕业生进入文化馆站，基层群众文化队伍的素质进一步提升。近几年来，浙江省启动了农村文化队伍素质提升工程，对全省从事文化艺术领域的骨干和全省乡镇文化站、村级文化管理员分层次进行培训，组织农村农民文艺汇演，提升农村文化活动的水平和质量。单是 2013 年，全省各级文化部门累计开展培训 3094 次，培训 203967 人（其中两馆专业人员 3044 人、乡镇文化员 4280 人、村文化管理员 11601 人、业余文艺骨干 90964 人）。经过 30 年的扶植和培养，到 2013 年，全省农村有文化活动团队 59741 支，其中登记注册20653 支，文化馆直接辅导 38695 支；上年度开展活动 2374647 场次，其中登记注册文化活动团队 644762 场次，文化馆直接辅导文化活动团队 1551094 场次。① 这些业余文体团队，紧紧依托文化馆、文化站、村文化室等文化阵地，积极开展活动，丰富了群众业余文化生活，成为繁荣农村文化的一支重要力量。以嘉兴市为例，2013 年，全市已建立文体团队 3391 支，参与人数 5 万多人，涉及 30 多个文体门类，上年度开展活动 154742 场次。全省性的群众文艺创作队伍建设呈现梯队化的良好发展态势。

二、农村文化队伍建设的主要成就

改革开放以来，浙江省在文化建设过程中认真贯彻落实国家有关人才队伍建设精神，不断加大文化人才队伍建设力度，积极采取多种措施培养文化人才，为浙江文化事业的繁荣发展提供了有力的人才支撑。

---

① 数据来源：浙江省社会文化数据动态填报系统

（一）文化人才队伍规模不断扩大

2013 年,全省各县市共有文化馆从业人员 1950 人,图书馆从业人员 2186 人、综合文化站从业人员 4690 人,农村电影放映员约 1800 人。此外,全省农村还活跃着 300 多个民营剧团,从业人员 9500 多人;59771 支文体团队,凝聚了 60 多万名业余文艺骨干,覆盖老、中、青各个年龄层次。

表 2-1   2013 年浙江省文化队伍一览表①

编制数	实际人数			其中	
	在编人数	编外人数	合计	大专以上学历	中级以上职称
文化馆	1833	1620	329	1950	1577	974
图书馆	1379	1266	905	2186	1735	697
乡镇文化员	3531	3068	1537	4690	3859	1349
村文化管理员	/	/	/	30340	10546	708
未知	56	56	19	75	48	38

（二）文化人才队伍结构不断完善

人才年龄结构较为合理,老中青比例适当,形成较好的梯次发展态势,队伍基本素质较好,中级以上职称者占图书馆、文化馆站队伍总数的 34.9%。以综合文化站干部队伍建设为例,对全省 95 个综合文化站调查数据显示,现有在职人员 315 人,其中男性 186 名,占 59%,女性 129 名,占 41%。从性别上看,较之 10 年前,女性比例有了大幅度增长,这也从一个方面反映了女性从事群众文化工作越来越被社会认

---

① 表中数据来源于浙江省社会文化数据动态填报系统[DB/OL](http://www.zjwhtb.cn)

可。从学历上看,315 名文化站人员中,拥有本科学历 22.5％,大专学历 44.4％,两者相加达 66.9％。这说明文化站人员的学历状况得到明显改善。从职称情况看,315 名人员中,高级职称有 7 人,其中有 1 名为正高;中级职称的有 85 名;初级职称的有 134 名。[①] 这显示文化站人员的专业素质逐步得到改善,高级职称比例适中,中级职称人员比例扩大,初级和无职称人员比例逐年缩小。

表 2-2　文化站人员年龄学历职称情况[②]

地市	文化站数	年龄结构			学历结构			职称结构		
		30 岁以下	30—40 岁	40 以上	大专以上	高中	初中以下	高级	中级	初级
杭州市	9	1	4	7	10	3	0	0	5	6
湖州市	6	2	2	9	12	6	2	3	3	9
嘉兴市	7	4	4	9	16	6	0	0	6	9
金华市	9	1	3	12	13	4	0	0	8	8
丽水市	11	3	6	13	18	4	0	1	7	11
宁波市	10	4	6	19	14	11	1	1	10	7
衢州市	5	0	4	7	6	2	0	0	3	4
绍兴市	8	0	5	17	19	8	3	1	12	10
台州市	11	17	17	20	33	17	4	0	11	16
温州市	13	9	28	37	61	13	0	1	14	51
舟山市	6	4	5	9	9	5	0	0	6	3
总计	95	45	84	158	211	99	13	7	85	134

---

① 王金吉,周航.浙江百镇综合文化站发展研究[M].北京:五洲传播出版社,2008:9—11

② 表中数据来源于浙江省社会文化数据动态填报系统[DB/OL](http://www.zjwhtb.cn)

（三）文化人才队伍成果不断涌现

改革开放以来，省文化厅先后举办了各类全省性大奖赛活动，并积极组织推荐省内优秀作品及个人参加各类国家级举办的艺术评比和赛事，至今全省有近万人次参赛并有近千人次获得了不同层次的奖项，为农村文化队伍专业人才脱颖而出提供了机会。据统计，1991 年以来文化部共举办了十五届全国"群星奖"评选，浙江共有 72 件作品荣获全国"群星奖"金奖，尤其是 2004 年全国第十三届"群星奖"评选中，浙江有 12 件文艺作品获得"群星奖"，在全国各省市中名列第一。在 2007 年全国第十四届"群星奖"作品评选中，浙江获得 16 个"群星奖"，其中 2 个作品获"群星奖"大奖，获奖总数列全国前茅。在 2010 年全国第十五届"群星奖"作品评选中，浙江省 14 个作品和 5 个项目获得全国群星奖，邹跃飞等 5 人荣获"群文之星"称号，群星奖获奖总数为全国第二，仅次于东道主广东省。在 2013 第十六届全国"群星奖"评选中，我省共有 14 件作品、5 个项目分别获作品类、项目类群星奖，3 名群众文化工作者被授予"群文之星"称号，获奖总数与广东、上海在全国各省（区、市）中并列第二。① 通过全国"群星奖"这个平台和窗口，充分反映了浙江省群众文化人才队伍扎实的基础，展示了浙江省群众文化的普及和繁荣，宣传了浙江省群众文化发展的最新成果。

在 1989 年以来文化部主办的"中国艺术节"中，浙江省每届都有节目入选，共有 12 个优秀音乐、舞蹈节目参加了群众文化场的组台展演；浙江的歌舞风情剧《畲山风》在全国第二届少数民族文艺会演中获演出金奖、创作金奖。在第七、八、九届全国美展中，浙江省共有 40 多幅美术作品入选。2010 年，浙江优秀的民间文艺团队参加全国各地的展示展演活动，成绩喜人，硕果累累：组织龙游县石窟龙舟队参加"第

---

① 摘自：浙江省文化厅 2013 年工作总结. http://www.zj.gov.cn/art/2014/2/10/art5496

二届中国龙舟文化节",参赛的节目《龙舟奋进竞风流》获得金奖;组织民间剪纸艺术家赴河北蔚县参加首届剪纸艺术节,获得一项金奖、一项银奖;组织农民画作品参加中国民协在宁夏银川举办的全国农民画展,我省 12 位农民画家的作品入选,获一金、一银、二铜和两个优秀作品奖;组织民间工艺美术家参加第五届中国民间工艺品博览会暨第十届中国民间文艺"山花奖"民间工艺美术作品奖评奖,获得一个"山花奖"、五个金奖、二个银奖;组织石雕艺术家参加中国民协举办的中国四大名石雕刻大赛活动暨第十届中国民间文艺"山花奖"民间工艺美术作品奖(石雕类)评奖,获得一个"山花奖"、二个金奖、一个银奖。组织乐清细纹刻纸、硖石灯彩、杭州刺绣、青田石雕等艺人参加在天津大学冯骥才文学艺术研究院举行的"把国家非物质文化遗产请进校园"系列活动,使青年一代近距离感受传统民族民间文化。上海世博会"浙江文化周"期间,我省组织了浙江民间艺术广场表演、浙江民间艺术巡游表演、越窑青瓷瓯乐专场演出、浙江传统手工艺展览等系列活动,向国内外观众展示宣传了一批优秀的非物质文化遗产。同时,我省民间文艺家群体和一大批传统精品项目纷纷应邀走出国门,推进了我省对外文化交流,展示了中华文化的独特魅力。

1999 年起,由浙江群众艺术馆编辑出版《浙江群众文化精粹集成》系列丛书,一系列浙江群众文艺创作精品结集出版。丛书总共有 10集,分别为:歌曲、器乐、戏剧小品、曲艺、舞蹈、文学、美术、书法、摄影作品选及群众文化理论文选等,洋洋大观,令人瞩目,整体地展现了浙江农村文化队伍文艺创作的丰硕成果。

此外,为进一步提高我省乡镇(街道)文化员的综合业务能力,检验"十一五"期间全省农村文化队伍素质提升工程培训成果,展示全省文化员队伍业务水准和时代风采,2010 年 7 月—12 月,浙江省文化厅在全省范围内举办"浙江省首届乡镇(街道)文化员才艺大赛"。全省共有 2000 余名文化员参与此项活动,涉及音乐、民间工艺、美术、文学等 9 个参赛门类。经过全省各县(区)初赛、市复赛层层角逐,共有 288

名来自全省基层乡镇（街道）文化站的选手参加了决赛比赛。此次活动激发了基层文化队伍的活力，探索出了一条展示基层群众文化队伍风采，提升基层群众文化队伍素质，加强公共文化服务体系建设的新路子。①

（四）文化人才地位和待遇不断提高

在改革开放初期，群众文化事业百废待举，城乡文化站在普及的同时，文化站干部的编制和待遇没有得到切实的解决，这是制约基层文化建设的一个瓶颈。1984 年当文化部等有关部门下达关于基层文化站建设的意见后，浙江文化部门争取省政府的同意，及时出台相关的文件，做好符合条件的文化站干部转干工作，稳定了文化站干部队伍，激发了文化站干部的工作积极性，对于基层文化建设的长远发展起到了积极的推动作用。1994 年第二次进行文化站干部的转干。两次全省性的文化站干部转干，使一大批有文艺特长又热爱基层文化工作的人员进入到群众文化岗位，正是这些文化干部，挑起了浙江基层文化建设的重任。跨入新世纪后，乡镇机构改革进入议事日程，不少地方出台政策解决文化站干部的待遇问题，如杭州市余杭区、宁波市鄞州区等规定文化站长享受乡镇、街道中层正职待遇，明确乡镇、街道综合文化站的工作职能，将责、权、利结合起来，更有利于发挥文化站干部的主观能动性和工作积极性。1987 年起，浙江省文化部门参照图书、文博系列设置群文职称，对确有真才实学、成绩显著，在群文工作中贡献突出的人员，可以不受学历的限制，破格申报和晋升相应的专业技术职称。职称评审进一步激发了群众文化干部的进取心和职业精神。根据省文化厅、省人事厅浙文职改〔2001〕25 号文件"进一步加强对民间职业剧团的管理，促进民间职业剧团健康发展，提高民间职业剧团

---

① 摘自浙江省文化厅《全面实施素质提升工程激发基层文化队伍活动》.http：//www.cpcss.org/_d271439143.htm

专业技术人员的综合素质和业务水平,更好地满足城乡群众的精神文化需求"的精神,2001 年 11 月,率先在嵊州进行浙江省暨绍兴市民间职业剧团表演人员艺术专业职务(艺术等级)评聘试点工作,为全省开展民间剧团职称评审摸索经验。针对民间职业剧团大多长期在外演出、难以集中,评委对民间剧团演员、演奏员不了解的实际,经市人事局、市文体局同意,初级职称(试点)评审工作委托嵊州市人事局、文化局组建评委会,由评审组赴各团演出点进行评审;中级职称(试点)评审工作由绍兴市人事局、市文体局组建绍兴市民间职业剧团艺术中级职称评审委员会,于 11 月 28 日至 29 日嵊州第二届中国民间越剧节期间集中进行。为反映民间剧团演员、演奏员的实际表演水平,评审采取现场艺术测试与评委会集中评议的方法进行。现场艺术测试内容包括唱腔、指挥、演奏、综合艺术表演、文艺理论、职业道德提问等。经初级评委会推荐,共有小旦、老生、司鼓、吹位等 8 种行当的 31 位演员、演奏员参评,其中 22 位演员、演奏员通过评审,成为全省首批具有艺术三级职称的民间职业剧团演员、演奏员。2008 年 6 月,省文化厅以文件形式,正式将民营文艺表演团体纳入艺术系列的专业评审范围,开创了新时期农村文化人才的人事制度改革,使得长期活跃于农村的民间艺人有了政府给予的职称认定,对民族民间优秀文化的传承起到了不可估量的作用。如杭州市文广新局与人事局共同协商,决定在现有职称评定的范围内,为民间艺人评职称进行破格。将陶艺、传统金银饰艺、扇面等纳入"工艺美术系列"的评审范围,剪纸艺术、石雕工艺等纳入"群众文化系列"的系列。此次职称评定主要以民间艺人的真实才学、成绩和贡献大小为依据。不管有没有工作单位,学历是否达到大专以上,凡符合艺术系列、工艺美术和群众文化专业等领域任职资格条件的民间艺人都可申报。这一做法无疑是对非物质文化遗产最好的传承和保护。

（五）文化人才培训工作不断加强

推动公共文化服务体系建设，队伍是基础，人才是关键。我省努力创新人才培养模式，搭建文化人才学习培训的平台。通过强化教育培训机制，激活职称评聘机制、实施培养引进机制等手段，着力打造高素质的文化人才队伍。2007 年 3 月，浙江省文化厅下发浙文社〔2007〕36 号文件《关于实施我省新农村文化建设十项工程的通知》，提出在"十一五"期间实施包括"农村文化干部素质提升工程"在内的十项工程，力求以重点带全局，以工程促发展，通过对全省乡镇文化干部的大规模培训，全面提升农村文化队伍素质，为构建农村公共文化服务体系提供人才支撑。在培训中坚持理论与实践相结合，普及与提高并举，既注重基础知识和基本技能的传授，又关注专业素质和实际应用能力的提高，保证培训的针对性和实效性。近年来，省文化厅对全省从事文化、艺术领域的骨干和全省乡镇文化员、村级文化管理员进行了分层次培训。省级培训委托浙江艺术职业学院和浙江省群众艺术馆承办，采取对点培训、异地培训、分类培训等方式，组织培训图书馆长、文化馆长、乡镇文化站长、乡镇文化员每年 600 名以上，省、市、县三级文化部门每年培训基层文化干部和农民文艺骨干近万名[①]。此外，将文化志愿服务者的培训工作纳入农村业余文艺骨干培训计划，着力提高文化志愿者服务水平。这些专兼结合的农村文化骨干，紧紧依托乡镇文化站、村落文化室等文化阵地，积极开展活动，丰富了农民业余文化生活，成为繁荣农村文化的一支重要力量。为了提高培训的针对性，省文化厅还组织编辑出版了《浙江省农村文化队伍素质提升工程辅导教材》。其中大量吸收浙江新农村文化建设工作中的成果经验，为广大农村文化工作者开展业务工作提供了较好的学习范本。

---

① 文哲.建设具有浙江特色的公共文化服务体系[N].中国文化报.2013-7-19(5)

三、农村文化队伍建设面临的问题

近年来,国家提出实施人才兴文战略,研究制定了加强文化人才队伍建设的措施办法,相继建立了图书、群文、艺术等专业人才库,基本确立了文化人才队伍建设的基本思路和宏观布局。各级文化部门积极引智招才,不断完善文化人才的选拔使用机制,探索建立有效的农村文化人才队伍工作机制,加大了文化人才培养开发力度,农村文化人才队伍素质和专业化水平明显提高,为农村公共文化事业的可持续发展奠定了良好基础。但是,面对文化强省的建设任务,文化工作对文化人才的质量、数量和能力提出了新的更高的要求,农村文化人才队伍还不能完全适应文化事业发展的要求,在人才观念、人才机制、队伍结构、人才成长环境等多个方面仍然不同程度地存在一些问题和不足,有待进一步加强和改善。主要表现在:

(一)文化人才意识有待进一步强化

文化人才在文化管理学中被界定为是一种文化人力资源,文化人力资源是文化发展中的最重要、最核心的资源,是文化体制改革和推动文化繁荣发展的有力保障。一些基层地方党委政府没有真正树立科学发展意识和正确的政绩观,对文化建设特别是公共文化服务体系建设重视不够,缺乏文化自觉。一些地方政府和部门,特别是一些基层政府和文化部门,还没有将文化人才作为一种人力资源来看待,没有把文化人才队伍建设放在应有的位置。一些文化人才政策在地方难以得到有效实施。各级党委政府及文化部门中的个别领导对人才工作在农村公共文化服务体系中的地位、作用和重要性认识不足,对"人才资源是第一资源"的定位还不够明确。集中表现在:一是人才战略谋划不够。对文化人才队伍工作缺少战略思考和长远规划,没有真正把文化人才工作提上议事日程,并置于农村文化工作大局,作为一项至关重要的基础性工作进行部署落实,人才战略与农村公共文化服务体系建设的任务与工作目标尚未有机结合。二是人才主体意识缺失。"人才为本"的理念还没有真正树立,人才发展需要从属于工作需要的现象还较为普遍,对文化人才成长规律缺少全面认识和科学把握,促进人才成长发展的具体措施不多,主动服务人才的意识不强。三是文化人才工作的责任落实不够到位。个别领导缺乏加强人才工作的责任感和使命感,工作指导不够、监督不力,对人才工作缺少相应的责任考核制度,统一领导、责任明确、分工协作、齐抓共管的工作格局有待进一步形成。[①]

(二) 文化人才工作机制还不够健全

一是文化员队伍缺乏资格准入制度,文化事业单位不科学的进人机制,使大量的非文艺类人员进入了文化队伍,而急需的专业技术人才却招收不了,队伍专业结构不合理。人才引进的计划性不够,引进数量受到人员编制的限制而十分有限,难以满足文化工作发展的需要。二是文化人才评价考核缺少科学有效的标准和方法,忽略层次区别和职位差异,工作能力和工作业绩难以充分体现。三是文化人才选用机制不够灵活,部分限制了人才的发展空间,优秀人才难以脱颖而出;人才部门单位的壁垒尚未打破,人才流动不畅,人才资源难以有效整合,人才配置效率不高。四是人才管理的科学性、有效性不足,管理模式粗放式,简单化,停留在事务层面。五是受制度、环境等因素的约束,有效的人才激励机制难以建立,激励空间和作用有限,影响了文化人才队伍建设的积极性和创造性的发挥。[②]

---

① 杨志强.绍兴公共文化服务现状及创新研究[M].杭州:西泠出版社,2013:20—21

② 杨志强.绍兴公共文化服务现状及创新研究[M].杭州:西泠出版社,2013:21

（三）文化人才成长环境有待进一步优化

一是文化人才成长"独木桥"现象较为突出。在现行的人才管理体制下，人才进步的主要途径是晋升职称，而职称职数的限制使人才成长的机会和空间较为有限；且由于缺少专业化的人才成长渠道，无法为文化人才进行职业生涯规划设计，大部分人才处于"自然成长"状态，影响了文化人才的成长发展。二是自发性文艺团队扶持力度不大。群众自发性文艺团队来自群众、贴近群众、为群众服务，对引导健康生活方式，传播先进文化有重要作用。我省群众自发性文艺团队数量多、规模大、类型丰富。但目前面临经费、人才、设施和场地等问题。虽然目前政府对群众自发性文艺团队有部分资金支持，如直接拨款、奖励、以奖代补等，但资金支持的力度很小，对于团队的发展来说可谓杯水车薪。目前还没有规范、扶持群众自发性文艺团队的制度、政策，因此，群众性自发性文艺团队科学化、规范化发展受到影响。三是鼓励成才、宣传人才的氛围营造不够。对加强文化人才队伍建设的重要意义和有关政策的宣传需要加强，对人才工作的好经验、好做法以及先进人才典型和先进典型事例挖掘、宣传不够，"重才、爱才、惜才、用才"的用人氛围还比较淡薄。

（四）民间文艺人才队伍参差不齐

民间艺术队伍是农村中一支很重要的文化队伍，在农民文化生活中扮演着十分重要的角色。但自20世纪八九十年代以来，民间艺术总的是呈衰落的趋势，艺人数量不断减少，许多具有悠久传统的民间艺术举步维艰，在不断地萎缩和衰减，直至消亡。在浙江，民间艺术队伍主要存在四方面问题：一是队伍老化，年龄偏大。农村中50岁以下的艺人已经很少，大多已有六七十岁甚至更高，而40岁以下的中青年艺人稀少，民间艺人队伍存在严重的青黄不接，缺乏接班人，没有活力，没有后劲,许多民间艺术面临失传的危险。二是民间艺人的文化程度普遍较低。初中以下文化占了绝大部分,这给民间艺术的创新和发展造成了困难,也使得民间艺术队伍的整体素质难以提升。三是缺乏对民间艺人的有效管理,基本上处于各自为生的状态。缺少联系,缺少交流,缺少动态反馈,很难做到经常性的组织和指导。四是还没有形成对民间艺人保护的有效机制,民间艺人的许多实际困难影响了对民间艺术的保护和传承。

产生以上问题的原因:一是长期以来对民间艺人的作用、地位认识不清,重视不够,未能把民间艺人放在新农村建设和非物质文化遗产保护的重要位置上来思考。二是民间文化的总体衰落态势,使民间艺人的处境每况愈下,民间艺人越来越被边缘化,失去了艺术传承的热情和积极性。三是重经济轻文化的思想使得民间艺人遭到冷遇,许多民间艺术不再吃香,加上农村中的许多民间艺术实际上很难产生经济效益,也使得民间艺人队伍大量流失。四是没有把民间艺人队伍纳入到新农村文化建设的一支重要队伍来考量,缺乏对民间艺人保护和发挥作用的具体举措,缺乏培养和传承新一代民间艺人的规划。[①]

四、农村文化队伍建设的发展趋势

作为公共文化服务体系重要组成部分的农村文化队伍建设,正处在一个前所未有的一个新的历史阶段,面临新的发展机遇。加快推动从文化大省向文化强省跨越,离不开强有力的人才支撑。文化大发展大繁荣不仅体现在推出更多更好的文化产品上,而且体现在培养和造就高层次领军人物和高素质文化人才队伍上。党的十八大明确提出,

---

① 浙江省文化厅.浙江省新农村文化建设 90 问. http://www.zjwh.gor.cn/ggwh/xwc/4021.htm

要尊重劳动、尊重知识、尊重人才、尊重创造，加快确立人才优先发展战略布局，加快培养造就德才兼备、锐意创新、结构合理、规模宏大的高素质文化人才队伍。这既是我们党深入贯彻落实科学发展观，在日益频繁的国际文化交流、交融、交锋中赢得主动的战略选择，也是新时期提升国家文化软实力、推动文化大发展大繁荣的必然要求。在这样一个大背景下，我省农村文化队伍建设将呈现以下三大发展趋势：

（一）公益性文化队伍向专业化提升与职业化发展并重转变

公益性文化具有社会公有性、共享性与公用性的公益特征，其非盈利和兼具教育意义，对文化发展有极大促进作用。[①] 新时期的农村文化工作，对公益性文化干部队伍的素质提出了更高的要求。这支队伍的素质如何直接关系到农村公共文化服务体系的能否顺利完成。但是，长期以来，公益性文化干部队伍特别是文化站干部中存在综合素质不高、社会形象不尽如人意、人员队伍不稳、职业认同感不强等问题。走职业化、专业化建设道路，是解决上述问题的一个有效途径。在文化工作者专业干部队伍建设中倡导的职业化，是专业化的职业化，是把农村文化工作作为职业生涯、终生人力资本投资的事业来看待。职业化使文化工作者专业干部有了发展目标，从而使队伍更加稳定。专业化使文化工作者专业干部有了职业的胜任要求，有了努力的方向。职业化的前提是专业化，文化工作者专业干部专业化是指文化干部要有胜任农村文化工作的专门的知识体系。文化工作者专业干部队伍要向"专业型"发展，建立以农村公共文化服务体系建设为职业的专业型人才。具体而言，根据所从事的工作内容不同，有不同的专业模块方向。我省农村文化工作者专业干部队伍职业化建设，可以按照图书管理、文化市场管理、文化遗产保护、群众文化工作等岗位划分职业方向，并根据不同职业方向的需要，强化管理、法律、统计、美学、文

---

① 孙萍.文化管理学[M].北京：中国人民大学出版社，2011：162

艺学、心理学、社会学等相关专业知识体系的学习和培训,推动专业化进程,为职业化打下坚实的基础。要建立健全文化馆、图书馆和乡镇(街道)文化站的工作岗位规范,逐步实行工作人员从业资格认证制度,建立资质考评制度,完善录用制度,对于新招录文化馆站人员,要求严把人员进口关,按照招录程序,采用先面试后笔试的形式有批次、有计划、高起点地招录具有高学历和专业知识的高校毕业生,逐步改善文化馆站人员的知识结构、年龄结构,提高文化馆站队伍总体素质和服务水平。鼓励高校毕业生到农村从事文化工作,引导人才合理流动、有序流动,把优秀人才集聚到公共文化服务岗位上来。完善人才激励机制,支持拔尖人才脱颖而出。切实解决经济欠发达地区乡镇文化干部的后顾之忧。注重发挥基层文化骨干、文化能人的积极作用,培育和发展农村业余文艺团队、文化中心户、义务文化管理员等,宣传推介、表彰奖励一批优秀的农村业余文艺团队,形成一支扎根基层、服务群众的专兼职农村文化工作者专业干部队伍。目前全省各地职业化建设步伐加快,亮点很多,乡镇综合文化站建设的"余杭模式"、海宁市的农村文化阵地专职管理员制度、台州农村特派员制度等创新举措都具有很强的借鉴和示范作用。因此,加快文化工作者干部队伍职业化建设进程,不仅是浙江"十二五"文化发展规划的题中之意,而且是党和人民群众对农村文化工作的新要求、新期待。

(二) 经营性文化队伍向规模化组建与市场化运作并行转变

近年来,浙江民营剧团却呈"星星之火,可以燎原"之势在广大农村舞台上遍地开花。据一份 1992 年至 2000 年浙江省民间职业剧团的调查资料显示,1992 年至 2000 年 9 年间浙江的民营剧团数量基本上稳定在 400 家左右,且呈不断增长之势。和一部分国有剧团举步维艰的状况比,民营剧团可谓办得风风火火,已经成为浙江演出市场中一支不可忽视的力量①。2005年,全省有205个民营剧团向浙江省文化厅报送了统计资料,通过这些资料的比较分析可以看出:民营剧团的演员队伍已初具规模,从业人员总量明显超过国有剧团。据统计,2005年,全省205个民营剧团的从业人员数已达5854人,人数超过国有剧团(3480人)2374人;平均每个民营剧团29人,比国有剧团(平均每团51人)少22人;民营文艺表演团体普遍建立了面向市场的经营管理机制。民营文艺表演团体大多由个人出资兴办,因此在经营管理上始终奉行"自筹资金,自主经营,自负盈亏,自我发展"的原则,加上出资人往往就是法人代表或主要经营负责人,使得团长负责制和全员聘任制等体现责、权、利高度统一的管理模式能够顺利实施。剧团内部严格实行按劳分配,这就把演职员的自身利益与剧团的整体利益紧紧地捆在一起,大大激发了全体演职人员的创作和演出积极性。

民营文艺表演团体在经营管理方面另外一个突出的特点是其明确的产业化发展思路和追求。民营文艺表演团体目的大都是为了营利,只有极少数是为了兴趣爱好。因此,从一开始,民营文艺表演团体就走上了产业化发展的探索之路。他们瞄准市场确定创作演出计划,实行严格的成本核算,并对市场进行充分的调研。应该说,这一明智的选择,为我省民营文艺表演团体的持续稳定发展奠定了一个十分坚实的基础、寻找到了一条十分准确的发展道路。

综上所述,在民营经济发达的浙江,民营剧团在这片"一遇阳光就灿烂"的土地上不但生根发芽了,而且长势喜人。未来,随着浙江省文化体制改革的进一步深入,随着城乡一体化进程的加快,民营剧团就在与国有剧团的不断博弈中,以低投入、多产出,并最终实现一定利润的低姿态营销策略,立足农村并逐步走向城市,稳稳地占据了演出市场的半壁江山。

---

① 李俏.从数据看浙江国有剧团和民营剧团的博弈.浙江文化信息网.http：//www.zjcnt.com/Article/2006-08-11/65109.shtml

（三）自发性文化队伍向社团化管理与品牌化建设并举转变

自发性群众文化队伍是基于人们共同的爱好、利益、感情与友谊，在文化活动的基础上，不受任何外界"建制"部门的因素影响和制约的情况下自发形成，并自主管理的非正式的、结构松散的，利用公共场所进行以健身、娱乐、交际、休闲为目的的文化活动组织。特别是我省城乡一体化进程加速以来，农村群众自发成立的这类组织越来越多，参与者越来越广泛、人数规模越来越大，虽然这类组织并非主要组织形式，但却弥补了政府文化部门在组织开展群众文化活动方面的局限与不足，这种由政府积极扶持，群众热情参与，团队自我管理、群众自娱自乐的自发性文化团队具有学习交流、沟通情感、缓解情绪、凝聚人心的社会功能，是一种大众化的交流载体，是反映社情民意的有效通道，在社会稳定、社区管理、活跃文化中发挥出很大的作用，受到群众的欢迎。预计在今后若干年里，自发性群众文艺团队将会呈现社团化管理、品牌化建设的发展趋势。

1. 社团化管理趋势

在县市、镇（街道）、村（社区）层面构建三级业余文艺团队网络，为文艺骨干施展自身才艺、参与文化服务搭建良好的平台。一是县市将以成立业余文艺总队或联合会的形式，负责对全市自发性文艺团队进行组织指导、统筹协调和考核表彰。并负责制定业余文艺工作者工作章程，具体组织实施业余文艺人才的招募、注册、登记、管理、培训、服务等工作。各县（市）区文化馆组织辅导的文艺团队，成员基本为当地街道、乡镇挑选出来的各类文艺骨干，经常参加县（市）区级的各类演出活动，并有机会代表县（市）区参加市级文艺调演等活动。二是建立镇街支队。依托当地文化站，成立相应支队，由专人负责此项工作，并指导当地农村、企业、社区、学校，根据规模和任务需要，成立相应的文化服务组织，积极吸纳当地民间文艺团队投身文化服务事业。在群众自娱自乐的基础上进行有组织的培训和排练,并参加乡镇(街道)的各类演出活动。三是建立村(社区)分队。村落(社区)群众自发组织的文艺团队,主要以个别有文艺特长的热心人为核心,因长期坚持某一项或几项文体活动而自发形成的团队,成员都是社区(村落)的居民,组织较为单一。各村(社区)成立的自发性文艺团队平时以本村(社会)开展文化活动为主,并接受上一级文化部门的业务指导。

与此同时,针对出于娱乐需求、个人兴趣的自发性的、松散性的团队及存在的随意、散漫的共性问题,该如何管理才能既满足群众求智、求乐、求聚的需求,又做到管理有效、活动有序,政府主管部门将从建章立制入手,用制度规范团队建设。包括宏观发展规划和具体管理措施。进一步健全各项管理制度,为文艺团队向更深、更广的层面发展创造条件。从团队性质和方向、团队数量、组织管理、场地保障、奖励措施、发展规划,以及竞争机制、激励机制、约束机制、师资引进、培训制度以及考评、奖惩制度、资金投入制度等等方面进行规范。因正式的社团组织的审批管理属于民政局社团办的管理职能,文化主管部门则对属于非正式社团组织的群众文化团队进行业务管理,建立登记备案制度,并完善基层文化管理制度,对文化团队组织提出相应要求,制定相应制度,通过多种管理手段引导团队沿着正确方向发展,对于有违法倾向的团队及时制止,使自发性群众文艺团队建设进一步适应社会主义市场经济发展的需要,适应社会主义精神文明建设的需要,适应人民群众日益增长的文化需求。

2. 品牌化建设趋势

随着时间的推移和业余文化活动的不断优化,群众的欣赏习惯和品位逐年提升,对传统群众文化活动的方式、方法、艺术水准等提出了新的要求。这对参与其中的自发性文艺团队来说,开展文化活动将不再是简单的吹拉弹唱,势必懂得自我包装,实施品牌战略,探索走特色化、品牌化、规模化的发展道路,才能吸引广大群众积极参与,长盛不衰,才能成为群众文化舞台中的闪亮之星。从目前浙江各地的实际情况看,以传统文化为核心内容的民间艺术业余表演团队在各地层出不穷。如:长兴的百叶龙表演团队、绍兴的莲花落表演团队、海宁的灯彩制作团队等,许多团队所融合的地方民风民俗、文化传统、群众素质、人文环境等,无不反映着业余文艺团队所在地的文化形象。这既是当地内在素质、发展潜力和软硬件建设的外在表现,也直接关系业余文艺团队的全面、协调和可持续发展。所以,从发展中寻求自身的特色和个性,打特色品牌将是自发性文艺团队的发展方向。

上述预测是基于浙江农村文化人才队伍的发展趋势所作出的分析判断,站在文化强省建设大格局、大背景下把握农村文化人才队伍发展趋势,我们必须清醒地认识到,现阶段我省文化发展水平与全面建成惠及全省人民小康社会的目标尚有差距,无论是文化产品与服务的总量,还是质量和结构,都还不能完全满足人民群众的需求,尤其是农村文化供给依然相对不足。文化建设的布局和结构还不尽合理,区域之间、城乡之间文化事业发展不够协调,地区差距仍然存在。文化产业规模和层次有待提高,文化产品的国际影响力和竞争力不能适应国际文化市场竞争日趋激烈的新形势,还没有从根本上扭转文化产品和服务贸易的严重逆差。制约文化科学发展的体制机制障碍尚未完全革除,文化发展方式有待进一步转变。必须不断增强文化自觉,进一步树立机遇意识、发展意识、创新意识和责任意识,大力建设结构合理、梯次清晰、门类齐全的高素质文化人才队伍,为文化大发展大繁荣提供有力支撑。

第三章 浙江省农村文化专业
干部队伍建设

推动社会主义文化大发展大繁荣,队伍是基础,人才是关键。农村文化专业干部队伍作为农村文化建设的主力军、正规军,承担着开展农村社会宣传教育、普及科学文化知识、辅导群众文化艺术(娱乐)活动等重任。加强农村文化专业干部队伍建设,对于构建公共文化服务体系,保障农村群众基本文化权益,推动城乡文化一体化发展,都具有十分重要的作用和意义。

一、农村文化专业干部队伍的构成

从公共文化服务体系范畴而言,农村文化专业干部队伍的构成主体就是"两馆一站",即县(市、区)文化馆、公共图书馆和乡镇(街道)综合文化站从业人员。同时,作为补充力量的还有县(市、区)电影公司和乡镇电影放映员队伍,因农村电影事业已随着电视、网络等新兴传媒的迅速崛起而逐步走向"低谷",所以本章不作深入阐述。"两馆一站"作为公益性文化事业机构,直接为农村群众提供公共文化服务和产品,而服务的过程和产品的生产就是通过专业干部队伍来实现的。

(一)县(市、区)文化馆干部队伍

文化馆在西方国家并不存在,只存在于我国与前苏联,其前身是

"民众教育馆"。新中国成立以后,人民政府将接收的近千个民众教育馆改建为人民文化馆,并继续在全国普及文化馆的建设。1981 年,文化部颁发了《文化馆工作试行条例》。1982 年文化部在广西浦北县召开全国文化馆工作座谈会,对文化馆的性质和任务作了进一步的明确和界定。我省 2009 年 8 月 27 日公布的《浙江省文化馆管理办法》(浙江省人民政府令第 262 号)明确指示:文化馆是指政府设立、向公众开放,组织开展、指导、辅导、研究群众文化艺术活动,并提供公共文化产品和公共文化服务的公益性文化事业机构,包括省、市文化馆(原称群众艺术馆)和县(市、区)文化馆。改革开放 30 年来,我省的文化馆事业得到了前所未有的发展,文化馆专业干部队伍日益壮大。至 2013 年底,全省有县级文化馆 99 个,覆盖率 110%,其中一级馆 59 个,二级馆 9 个,三级馆 19 个,从业人员达到 1620 人。

1. 县(市、区)文化馆专业干部岗位设置和工作职责

通常情况下,县(市、区)文化馆内部机构的设置模式为"一办 X 部(中心)",即一个办公室和若干个部(中心),如文艺辅导部、活动策划部、表演艺术中心、视觉艺术中心、理论调研中心、教育培训中心、非遗中心等。专业干部岗位设置一般分为十大门类,即文学、戏剧、音乐、舞蹈、美术(书法)、摄影、曲艺(杂技)、群文理论研究、民间艺术、非遗保护传承等。文化馆各门类专业干部的工作职责主要有六个方面:

(1)自觉执行党的路线、方针、政策,思想作风正派,遵纪守法,爱岗敬业;

(2)服从馆领导和相关办、部(中心)负责人的工作安排,认真完成活动组织、业务辅导培训、作品创作、编辑出版以及比赛、表演、展示等工作任务;

(3)积极指导乡镇(街道)文化站和基层各单位以及广大群众开展文化活动;

(4)积极撰写各类理论调研文章;

(5)主动做好与辖内外相关门类工作者的联系联络工作;

（6）完成上级下达的其他工作任务和馆领导交办的临时工作。

2．县（市、区）文化馆专业干部队伍现状

至 2013 年底，全省 99 个县（市、区）文化馆共有从业人员 1950 人，其中大专以上学历 1577 人、中级以上职称 974 人。从总体上看，文化馆专业干部队伍的学历结构、年龄结构不断优化，专业技术水平不断提高。以 2010 年度为例，全省县（市、区）文化馆各类专业干部共组织文艺活动 9116 次，举办展览 774 个，举办训练班 4225 期（次），受训人员达 146790 人次，组织群文理论研讨和讲座 1043 次，编辑出版群文报刊 65 种，辅导馆办文艺团体 188 支。

表 3-1　2013 年度各设区市文化馆干部队伍综合情况对比表

项目分类 设区市	机构数（个）	从业人员			上年度组织文化活动次数（次）	上年度举办展览个数（个）	上年度举办培训班班次（次）	上年度培训人次（万人次）	上年度组织公益性讲座次数（次）
		（人）	大专以上学历（人）	中级以上职称（人）					
杭州市	14	254	237	152	1693	140	3367	8.87	314
宁波市	11	258	213	112	742	283	1703	9.04	105
温州市	11	220	174	113	827	94	176	2.09	82
嘉兴市	7	157	136	63	972	112	1107	5.43	286
湖州市	5	132	96	61	818	67	189	1.77	132
绍兴市	7	130	97	72	725	99	461	1.46	77
金华市	9	162	130	83	673	127	541	5.14	259
衢州市	7	103	83	60	432	40	267	1.45	71
舟山市	5	159	123	73	353	32	432	1.95	56
台州市	10	188	145	71	494	133	593	7.91	230
丽水市	13	188	143	114	745	75	127	1.08	55
总计	99	1951	1577	974	8429	1202	8963	45.46	1667

注：本表统计数已包含设区市本级文化馆相应数据

（二）县（市、区）公共图书馆干部队伍

公共图书馆是人类社会文明发展的产物。中国近代图书馆是西方思想文化传入中国的结果。1910 年，清朝政府颁布了《京师及各省图书馆通行章程》，并宣布成立京师图书馆（今国家图书馆），于 1912 年建成开放。随后，各省相继成立了公共图书馆。我省的公共图书馆事业起步早，发展快，在全国居于领先地位。特别是"十二五"期间，全省各级图书馆立足服务，狠抓建设，在设施设备、人才队伍、业务水平、技术手段、服务方式、管理机制等方面都有了长足的发展。至 2013 年，全省有县级图书馆 98 个，覆盖率 108.89%，其中一级馆 64 个，二级馆 12 个，三级馆 8 个，平均面积 7482.88 平方米，总藏书量 3645.4022 万册，从业人员达到 2186 人，基本实现了公共图书馆现代化、自动化、网络化、数字化以及文献信息资源的高度共享。

1. 县（市、区）公共图书馆专业干部岗位设置和工作职责

公共图书馆内部机构一般按照"一办三部三室一厅"的模式设置，即办公室、采编部、外借部、辅导部、综合阅览室、电子阅览室、少儿阅览室和多功能厅。有的还增设了古籍收藏室、理论研究中心等。图书馆专业干部岗位一般设管理、流通、采编、修复、分编、检索、技术等。图书馆专业干部的岗位职责主要包括五个方面：

（1）宣传马列主义、毛泽东思想、邓小平理论和"三个代表"重要思想及科学发展观；宣传党的各项方针、政策、法令，对广大群众进行爱国主义、共产主义和社会主义核心价值体系教育。

（2）为本辖区的经济建设，特别是农村经济发展提供信息书刊资料。

（3）传播科学文化知识，提高广大群众的科学文化水平。

（4）根据本辖区的需要，积极采集各种书刊资料，特别是地方文献，以科学的方法进行整理、保管和开展借阅服务工作。

（5）对基层图书分馆、图书室和农家书屋进行业务辅导。

2. 县(市、区)公共图书馆专业干部队伍现状

至 2013 年底,全省 98 个县(市、区)公共图书馆共有从业人员 2186 人,其中大专以上学历 1735 人、中级以上职称 647 人。以 2010 年度为例,全省县(市、区)公共图书馆专业干部队伍共为读者组织各种讲座 961 次、参加人数 259890 人次,举办展览 561 个、参观人数 770200 人次,举办培训班 731 期(次)、培训人数 67990 人次;累计发放有效借书证 985326 本,总流通人数达 1985 万人次,其中书刊文献外借 878.7 万人次。

表 3-2 　2013 年度各设区市图书馆干部队伍综合情况对比表

项目分类 / 设区市	机构数(个)	从业人员			总藏量(万册件)	上年度书架单层总长度(米)	上年度累计发放有效借书证数(个)	上年度总流通人次	
		(人)	大专以上学历	中级以上职称				(千人次)	书刊文献外借人次
杭州市	13	401	352	96	1095.68	92905	796404	1155.85	215.20
宁波市	12	323	267	81	554.93	69228	503485	824.53	216.20
温州市	12	276	237	92	463.47	54156	148046	477.05	300.31
嘉兴市	7	242	175	64	382.46	61255	279729	688.12	306.00
湖州市	5	102	97	24	181.84	28000	106821	312.51	169.55
绍兴市	5	163	121	51	137.70	52723	173021	276.47	125.77
金华市	9	195	144	82	189.67	34403	98207	166.78	82.34
衢州市	7	89	44	30	145.33	10938	71022	76.59	53.58
舟山市	5	108	123	73	110.78	11225	61992	79.12	44.59
台州市	13	190	159	52	245.99	38171	102521	234.06	70.42
丽水市	10	114	92	66	143.05	22464	47265	87.75	39.62
总计	98	2203	1811	711	3650.90	475468	2388513	4378.82	1623.57

注:本表统计数已包含设区市本级公共图书馆相应数据

（三）乡镇（街道）综合文化站干部队伍

乡镇（街道）综合文化站是我国农村群众文化工作网络的重要组成部分,是党和政府开展农村文化工作的基本阵地,长期以来在活跃农村（社区）文化生活,促进经济社会协调发展等方面,发挥着重要作用。改革开放以来,各地乡镇（街道）综合文化站在条件尚不优越的情况下,坚持经常性地开展科技讲座、法制宣传、文艺辅导、文艺汇演、游戏娱乐等文化活动,同时,还积极抓好农村文化市场管理,促进文化产业发展等工作,成为推广科学技术、带领农民致富的示范基地,成为抵御不良风气的阵地,更好地满足了广大人民群众多方面的文化需求。我省的乡镇（街道）综合文化站建设工作在各级政府的共同努力下,一直来走在全国的前列。特别是"十二五"期间,我省以实施"东海文化明珠"工程为抓手,致力于乡镇（街道）综合文化站的提档升级,取得了很好的成效。至2013年底,全省共有1340个乡镇综合文化站,其中特级102个,一级254个,二级371个,三级334个;覆盖率100.45%,其中乡覆盖率98.88%,镇覆盖率100.78%,街道覆盖率102.64%;平均面积2181.36平方米,总藏书量181133.8999万册,年文化活动总经费450450.8932万元。有513个乡镇（街道）已成功创建为"浙江省东海文化明珠"乡镇（街道）。乡镇（街道）综合文化站从业人员已达到4690人,其中专职人员3068人。

1. 乡镇（街道）综合文化站专业干部岗位设置和工作职责

文化站的基本功能空间包括:多功能活动厅、书刊阅览室、教育培训室、文化信息资源共享工程基层点和管理用房,以及室外活动场地、宣传栏等配套设施。文化站一般设一个站长岗位和若干个工作人员岗位,具体视实际情况而定。《乡镇综合文化站管理办法》第十三条明确规定,文化站应配备专职人员进行管理,编制数额应根据所承担的职能和任务及所服务的乡镇人口规模等因素确定。从目前情况看,我省多数乡镇(街道)文化站已配备了站长和专职工作人员,但也有相当一部分乡镇,特别是一些偏远地区的乡镇,由于财政实力、机构编制等方面的原因,尚存在一人一站或文化员身兼数职等现象,不利于农村文化事业的繁荣发展。

乡镇(街道)综合文化站站长岗位职责:

(1)负责文化站全面工作,在当地党委(党工委)、政府(办事处)的领导下,制定本乡镇(街道)文化工作的中长期规划及年度计划,并负责落实和具体实施。

(2)负责文化站的日常性工作,认真完成上级下达的各项任务,积极开展自身业务活动,开展重大文化活动。

(3)负责抓好本乡镇(街道)文化基础设施建设及文化队伍建设。

(4)协助县级文化行政部门开展文物的宣传保护和非物质文化遗产普查、保护工作。

(5)受县级文化行政部门的委托,协助做好农村文化市场管理及监督工作。

(6)负责帮助指导、督促检查各村(社区)开展文化活动。

(7)负责本站工作人员的管理。

乡镇(街道)综合文化站工作人员岗位职责:

(1)在站长的领导下做好分工内的文化业务工作。

(2)具体负责文化站日常开放运行工作。

(3)积极开展群众性文体活动,搞好活动的策划组织工作。

(4)具体指导和督促各村(社区)的文化室、图书室、"农家书屋"、健身场所等村级文化建设和文化活动。

(5)负责监督辖区内的文化市场,配合上级文化部门做好文物和非物质文化遗产普查保护工作。

(6)完成站长交办的其他工作。

2. 乡镇(街道)综合文化站专业干部队伍现状

至2013年底,全省1340个乡镇(街道)文化站共有从业人员4690

人,其中专职人员 3068 人,其中大专以上学历 3859 人,中级以上职称 1349 人。从总体上分析,文化站专业干部队伍的整体素质有了较大提升,特别是近年来一大批艺术院校毕业的优秀人才充实进文化员队伍后,使文化站干部队伍的专业化、年轻化程度有了质的改变。据统计,2012 年度,全省乡镇(街道)综合文化站专业干部队伍共组织文艺活动 32283 次,举办展览 5842 个,举办训练班 15853 期(次)、受训人员达 103 万人次。

表 3-3　2013 年度各设区市文化站干部队伍综合情况对比表[①]

项目分类　设区市	机构数(个)	从业人员				上年举办展览个数(个)	上年文化活动次数(次)	上年度举办培训班班次	
		(人)	在编人数	大专以上学历	中级以上职称			(次)	培训人次(千人次)
杭州市	191	1022	501	869	261	1090	8365	4124	21.63
宁波市	147	758	239	666	147	695	4899	2339	19.99
温州市	142	672	610	550	178	668	2810	1361	10.71
嘉兴市	72	330	174	232	69	451	2888	1638	9.45
湖州市	69	202	174	185	39	320	2121	540	4.02
绍兴市	114	306	207	208	112	543	2560	1104	7.45
金华市	153	367	294	318	190	474	2068	991	8.72
衢州市	106	162	118	127	81	488	1583	898	4.86
舟山市	39	115	73	97	14	190	1032	799	3.58
台州市	133	426	366	338	95	450	1813	907	6.93
丽水市	174	330	312	269	163	473	2144	1152	6.44
总计	1340	4690	3068	3859	1349	5842	32283	15853	103.78

---

　　① 表 3-1、表 3-2、表 3-3 数据均来自《浙江省文化文物统计年鉴》,杭州:浙江省文化厅,2013 年。

二、农村文化专业干部队伍的地位和作用

一个民族的觉醒,首先是文化的觉醒。文化作为软实力,在社会主义新农村建设中的地位和作用不可替代,也无法替代。农村文化专业干部队伍是农村文化行政管理部门的核心力量,是文化管理主体之一,在农村文化建设中起到承上启下的关键作用。农村文化专业干部队伍通过以文化人、以文乐人、以文育人、以文富人的成功实践,不仅满足了农村群众多样化多方面的文化需要,更好地丰富了人们的精神世界,提升了幸福指数,而且还直接为农村经济发展和社会进步作出了重要贡献。

(一)农村文化阵地的建设者和管理者

农村文化阵地是公共文化服务体系建设的重要内容,是开展农村文化活动的主要平台。随着农村文化需求的逐步增长以及各级政府对农村文化建设的越来越重视,农村文化活动的场所和设施正在不断得到改善,服务的功能和内容也在不断得到拓展。到 2013 年底,我省县(市、区)文化馆、图书馆和乡镇(街道)综合文化站覆盖率分别达 110％、108.89％、100.45％,村级文化活动设施 31712 个,覆盖率达到 101.28％。其中文化馆和图书馆的平均建筑面积已达到 4772 平方米和 7482 平方米。全省已建成综合文化站 1340 个,覆盖率为 100.45％,平均建筑面积 2181 平方米。在农村文化阵地建设过程中,农村文化专业干部在农村文化人力资源中属于文化管理人才,可以说是发挥了举足轻重的作用。一方面,通过专业干部队伍勤勉的工作和出色的业绩,赢得了各级党委政府领导的重视,促使各级政府舍得在硬件设施上不断加大投入力度。同时,许多专业干部还通过开展"百

企联百村,共建新农村"、"社企联姻、文化互动"等活动,主动出击,多方争取,广泛吸引民间资本参与文化阵地的共建共享,取得了很好成效。另一方面,农村文化专业干部队伍作为农村文化阵地的主要管理者,在实施管理的过程中,能始终坚持以社会效益为主的原则,积极探索基层文化阵地免费开放长效管理机制,真正把农村文化阵地建成城乡居民群众求知、求乐、求健、求美的精神家园。

(二) 农村文化活动的策划者和实施者

农村文化活动是指农村群众在工作之余为满足自身精神文化生活需要而采取的文化行为。它是实现群众文化娱乐审美功能、宣传教育功能、普及知识功能和团结凝聚功能的文化载体。农村文化活动包括创作活动、表演活动、展览(展示)活动、阅读活动、培训活动、健身活动等等。要把农村文化活动搞得红红火火,引人注目,受人喜爱,就离不开策划,好的策划方案是大脑里迸发出的智慧火花,是活动得以顺利实施的"剧本"和"规范"。在近几年的工作实践中,我省的农村文化专业干部队伍以过硬的职业素质、务实的工作态度和敢想敢干的创新精神,成功策划实施了无数富有时代气息和区域特色的农村文化活动。如嘉兴秀洲区"新农村嘉年华"、景宁县"三月三"畲族歌会、嵊州市"相约越乡"全国越剧票友大赛、庆元县"月山春晚"等等,这些已连续举办多年甚至几十年的文化活动,不仅大大丰富了农村的精神文化生活,而且还在全国打出了品牌。

(三) 农村文化队伍的组织者和辅导者

农村文化队伍是新农村文化的建设者、传统文化的弘扬者、先进文化的推进者。这里所说的农村文化队伍特指基层各级各类文体团队和村级文化管理员队伍。这支队伍数量庞大,结构复杂,门类繁多,虽然工作热情高,参与性强,但综合素质参差不齐,需要文化专业干部队伍去加以正确的引导和管理。一方面,要有目的、有意识地去组织队伍。通过抓骨干、抓活动,积极支持和引导文体团队的创建和发展。另一方面,要有计划、有步骤地去辅导队伍。通过形式多样、富有实效的辅导培训,不断提高队伍的管理能力、策划能力和艺术水平。近年来,通过我省农村文化专业干部队伍的精心培育辅导,一大批品牌文体团队如雨后春笋般涌现,成为各地的文化"金名片"。如长兴百叶龙、秀洲农民画、永康九狮图、余杭滚灯等特色队伍已享誉全国并多次走出国门交流展示演出。

(四)农村文化遗产的保护者和传承者

文化遗产是历代劳动人民智慧的结晶,是人类活动的信息资料库。加强文化遗产保护是建设社会主义先进文化,贯彻落实科学发展观和构建和谐社会的必然要求。这些年来,我省各级农村文化专业干部以强烈的文化责任担当,卓有成效地开展了文化遗产的普查和保护工作,发掘发现和搜集整理了数量可观的物质文化遗产和非物质文化遗产,为优秀传统文化的保护、传承和弘扬,打下了扎实基础。萧山跨湖桥新石器时代遗址、嵊州小黄山遗址、余杭良渚文化古城遗址、玉架山史前聚落遗址等先后被评为"全国十大考古新发现";富阳市泗洲造纸作坊遗址、余杭区彭公水坝遗迹、浙东沿海近代灯塔群、玉环县坎门验潮所旧址被评为第三次全国文物普查"百大新发现"。2006 年以来,国务院公布的三批国家级非物质文化遗产名录项目,浙江省共有 186 项入选,入选项目数连续三次居全国各省之首。所有这一切,无不凝聚着广大农村文化专业干部的心血和汗水。

(五)农村文化产品的播种者和生产者

创作生产出更多思想性、艺术性、观赏性相统一,老百姓喜闻乐见的优秀文化产品,是农村文化繁荣发展的重要标志。近些年来,我省的农村文化专业干部以"种文化"、"送文化"、"育文化"为抓手,紧扣时代脉搏,深入采风、潜心创作,生产了一大批脍炙人口的群众文化精品。如慈溪市的器乐合奏《越·瓷风》、宁波北仑区的歌曲《江南青青竹》、绍兴县的莲花落小戏《一只红木箱》、诸暨市的小戏《南瓜变奏曲》、长兴县的舞蹈《蚕匾上的婚礼》、镇海区的舞蹈《九龙柱》等,先后荣获了全国"群星奖"和中宣部精神文明建设"五个一工程"奖等荣誉,充分体现了我省农村文化专业干部队伍的整体创作实力和艺术水准。

(六)农村文化知识的普及者和提高者

当今时代,知识爆炸。如果不与时俱进加强学习,就会迅速被时代淘汰。一个人从学校接受的知识毕竟是有限的,大量的知识需要从社会的各个方面获取和吸收,群众文化活动自古以来就是劳动人民传授和学习各种科学文化知识的有效途径。随着农村改革的不断深入,对外文化交流活动日趋频繁,在这种新形势下,广大群众对文化知识的渴求越来越强烈。农村文化专业干部一般都受过较高的学历教育,而且都具备一专多能的素质,在传授科学文化知识方面,有自己突出的优势。因此,在开展活动和服务群众的过程中常常能将自己的知识和技能通过寓教于乐的形式渗透给群众、传导给群众,使广大农民群众的科学文化水平得到普遍提高。如宁波市北仑区图书馆组织开展的未成年人读书节《三字经》《弟子规》优秀图片展、少儿爱心图书交换、百种优秀图书推荐、"六一"少儿读书竞赛等系列活动,不仅丰富了少年儿童的文化生活,增强了科学文化知识,而且还传承了国学文化,弘扬了传统美德。

(七)农村文化产业的开发者和促进者

"文化产业"这一概念在我国明确规定为是"为社会公众提供文

化、娱乐产品和服务的活动,以及与这些活动有关联的活动的集合"①。
农村文化产业这个概念是相对于城市文化产业提出的,尤其是在中国
这个农村人口占大多数、城乡二元模式比较突出的国家,更有单独、深
入审视和对待的必要性和合理性。② 我省的农村文化产业这些年之所
以迅猛发展,规模日益扩大,程度逐渐提高,农村文化专业干部队伍可
谓功不可没。一方面,农村文化专业干部队伍对农村文化产业的管理
和引导,促进了农村文化产业的规范健康、繁荣发展。另一方面,农村
文化专业干部对农村文化产业的培育和扶持,为农村文化产业做大做
强提供了帮助。如:宁波"万场电影千场戏"进农村的成功尝试,不仅
繁荣了农村文化市场,更重要的是探索出了一条引进市场竞争机制,
让文化产品"常下乡"、"常在乡"的新路子;嵊州市的民营剧团产业化
建设不仅激活了区域性演出市场,带动了相关产业的发展,而且还为
社会创造了许多就业岗位,让学艺唱戏成为了嵊州市农村女青年的一
种就业时尚。

三、农村文化专业干部的录用途径和素质要求

农村文化专业干部的选拔以德才兼备、公开公平、竞争与实践为基
本原则,其录用途径和能力素质是农村文化队伍建设的重要内容之
一。农村文化专业干部的录用途径决定着农村文化专业干部队伍的整
体素质,而农村文化专业干部队伍的素质好坏又直接影响着农村公共
文化服务的质量和水平。

---

① 国家统计局.文化及相关产业分类(2012)[S].
② 李显波.浙江省农村文化队伍素质提升工程辅导教材[M].杭州:浙江省文化
厅内部资料,2007

（一）农村文化专业干部的录用途径

农村文化专业干部的录用途径具有一定的时代特征。改革开放初期,"两馆一站"干部的待遇相对较差,准入门槛也相对较低,但随着各级党委、政府对农村文化工作重要性的认识程度不断提高,支持力度不断加大,"两馆一站"专业干部队伍的地位也发生了可喜的变化,逐步走出了"穷文"的阴影,走上了良性发展的轨道。从我省各县(市、区)的情况来看,大致可分为三大类:

1. 向"下"录用

所谓向"下",就是面向基层,按照"一专多能"的要求,从农村、社区、学校、企业、电影队等的文艺骨干中选拔录用。这一录用途径主要体现在改革开放前后至 20 世纪 80 年代末。当时采取的方法是"什么岗位缺人,就定向招什么人"。录用过程中,有的经过文化考试和文艺特长展示,有的就凭文化主管部门或当地政府的领导"慧眼识才"、"拍板"决定。被录用人员的性质有的属正式在编干部(文化馆、图书馆人员为主),有的属"民办公助"人员(公社文化站为主),有的属临时聘用人员。

2. 向"内"录用

所谓向"内",就是面向文化系统,从"未转正"的"在岗文化站人员"中录用。这一录用途径主要体现在 20 世纪 80—90 年代。1984 年浙江省文化站工作人员中有 1267 人被录用为国家干部;1991 年浙江省人事厅、文化厅和财政厅联合发文,招聘录用 800 人为城乡文化站专职干部,其中从事群众文化工作 8 年以上的有 504 人;1994 年,省机构编制委员会、省人事厅、财政厅和文化厅从"在岗文化站人员"中招聘 1200 名文化站专职干部。① 同时,"两馆一站"还从本地的专业院团

---

① 王淼,徐治.浙江省志(精编本)——群众文化章[M].杭州:浙江省文化厅社文处

中招收调用了一批文化专业干部。有的文化站干部也因为工作成绩出色或专业技术过硬而被文化馆、图书馆录用。

3. 向"外"录用

所谓向"外",就是面向全国各地,从大、中专院校毕业生中公开招考录用。这一录用途径主要体现在进入新世纪以后。随着国家对干部用人导向的正确把握和机关事业单位人事制度的改革完善,"两馆一站"专业干部的录用,全面走上了制度化、规范化选拔途径,真正遵循了"凡进必考"和公平公开公正、择优录用的原则,从而使一大批有抱负、有知识、有特长的年轻力量充实到了农村文化专业干部队伍之中,为基层群众文化事业注入了新的活力。

（二）农村文化专业干部应具备的基本素养

新农村呼唤新文化,新文化需要新人才。农村文化专业干部队伍是一支思想性、社会性、综合性要求很高的队伍,作为一名合格的农村文化专业干部,其良好的素养是文化人才进行科学的文化管理的必然要求,必须具备以下素养:

1. 政治修养

政治修养是人的综合素质的核心,是人们从事社会政治活动所必需的基本条件和基本品质,是个人政治立场、政治知识、政治意识、政治选择、政治行动等方面的综合表现,是动态的主体在面对一系列政治背景和政治环境时的合理性与合规律性的表现特征。[①] 人的政治修养的高低是社会政治文明发展水平的重要标志。当今时代,文化领域正在发生广泛而深刻的变革,农村文化专业干部要成为优秀文化的生产者和传播者,就必须坚定正确的政治方向,保持清醒的政治头脑,不

---

① 刘吉发,金栋昌等.文化管理学导论[M].北京:中国人民大学出版社,2013:274

断增强政治敏锐力和洞察力,努力在文化引领时尚、教育人民、服务社会、推动发展的实践中履职尽责,建功立业。

2. 道德品质

道德是社会学意义上的一个概念。不同的社会制度,不同的社会阶层都有不同的道德标准。所谓道德,就是由一定社会的经济基础决定,以善恶为评价标准,以法律为保障并依靠社会舆论和人们内心信念来维系的,调整人与人、人与社会及社会各成员之间关系的行为规范的总和。社会主义道德建设的核心是为人民服务。国无德不兴,人无德不立。要实现党的十七届六中全会提出的建设社会主义文化强国目标,离不开人的道德素质力量所迸发的巨大精神动力。因此,农村文化专业干部作为农村文化建设的贯彻者、实践者和推动者,就更应该具有良好的思想道德品质。

3. 职业操守

所谓职业操守就是指人们在职业活动中所遵守的行为规范的总和。它既是对从业人员在职业活动中的行为要求,又是对社会所承担的道德、责任和义务。良好的职业操守包括遵纪守法、爱岗敬业、诚实守信、办事公道、服务群众、奉献社会等方面内容。要进入农村文化专业干部队伍行列,既要有文化惠民、文化为民的思想认识,也要有乐于奉献、自我牺牲的精神境界;既要有执著事业、守望家园的人生追求,也要有淡泊名利、甘当"人梯"的处世态度;既要有蓬勃向上、奋发有为的进取精神,也要有求真务实、埋头苦干的工作作风。否则,即使有幸进入,也可能会一事无成,或者被时代所淘汰。

(三) 农村文化专业干部应具备的业务能力

素质影响服务质量,能力决定服务成效。农村文化专业干部要想胜任自己的工作岗位,实现自身价值,就必须要有较强的业务能力作支撑,农村文化专业干部应具备的业务能力主要包括四个方面:

1. 组织协调能力

组织协调能力的强弱,一直以来被视为考察农村文化专业干部称职与否的条件之一。组织协调能力主要表现为计划能力、沟通能力和指挥能力等。也就是说,不仅要有能力全面制定本专业的工作计划,善于处理计划性与随机性、战略性与战术性、单要素与全过程的关系,使计划既具备可行性、操作性,又体现预见性,而且要有能力掌握领导者的意图、协作单位的意愿和受众对象的需求,并能将三者有机结合起来。善于处理协调方方面面的关系,及时解决偶发事件和矛盾纠纷,形成有利于工作开展的合力。[1]同时,善于在深入调研的基础上,集思广益,制订方案,明确工作目标和任务,落实工作职责,使每一个工作环节都在组织者的有效掌控范围之内。

2. 辅导培训能力

辅导培训贯穿于农村文化工作的每一个环节,是农村文化专业干部必须掌握的基本功。辅导培训能力包括采编能力、教育能力、示范能力和辅导艺术等方面。在辅导和培训过程中,能根据辅导培训对象的文化层次和对辅导的企求,有针对性地采集资料、借鉴经验,结合实践编写辅导教材;能独立支持本专业不同形式的辅导培训班和讲习班,并针对不同对象,施以不同辅导手段和培训方法,取得最好的辅导和培训效果。同时,作为辅导者自身能娴熟地掌握本专业的业务技能,力求能在辅导和培训中确保做到化繁为简,释疑解惑,启发诱导,示范带动。[1]

3. 管理调控能力

管理是社会组织中为实现预期目标,以人为中心进行的协调活动。调控就是调节、控制。这里所指的管理调控能力就是农村文化专业干部对于所从事的活动进行的预测、策划、开展、控制和评价能力。管理

---

① 郑永富.群众文化学[M].北京:中国国际广播出版社,1993:47

调控的内容包括业务管理、组织管理、队伍管理、质量管理、安全管理、财产管理、档案管理等等。

4. 艺术创作能力

艺术创作是指创作者以一定的世界观为指导,运用一定的创作方法,通过对现实生活的观察、体验,研究、分析、选择、加工、提炼生活素材,塑造艺术形象,创作艺术作品的创造性劳动。这一能力要求主要针对的是文化馆(站)专业干部。为老百姓提供更多融思想性、艺术性、观赏性为一体的优秀文艺作品是文化馆(站)干部义不容辞的责任。这一特殊的工作职能要求文化馆(站)的各类专业干部必须具有较高的作品生产水平。

四、创新农村文化专业干部队伍建设的主要举措

近年来,浙江省委、省政府高度重视农村公共文化服务体系建设,省领导多次带队深入基层调研,从战略部署、组织领导和资金投入等方面,对全省农村公共文化建设给予了直接的关心和支持。省委、省政府还先后出台了《中共浙江省委关于加快建设文化大省的决定》、《关于进一步加强农村文化建设的实施意见》、《浙江省推动文化大发展大繁荣纲要 2008—2012》等一系列统筹城乡文化发展的政策文件。特别是党的十七届六中全会召开以后,各级党委、政府对农村公共文化服务体系有了一个全新的认识,对农村公共文化服务建设的重视程度全面增强。在 2011 年 11 月 18 日召开的中共浙江省委第十二届第十次全体会议上,通过了《关于认真贯彻党的十七届六中全会精神大力推进文化强省建设的决定》,《决定》明确提出,要以改革创新为动力,着力增强先进文化的凝聚力、公共文化的服务力、文化产业的竞争力、文化发展的创新力、区域文化的影响力和文化人才队伍的支撑力,走出一条具有中国特色、时代特征、浙江特点的文化建设新路子。同

时,继续把"文化人才工程"列为公共文化服务体系建设"八大工程"之一。

（一）理顺队伍管理体制

近年来,在省委、省政府的大力支持和各级党委、政府的密切配合下,通过探索实践,基本理顺了县（市、区）文化馆、图书馆和乡镇（街道）综合文化站专业干部队伍的管理体制,从而进一步调动了工作积极性和主动性,为推动农村文化大发展大繁荣创造了有利条件。

1. 出台管理办法

从 1981 年中共中央发出《关于关心人民群众文化生活的指示》（中发〔1981〕31 号）文件以后,浙江省按照"加强领导、积极发展、因地制宜、量力而行、讲求实效、稳步前进"的工作方针,扎实推进农村基层文化建设,取得了可喜成效。为切实加强"两馆一站"专业干部队伍的管理,国家文化部于 1992 年 5 月 27 日发布了《群艺馆、文化馆管理办法》（文群发〔1992〕28 号）;2003 年,文化部又专门发布了《文化馆管理办法》;同年 8 月 6 日,浙江省根据本地实际,制定出台了《浙江省公共图书馆管理办法》（浙江省政府令 161 号）;2009 年 8 月 17 日,浙江省又出台了《浙江省文化馆管理办法》（浙江省政府令 262 号）;2009 年 8 月 5 日,国家文化部又发布《乡镇综合文化站管理办法》（中华人民共和国文化部令第 48 号）。上述各级管理办法的相继出台,从性质、职能、任务、规划、人员、经费、设施设备等方面对"两馆一站"建设作了明确规定,为理顺"两馆一站"的管理体制提供了规范和依据,从而推动了"两馆一站"干部队伍建设的空前发展。

2. 延伸管理触角

长期以来,"两馆一站"专业干部队伍的工作范围大都以本级为主,但改革开放以来,随着城乡人民生活水平的提高,群众文化生活逐渐活跃,群众文化活动的广度和深度不断拓展。为适应形势需要,"两馆一站"专业干部队伍除开展正常的"送文化下乡"活动外,主动深入农村(社区)开展业务辅导,积极组织"种文化"、"文化走亲"、"文化结对"、"文化低保"等多种形式的文化惠民活动,努力把"文化种子"种到老百姓的"家门口",扎根到基层的文化沃土中。图书馆专业干部队伍一改传统的服务模式,变"等客上门"为"送货上门",主动把馆藏的图书、音像制品,通过"农家书屋"和基层信息共享点输送到广大群众的身边,让老百姓不出村口、不出家门也能读书看报,共享文化信息资源。乡镇(街道)综合文化站专业干部队伍更是把管理服务的触角伸向农村、社区、学校、军营、企业、家庭,努力让每一个公民都能充分享受到文化大发展大繁荣带来的"阳光雨露"。

3. 探索管理模式

近年来,我省先后在县(市、区)文化馆和公共图书馆推行了"馆长负责制"、"岗位责任制"、"全员聘任制"和"绩效挂钩制"等一系列管理制度,砸破了"大锅饭",摔掉了"铁饭碗",实施了目标管理,充分调动了专业干部队伍的主观能动作用,发展了文化生产力。在乡镇(街道)综合文化站层面,结合乡镇机构改革,在全省各地探索实施了多种模式的专业干部队伍管理体制,为今后的统一整合、优化提供了借鉴。

(1) 余杭模式:设置文化体育服务中心

2006年,余杭区下发了《关于推进镇乡机构改革工作的意见》,明确每个乡镇一般只设两个事业中心(农业服务中心、文体服务中心),其中文体服务中心为必设机构,属公益性事业单位,正科级,保持文体服务中心为乡镇(街道)所属独立的文化事业单位建制,较好地解决了与其他非同类部门的混合设置的问题。经费实行全额拨款。人口在3万以上的乡镇(街道)文体中心配备2至4名专(兼)职工作人员,其他乡镇(街道)配备1至2名专(兼)职工作人员。在年终工作实绩和任期目标考核中,把文化建设作为专门考核项目单列,其中文体机构设置和人员配备是考核的重要内容。

(2) 嵊州模式:保留文化站建制,实行双重管理嵊州市在乡镇撤并过程中,将文化站也进行了同步撤并,并按撤并后的乡镇(街道)建制设立了 21 个乡镇(街道)文化站(2010 年增设了 1 个经济开发区文化站)。乡镇(街道)机构改革时,该市仍保留了文化站机构,只是将文化员兼职充实到了乡镇(街道)的相关科室中。文化员的编制和人事权在文化主管部门,工资由财政局划拨到乡镇(街道)统一支付,奖金和福利待遇均在乡镇(街道)享受,文化事业经费由乡镇(街道)负责,文化员接受文化主管部门和乡镇(街道)双重管理,年度文化工作由文化主管部门部署考核,文化员兼职承担的乡镇(街道)工作由乡镇(街道)部署考核。

(3)海宁模式:纳入乡镇社会事务办公室

海宁市在乡镇事业单位机构改革时,将公益性服务职能的单位重新进行了整合,将文化站与计划生育服务站等合并组建成"社会事业服务中心",挂计划生育服务站、文化体育站、社会保障服务站三块牌子,由一名副乡镇长兼任"社会事业服务中心"主任,乡镇文化站工作由党委宣传委员分管,文化经费由乡镇财政列支。

(4)南浔模式:文化站与乡镇政府分灶吃饭

湖州市南浔区的做法是撤销乡镇文化站,设置综合性的宣传文化中心。原文化站的职能、资产、人员及乡镇广电站承担的宣传职能并入宣传文化中心。宣传文化中心的经费来源按在职人员年人均 1.1 万元由市财政核拨,人员经费不足部分和日常工作经费列入乡镇财政预算,并视财力和宣传文化中心的收支情况,确定经费补助数额。

(5)莲都模式:区文化局垂直管理

丽水市莲都区在乡镇机构改革时,将全区 22 个乡镇文化站和 22 个乡镇广电站,按所属工委整合为 7 个乡镇(街道)文化广播电视中心站,作为区文化广电新闻出版局设在乡镇(街道)的机构,为全民所有制事业单位,其人权、事权由区文广新局主管,所在乡镇政府和街道办事处协管,经费上纳入财政预算,公用经费按实际聘用的在职人数核定,乡镇(街道)文化广电中心站实行报账制,在区会计核算中心统一核算。

（二）健全职称评聘体系

专业技术资格是由人事主管部门授予的一种技术称号，是专业技术水平的标志，代表了专业技术人员的专业技术水平和能力。群众文化专业干部队伍职称评聘工作不仅事关干部切身利益，也事关群众文化事业的发展。因此，近年来，我省十分重视专业文化干部队伍的职称评聘体系建设，逐步健全完善了"公平、公正、竞争、择优"的评定机制和"聘任上岗、责权统一、能上能下、易岗易薪"的用人机制，有效激发了广大专业干部的工作主动性和创造性。至 2010 年底，全省县（市、区）文化馆、图书馆和乡镇（街道）文化站 6969 名从业人员中，已拥有高级职称 390 人，中级职称 2041 人。中级职称以上比例已达到 35%。

1. 营造良好的职称评聘环境

以科学设岗为基础，以强化公正评价和自主聘任为中心，区别群众文化和图书馆两大系列以及不同职务层次特点，对专业技术职称实行分级分类管理；建立和推行了专业技术职务动态管理制度，强化竞争择优、动态聘任的竞争上岗机制，淡化身份，强化岗位，实现专业技术职务由"身份管理"向"岗位管理"过渡，做到人尽其才，才尽其用。改进评审委员会成员的遴选办法，选择学术技术水平高、办事公道正派、在系统内具有较高知名度和权威性的人员进入评委会专家库，努力减少人为因素对职称评审工作的影响。[①] 充分发挥职称的杠杆作用，努力引进、稳定、充实、激励基层的专业技术人员。针对目前基层职称结构中初级职称比例偏大的客观状况，适当降低中级职称评审门槛，鼓励一线人员积极申报中高级职称，并尽量要求达标即聘。

---

① 王全吉.浙江省百镇综合文化站研究子报告［M］.北京：五洲传播出版社，2008：98

2. 完善科学的资格评价制度

拓展人才评价内涵,从"重学历、重资历"逐步向"重能力、重业绩"转变。适当放宽了专业技术人员职称评审中学历、论文等方面的要求,重点考核其工作业绩、现实表现、技术水平、接受新知识、运用新技术的创新能力成果。进一步完善了考评结合、答辩和评审相结合、以考代评、以聘代评等多种评价手段,逐步建立起政府宏观指导下的社会化评价机制。树立大人才观,拓展工作领域和服务范围,让更多的符合条件的专门人才有机会参加职称资格评审;鼓励文艺院团专业人才转岗到"两馆一站"工作,允许其按规定转评相应的专业技术职称;打破学历、资历、职务档次等限制,允许业绩突出者破格确定和晋升职称,打破岗位限制,允许在行政岗位上工作的专门人才评审职称。创新评审模式,规范评审程序,严格评审标准,建立了评审责任追究制度,确保评审公平、公正。

3. 推行合理的评聘分离机制

实行人才资源向人才资本的转变,最重要的是用好人才。没有被使用的人才是没有价值的,更不是资本。人才只有被利用,极大地发挥作用,才能实现价值、创造价值,在创造价值中实现自身价值。为此,近年来,省文化厅支持"两馆一站"大胆借鉴国际通行做法,结合各自的实际情况,采取不同的聘任办法、实行不同的聘期、给予较高的聘用待遇,相对稳定一批业务骨干。同时,要求"两馆一站"要加大人才资本的投入力度,要为专业技术人员在聘任期内的继续教育提供必要的经费和学习条件,保障专业技术人员接受继续教育的时间和学习期内的待遇,促使专业技术人员的知识更新和能力提高。另外,"两馆一站"也切实加强了对专业技术人员的业绩考核,把考核结果作为晋升、续聘、分配、奖惩和解聘的重要依据,促使专业技术人员认真履行岗位职责,积极创新创造,充分发挥作用。

（三）实施素质提升工程

"十一五"以来,我省各级文化行政部门高度重视文化专业干部队伍的教育培训工作,把实施"农村基层文化队伍素质提升工程"作为一项战略性、基础性工作来抓。省文化厅专门制定了培训工作目标责任制、绩效评价制度、检查考核制度等一系列制度,真正做到了领导重视、计划周密、措施有力、监管到位,培训工作逐步形成了专业化、系统化、多元化的新格局。

1. 设定培训目标

按照浙江省"十一五"农村文化队伍素质提升工程目标任务设定,2007 年至 2010 年,省本级通过采取点对点培训、异地培训、分类培训、集中培训等形式,分层次全面培训了全省文化馆、图书馆馆长和优秀综合文化站站长,每年 30 学时;全员培训了乡镇(街道)文化员,每人 40 学时;系统培训了县(市、区)文化馆音乐、舞蹈、美术、摄影等各门类的专业干部,每人 100 学时;累计培训人数达 2500 多人。同时,各县(市、区)文化主管部门也对乡镇(街道)综合文化站站长、文化员和业余文体团队负责人进行了全员培训,累计人数达 5.2 万人,每人培训时间为 40 学时。经过培训,系统更新了专业知识,大大提升了各级文化专业干部队伍的业务素质,增强了做好基层文化工作的信心。

2. 创新培训方式

为确保教育培训真正富有成效,省文化厅围绕新农村文化建设任务,依托群众文化艺术活动与教育方面的理论研究成果和实践经验,于 2009 年编写出版了农村文化队伍业务培训教材——《浙江省农村文化队伍素质提升工程辅导教材》。《教材》以"宜学、好懂、实用"为原则,立足于浙江省新农村文化建设的生动实践,着眼于农村文化干部素质提升的实际需要,将时代性、知识性和实用性有机融为一体,为培训广大基层文化工作者和开展业务工作提供了较好的学习范本,也为全国农村文化队伍培训提供了借鉴和参照的范例。同时,省文化厅还邀请江、浙、沪等地一批长期重视群众文化工作的专家、学者为参训人员授课。2010 年结合省委宣传部举办"浙江省农村'种文化'辅导团服务基层活动月"活动,选派 10 余名省内书法、声乐、舞蹈、戏剧、民间工艺等方面的群文专家赴绍兴、金华、台州、衢州等地,与基层文化干部、文艺骨干开展面对面、手把手的交流辅导,共计培训人员达 5000 多人次,有效激发了基层群众文化的内生活力。

3. 保障培训经费

"十一五"期间,我省财政每年安排 500 万元专款用于农村文化队伍素质提升工程,保障各级培训工作顺利开展。其中,省本级组织的培训和演出成果检阅、展示经费由省统筹安排落实;县(市、区)级组织的文化站长、文化员和业余文艺骨干培训经费,分类别由省财政统一拨付。同时,在各县(市、区)文化主管部门的精心策划和积极争取下,各地财政也切实加大了对基层文化队伍培训的经费投入,为分层次开展基层文化队伍培训提供了有力的经费保障。

(四) 优化人才激励机制

激励是一种引导、教育和管理活动,通过外界的刺激、灌输和影响,把激励的思想、内容转化为人的思想和自觉行动。在文化软实力发展中,文化生产、文化传播、文化规划、文化教育、文化交流、文化保护等都离不开文化人才。因此,近年来,我省清醒地认识到文化人才的时代价值,把创新文化人才激励机制作为留住人才、吸纳人才、激发人才活力的重要措施来落实,努力以政策凝聚人,以荣誉鞭策人,以薪酬吸引人。

1. 政策激励

为鼓励文化人才脱颖而出,我省在《浙江省文化事业发展"十一五"规划》中明确提出:要深入实施"人才兴文"战略,大力实施浙江省文化人才工程。全面深化干部人事制度改革,创新人才工作机制,以优化人才素质、改善人才结构、激发人才活力、提升人才效益为重点,大力营造人才辈出的良好环境,推进人才整体开发,为文化发展提供强大推动力。同时,先后出台了《实行浙江省特级专家制度暂行规定》、《关于积极推行人事代理制度的若干意见》、《浙江省实行引进人才居住证制度暂行规定》等文件。省文化厅也启动了申报浙江省"文化精品工程"、"重点创新团队(文化创意类)"等工作,为培养造就一批在国内有一定影响力的学科带头人、学术骨干和创新团队搭建平台、创造条件。

2. 荣誉激励

建立了省级文化荣誉制度,每年评选浙江省"中青年德艺双馨文艺工作者";实施特级专家聘任、首席专家、文化名家工作室制度;对从事群众文化工作满30年的基层文化工作者颁发荣誉证书;定期评选"文艺拔尖人才";每年表彰一批在群众文化战线上默默耕耘、成绩显著的优秀群文工作者;大力宣传文化领域的领军人物、优秀人才及其成果,积极营造尊重劳动、尊重知识、尊重人才、尊重创造的社会舆论环境,引导广大农村文化专业干部进一步增强社会责任感,人人争做优质文化服务的模范实践者和先进文化产品的创作者、传播者。

3. 薪酬激励

按照以人为本的要求,深化了"两馆一站"分配制度改革,强化了人才扶持和绩效管理机制,形成了以业绩为依据,品德、知识、能力等要素共同构成的干部评价体系和以岗定薪、绩效挂钩的薪酬体系。探索实施了高层次文化专业人才协议、项目工资等多种分配形式。健全了以政府奖励为导向、用人单位和社会力量为主体的人才奖励体系。初步打破了"干多干少一个样,干好干坏一个样"的被动局面。同时,通过宣传文化主管部门的积极争取,我省各县(市、区)综合文化站站长已基本上享受了乡镇(街道)中层正职待遇。

典型案例 1

义乌市文化馆"文化专家联百村"

义乌是闻名遐迩的国际化商贸城市,经济发达社会和谐。2007 年 5 月,义乌市适时推出了"文化专家联百村"活动,极大地促进和推动了农村文化繁荣,也为今后的发展探索出了一条具有一定推广价值的创新之路。

(一)整合了文艺资源,拓展了服务平台

"文化专家联百村"活动,是义乌市实施"农村、社区、企业文艺骨干系列培训"和"千名文艺骨干培训工程"取得一定成效的基础上,根据社会的需求推出的一项举措。2007 年 5 月,文化部门组织了百余名农村文化专家,组成 13 个专家小组,每组 3—6 名成员,以镇(街道)为单位,开展了"联百村"活动。专家组的主要任务是:分赴各镇(街道)开展文化服务,帮助联系村培育业余文艺团队、建设文化活动阵地、策划当地文化活动、辅导重点特色活动项目、制定一个时期的文化发展规划等。这批专家都是全市各艺术门类的骨干人才,一方面,他们的才艺需要有一定平台来发挥。另一方面,农村的文化建设又缺乏专业人员的辅导。"文化专家联百村"活动正好为这两方面的需求找准了契合点,使文化部门为社会特别是农村提供公共文化服务拓展了有效的平台。据统计,全市有 120 个村 200 余支文艺团队得到了专家小组的指导,深受广大群众的欢迎和好评。

(二)推动了团队建设,提高了队伍素质

近些年,义乌市文艺团队如雨后春笋般涌现,由于是自发形成的团队,虽然活动热情很高,但缺乏专业指导,普遍存在整体水平不高的情

况。"文化专家联百村"活动开展以来,通过采取扶持、培育、推广等方式,重点辅导了一批特色型团队和示范性项目,并对一批有较好基础的民间传统艺术团队进行了提高和改进,取得了令人满意的成果。如文化馆推广的排舞项目,在社会上影响很大。2008 年 6 支队伍参加省排舞大赛,取得了一金五银的优异成绩;后傅高跷队和八里桥头罗汉班,不仅多次参加市里和兄弟县市的重大文化活动,还参与了大型音画史诗歌舞《乌伤追梦》的演出。一些农村在专家的指导下,举办了农民书展、农民画展,使队伍素质有了很大提高,一大批有特色有个性的文艺团队脱颖而出。李长春同志在视察义乌市时,专程到文化专家辅导的重点村李祖村调研,对这里的农村文化建设给予了高度的评价。

(三)丰富了农民生活,促进了文化繁荣

最近几年,义乌文化体育设施在不断地完善,文化活动也较为丰富,通过参与文化活动来展示自我、表现自我已成为一种时尚。文化专家的介入,起到了锦上添花的作用。一些自发形成的较为粗糙的文化活动,通过专家的策划变得更具特色、更有品位;一些约定俗成的民间文化表演,经过专家的指导变得更具时代特点和观赏价值。"农民歌手大赛"、"农民器乐大赛"等专为农民打造的文艺赛事也应运而生。"苏溪农民艺术团"、"绣湖歌唱团"、"南门戏剧角"、"越剧联谊会"、"佛堂婺剧联谊会"等社团不仅常年活动,还经常性组织开展送戏到村活动,打出了品牌,扩大了影响。[①]

---

① 周航,王全吉.浙江 100 个文化馆创新报告[M].杭州:杭州出版社,2011:79

典型案例 2

综合文化站队伍建设"余杭模式"

近年来,余杭区委区政府十分重视文化工作,在推进基层文化建设,创新工作载体,完善农村文化服务体系等方面做了一系列的探索与实践,取得了较好的效果。尤其在乡镇综合文化站队伍建设方面,该区立足实际,拓宽思路,通过努力,在乡镇机构改革中进一步巩固了队伍,理顺了关系,基本形成了"健全机构,强化队伍,提升素质,完善考核"的发展模式,被称为"余杭模式"。2007 年 7 月 12 日,《杭州市余杭区在乡镇机构改革中加强文化队伍建设》一文,发表于《中国文化报》;2008 年 11 月,在浙江省政府召开的全省乡镇综合文化站建设现场会上,徐美娟副区长代表区政府作了加强综合文化站队伍建设的先进经验介绍。

该区的主要做法是:

(一) 保留机构,明确职责

该区是省内较早探索城乡统筹和新农村建设的区(县)之一。在新农村文化建设过程中,按照国家县有两馆(文化馆、图书馆)、乡有一站(文化站)、村有一室(文化室)建设的要求,一直十分重视乡镇综合文化站建设工作。为保障乡镇综合文化站的工作地位,充分发挥其工作职能,适应当前基层文化工作要求,在全区乡镇机构改革征求意见之际,区文广新局向区委区政府提出保留并明确综合文化站属性的请求。区委区政府在认真听取多方意见后,一致认为乡镇综合文化站建设十分重要,应该保留其机构并明确属性。2006 年 10 月,余杭区委在《关于推进镇乡机构改革工作的意见》(区委办〔2006〕151 号)中,对乡镇综合文化站的机构、人员等建设,进行了进一步的明确。明确在全区乡镇机构改革中,综合文化站是必设机构之一。每个乡镇根据工作需要一般只设两个事业中心(农业服务中心、文体服务中心),其中文体服务中心(即综合文化站)属公益性事业单位,正科级,经费实行全额拨款。它的职能为:承担群众性文化活动和全民健身等体育活动;搜集和整理本辖区内民间文化艺术遗产,培养和发展民间文化队伍,保护民族民间文化艺术;负责本辖区内文化体育场馆、设施的开放管理工作等,与文化部早些年出台的《文化站管理条例》对乡镇文化站的工作职能表述基本一致,保持了乡镇文化站工作的连贯性。文体服务中心明确的机构和职能,较好地解决了文体机构与其他非同类部门混合设置的问题,保证了文体服务中心为镇乡(街道)所属独立的文化事业单位的基本属性。

(二)保证编制,核定人员

扎根乡镇的文化干部,是基层文化建设的主要力量,也是农村文化的一支骨干队伍。这支队伍的素质高低、稳定与否将直接影响基层文化建设的速度和质量。早在 2005 年,该区在建设"文化名区"过程中,就开始进行综合文化站建设规划的探索。区委区政府出台的《关于加快推进基层文化建设的若干意见》中提出,镇乡(街道)统一设置文体服务中心,为镇乡政府、街道办事处设立的公益性文化事业单位,经费实行全额拨款。人口在 3 万以上的镇乡(街道)文体服务中心配备 2 至 4 名专(兼)职工作人员,其他镇乡(街道)文体服务中心配备 1 至 2 名专(兼)职工作人员。这个办法的实施,不仅为基层文化工作配备了基本人员力量,而且在很大程度上解决了镇乡(街道)占文化编制却不从事文化工作或 1 人承担多项工作,文化工作实际处于无人管理等问题,保障了乡镇文体机构的正常运转。2006 年,乡镇机构改革后,全区各镇乡(街道)又根据人口总量不同,重新予以核编,优先保证文化工作队伍力量,19 个镇乡(街道)文体服务中心配备专职文化干部都在 2 名以上,最多的乡镇达到 5 名。配足配好文化干部,为推动基层文化的发展与繁荣打下了扎实的基础。至此,全区 19 个镇乡(街道)全部按标准完成了文体机构配备,基层文化队伍建设做到了"机构不撤、职级不减、人员不少"，为推进新农村文化建设打下了扎实的基础，有力地推动了全区基层文化事业的发展。

（三）严格把关，提升素质

明确了机构属性，规定了人员编制，但由什么人担任文化干部，这也是一个大问题。为此，该区对乡镇选配文化干部也提出了要求。镇乡（街道）文体服务中心主任应由熟悉文化工作的同志担任，并享受中层正职待遇。镇乡（街道）文体服务中心工作人员首先在镇乡（街道）现有的素质好的人员中选调，不足人员在征得区人事（编制）部门同意后，会同区文化主管部门向社会公开招考。同时，加强了对镇乡（街道）文体服务中心工作人员的管理和业务培训，提高专业化程度和业务素质，充分发挥文体工作人员在基层文化工作中的作用。2007年，结合新农村文化建设，该区再次要求各镇乡（街道）根据新农村建设规划，为文体服务中心配备素质高、能力强的专职主任或副主任。到目前为止，全区19个镇乡（街道）中有15个做到了中心主任专职专用，有4个虽然兼职，但明确以文化工作为主。由于文化干部自身素质较高，在2006年乡镇机构改革中，有9名文体服务中心干部因工作出色得到提拔，大大提高了文化工作的地位和吸引力。

（四）落实措施，加强考核

有了政策，还必须强化措施，狠抓落实。2006年7月，由区委、区政府、区委宣传部和区文化广电新闻出版局有关领导和相关人员组成三个督查组，专门对全区各镇乡（街道）贯彻落实文体机构设置和人员配备情况进行了督查。在余杭、瓶窑、塘栖三片集中督查的基础上，针对发现的问题，有关领导再亲自去相关镇乡（街道）走访，限期整改。通过这次全区范围的督查，加快推进了镇乡（街道）综合文化站在机构设置和人员配备上的进度，使政策得以有效落实。为便于长期有效指导和督查镇乡（街道）落实文化建设规划、政策、措施等情况，就必须建立行之有效的绩效评介体系。因为乡镇综合文化站的经费、人事权下放到乡镇级后,县(市、区)文化主管部门、文化馆与乡镇文化站只存在一种业务指导关系。对于乡镇文化工作重视与否,取决于县(市、区)政府对乡镇政府年度工作目标考核中文化工作的力度。而已经实施的对乡镇政府年度工作目标考核中,文化工作的比分显著偏低,只占 2 分,使得乡镇政府只对政绩十分关注,直接影响政府公共文化服务成效。对此,该区在对镇乡(街道)进行年度工作实绩和任期目标考核时,增加文化建设考核内容和考核分值。2006 年起,在对乡镇、街道进行年度工作实绩和任期目标考核中,就把文化建设作为单独一个考核项目从宣传思想工作单列出来,占 5 分。该考核分由文体部门分 6 个方面进行细化,其中文体机构设置和人员配备是文化建设考核的重要内容。每年年终由区文广新局(体育局)对镇乡、街道文体服务中心进行考评,按考评结果折算分值后,报区镇乡(街道)综合考评领导小组纳入总分统计。

实践证明,加强乡镇综合文化站机构设置和干部队伍建设,是健全农村公共文化服务体系的重要环节,是农村文化建设的重要内容,也是推动农村文化繁荣的重要抓手。目前,基本实现了全区乡镇综合文化站全覆盖、可持续、有保障、惠百姓的建设目标。至 2008 年年底,全区已拥有省、市级"东海文化明珠"镇乡(街道)16 个,80% 的村(社区)建成文化村和文化社区,拥有上等级的业余文体团队 101 支,文化示范户 100 户,区、镇乡、村三级公共文化网络基本形成。农村群众性文化活动蓬勃开展,余杭人民艺术节、中小学生艺术节、老年文化艺术周、"相约周末"文化夜市、"牵手农民,百千万工程乡村行"、"太炎读书节"等活动和径山茶圣节、塘栖枇杷节、鸬鸟蜜梨节、百丈竹文化节、仓前羊锅节、瓶窑竹笋节等各镇乡颇具特色的文化体育活动渐成品牌。这些活动进一步丰富了广大群众的文化生活,提升了市民的生活品质,促进了乡风文明与和谐社会建设。①

---

① 案例摘自《浙江省公共文化服务政策案例选编(2010—2011)》

典型案例 3

海盐县实施文化工作员下派制度

文化工作员下派制度是海盐县加强农村文化队伍建设,构建公共文化服务体系的一项重要举措。在探索构建城乡均等的公共文化服务体系过程中,海盐县紧紧围绕省政府《关于进一步加强乡镇综合文化站建设的实施意见》精神,积极吸取其他地区在加强农村文化建设中的经验和做法,按照"求突破,重实效,走前列"的工作要求,在加强农村文化队伍建设上勇于探索,全面实施了"文化工作员下派制度"。

(一) 实施背景

海盐县在上级党委政府的带领下,努力创新,奋勇争先,农村经济社会文化事业得到了进一步发展,城乡一体化建设取得了显著成效,公共文化服务体系建设初具规模,全县综合文化站建设硬件条件正在逐步加强,但文化阵地的长效管理、文化员队伍建设、文化艺术创新等一系列问题依然存在,解决这些问题最主要的因素还是人,而人员问题的解决还需从管理体制上入手。为此,县委、县政府主要领导亲自带领宣传、文化、广电部门的主要负责人赴镇(街道)召集文化站长、村文化干部开展农村文化建设座谈会,细心听取基层对加强农村文化建设的意见和建议。同时召集县委办、县府办以及城建、发改、财政、人事等部门的主要领导,专门听取文化部门对文化建设的意见建议。通过充分调研,决定增加县文化馆 10 个农村服务事业编制,提出实施农村文化工作员下派制度,并要求县财政部门对实施文化工作员下派制度提供必需的经费保障。

（二）主要做法

1. 明确文化工作员招聘的基本条件

下派的文化工作员必须是在群众性社会文化活动中从事文化艺术传授、文艺表演和创作指导，整理、研究和开发民间文化艺术的人员，应具备扎实的专业知识和组织开展群众文化活动的能力。下派文化工作员招聘，按照《海盐县事业单位公开招聘暂行办法》（盐委办〔2007〕40号）文件的规定实行。海盐县文化馆对下派文化工作员的招聘，采取分批形式进行。目前共招聘了四批下派文化工作员共10人，其中音乐类4名、舞蹈类4名、其他相关专业类2名。在人员招聘条件设置上，要求年龄在35岁以下，文化艺术基础好，有一定的政治理论素养、政策水平和组织协调能力，了解农村工作，作风踏实，身体健康。招考的门类分三大类：声乐类、舞蹈类、戏剧类。所有招考人员要求全日制普通高校本科以上学历，面向全国招考。

2. 明确文化工作员下派范围、时间和方式

（1）下派范围。县文化馆负责文化工作员的日常管理，招聘的文化工作员全部下派到镇（街道）文化站，协助开展文化工作。所有招聘的文化工作员按照各镇（街道）需求，按需分配。当地缺少声乐类人才的，就下派声乐专业的文化工作员。

（2）下派时间。时间3—5年，并在全县各镇（街道）范围内进行交流使用。全县招聘的文化工作员每3—5年为一个周期，每个周期镇（街道）之间轮换一次，通过下派文化工作员的调整，力争使全县镇（街道）在文化工作上有新突破。

（3）下派方式。下派期间，文化工作员的行政关系留在县文化馆，享受文化馆的工资、奖金、福利等待遇，并由财政给予每人每天10元的生活补贴和一定的交通补贴。党组织关系转至所在镇（街道），参加组织生活。人员原则上中途不作调整，如遇特殊情况，须报县委宣传

部、县文化局批准,确保下派文化工作员在各镇能够相对稳定地开展文化工作。

3. 明确文化工作员的工作职责

文化工作员招聘以后,对人员的定位和职责必须慎重考虑。文化工作员的定位是作为乡镇文化站的负责人,还是作为文化局服务基层文化的业务指导员。我们对此进行了利弊的分析,从如何最好地发挥乡镇积极性,调动下派文化员的主观能动性,加强基层文化阵地的长效管理等方面着手,最终确定定位为县文化局服务基层、配合乡镇开展文化建设的文化使者。其职责为履行对农村文化建设进行咨询与指导;协助对农村文化活动、文体团队、文艺骨干进行专业辅导、培训;协助策划和组织群众性文化活动;协助管理农村文化活动场地、设备、器材等;协助抢救、保护和开发利用文化遗产;根据工作需要完成安排的其他事项等职责。人员定位和工作职责的明确为下派文化工作员更好地发挥桥梁和纽带作用,推动基层文化建设,提供了组织制度保障。

4. 明确文化工作员管理机制和保障措施

(1)建立工作制度。县文化馆制定管理制度,规范文化工作员的工作,使文化工作员能够切实履行职责,不断提高执行政策的能力、服务群众的能力、加强自身建设的能力。同时县文化馆建立监督机制,定期听取汇报,不定期检查文化工作员的工作情况;建立反馈机制,畅通信息渠道,及时了解掌握、整理归纳各镇、村的意见、建议,协调解决文化工作员具体工作中的困难和问题。

(2)强化目标考核。对文化工作员的工作情况,实行岗位目标管理制度:即每年初,根据各镇(街道)的实际情况,确定当年工作任务;年底由文化工作员写出任期工作总结。文化工作员的考核工作由县文化馆会同所在镇(街道)进行,不合格的不再聘任。每年组织一次评比表彰,受表彰者给予一定的奖励,并作为干部任用的重要依据。

(3)严格监督管理。在全县文化工作员下派制度实施过程中,各镇党委、政府结合实际,建立规范科学的工作运行机制,推进镇(街道)文化站的建设和管理。同时为文化工作员创造工作条件,激励文化工作员积极协助开展相关工作。文化工作员在下派期间严格遵守政治纪律、组织纪律、工作纪律和群众纪律。

(4)强化经费保障。在开展镇(街道)综合文化站建设中,县委、县政府对各镇(街道)文化建设经费保障提出了要求,每年在预算内安排文化活动经费不少于人均6元,保障当地文化活动的顺利开展。县级由县两办和县委宣传部、县文化局等多家部门共同设立农村文化工作专项资金共50万元,主要用于奖励工作成绩突出的镇(街道)文化站及文化工作员,扶持镇(街道)综合文化站建设并为下派文化工作员提供资金保障。

(三)初步成效

1. 文化建设自觉性进一步增强

海盐县在实行文化工作员下派制度以来,充分发挥了以文化人的教育功能,通过下派文化工作员开展文化活动、组织文艺培训,让广大农民群众在享受精神文化产品的同时更加自觉地参与到社会文化活动中去,提高自身的文化素养,增强社会责任意识,提高互相协作能力和凝聚力,使社会主义核心价值观得到了进一步的深化和弘扬。当地党委、政府在加强文化建设过程中,看到了城市形象和地位的显著提升,看到了广大群众的精神面貌焕然一新,文化活动平台作用进一步显现,文化软实力得到进一步加强,政治、经济、社会各项事业得到快速发展。加强文化建设已经成为我县各级党委、政府服务民生、惠及全民的一项重要责任,一种自觉意识。

2. 乡镇综合文化站工作效能进一步提升

文化站的工作十分繁杂广泛,涉及组织群众文化活动、宣传党的方针政策、进行社会职业技能培训等方方面面。这就要求文化工作员不仅要有"一专多能"的专业水平,还要有灵活机动的工作方式、方法。下派文化工作员在基层充分利用机关、团体、企业、学校、村(社区)等现有资源,挖掘人才,积极扶持和发展农村文化队伍,以文化队伍建设为农村文化建设的切入点,凝聚了一批基层文艺骨干,培养了一批基层文艺爱好者。

3. 农村基层文化活动进一步繁荣

文化工作员在工作过程中以镇(街道)为中心,以村和社区为重点,充分发挥家庭和邻里在基层文化建设中的基础性作用。扎根群众之间,贴近群众,熟悉生活,充分了解当地的风土人情和文化底蕴,并与当代文化相结合,体现地方性和时代性,使之融于广大人民群众的生产生活之中,为广大群众提供最优秀的文化服务。一是丰富文化活动。充分利用农村节庆日开展"送文化"和"种文化"活动。在活动形式上,把经常性、小型多样的文化活动与定期举办大中型群众文化活动相结合;在文艺风格上,将传统节目与现代节目相结合;在文艺内容上,将民俗表演与政策形势宣传相结合。二是协助创建活动。按照社会主义新农村建设的要求,不断赋予文化示范村、文化科技示范户新的创建内容,通过文化信息资源共享工程基层服务点,开展各类培训、讲座、娱乐活动,积极营造乡风文明的良好氛围。三是培育典型特色。通过对现有文化资源的整合、保护、挖掘、整理,以及对非物质文化遗产的传承、申报、研究、开发,形成了区域文化特色,增强了文化的生命力、影响力和吸引力。①

---

① 案例摘自《浙江省公共文化服务政策案例选编(2010—2011)》

典型案例 4

嵊州市确保文化员队伍姓"文"擅"文"爱"文"

(一) 案例背景

嵊州文化底蕴深厚,文化特色鲜明,有"万年文化小黄山、千年剡溪唐诗路、百年越剧诞生地、中华书圣归隐处"之誉。1995 年嵊州市被文化部命名为全国文化先进县(市),并于 2009 年以各项指标达标,顺利通过复评。目前全市建有 21 个乡镇(街道)文化站和 1 个开发区文化站,其中有省级东海明珠 10 个、省级民间艺术之乡 3 个、绍兴市级文化示范乡镇 17 个。文化站干部总人员编制为 77 名。从总体上看,嵊州市各乡镇(街道)文化站干部队伍比较稳定,素质较高,业务较强,具有独立开展工作、组织活动的能力,而且讲责任、讲进取、讲务实、讲自身形象,是一支拉得出、打得响的基层文化专业干部队伍。为建立一套科学合理的文化员管理机制,近年来,嵊州市文化主管部门在原有考核机制基础上花大力气进行了人性化的改革,最大限度地调动了文化员的工作积极性、主动性和创造性。嵊州创新文化站管理机制的做法得到葛慧君副省长的批示和省文化厅领导的肯定。

(二) 主要做法

1. 注重科学管理,确保文化员姓"文"

首先是进盘子。严格按市编委文件精神,把乡镇(街道)文化站列为文广新局下属文化事业单位,纳入市财政盘子,在当地党委政府领导下开展文化工作,由文化部门负责实施人事调配、站长任免、工作考核奖惩和个人档案管理。其次是有位子。严格按照省厅关于文化站招聘干部的有关规定,强调"专干",除经组织考察提拔进入乡镇(街道)

或部门班子外,坚持文化站干部身份,只允许在文化站干部岗位上流动,不能平调至其他岗位,以确保文化站干部队伍稳定。最后是给面子。在先进评比中,从市、局到当地乡镇(街道),给文化站干部一定比例的名额。据统计,全市文化站干部有15%曾获得过市级先进个人表彰,有30%曾获得过局级先进个人表彰,有55%曾获得过当地乡镇、街道先进个人表彰。

2. 注重业务培训,确保文化员擅"文"

首先是交流培训促进素质提高。实行站长例会制度,坚持每季一次的经验介绍、工作交流会和每半年一次的由专家辅导的业务培训会,以此提高文化员综合素质。其次是练兵比武促进能力提高。组织开展每年一次的全体文化员队伍练兵比武活动,通过比赛评选出由"惠民之星"、"才艺之星"、"育人之星"、"创新之星"和"经营之星"组成的"越乡文化之星"。最后是实践展演促进业务提高。精心设计载体,除抓好当地各类文化活动外,要求各乡镇(街道)文化站组织当地群众自创自演的节目在市区城市广场展演,如"全市农民文艺大赛"、"百姓越剧明星"、擂台赛、"同唱剡溪和"、"相约红地毯"、演唱会、"种文化"成果展示会和"市民欢乐舞台"综艺活动等,在活动中提高自我,培养人才,弘扬文化,发展事业。

3. 注重人文关怀,确保文化员爱"文"

首先是优环境。文化部门与各乡镇(街道)建立和谐关系,在文化惠民、文化推动经济社会协调发展的前提下,共同加强对文化员的使用和管理,为文化员开展工作创造良好环境。其次是助进步。要求文化员政治求上进、业务讲水平,鼓励并推荐他们进入当地党政班子,激励他们申评中高级职称。最后是知冷暖。开展调查走访,文广新局建立"五必访"联系制度,经常关心了解文化员的生活和家庭情况,及时帮助他们解决生活上的各种困难,真正形成进退有序、流转有度、冷暖有知的工作格局。

（三）初步成效

一是基层公共文化服务体系得到新提升。在机制的推动下，按照"完善一批、改造一批、新建一批"的原则，市区、集镇、农村三级文化阵地网络日益健全提升。通过整合文化资源，挖掘人文历史，体现地方特色，把文化中心办成了集文化娱乐、学习园地、休闲平台、博物展览于一体的个性鲜明的标志性文化景观。

二是文化惠民文化"种"、"送"得到新推进。根据"三贴近"的要求和广大群众的文化需求，积极开展"送戏、送电影、送信息、送图书、送文艺"五下乡活动和"种文化"活动。五年来，全市每年平均送书1万多册、送戏120多场、送电影5000多场、乡镇自行组织文化活动130多次。

三是文化员队伍整体素质得到新提高。在2010年举办的"阳光杯"绍兴市第二届青年歌手大赛中，该市选送的3名文化员分别获民族组一等奖、美声组二等奖和流行组二等奖；该市5名文化员在浙江省首届乡镇（街道）文化员才艺大赛决赛中，获个人综合奖1金4银、个人才艺奖2金3银2铜3优秀；在浙江省第三届艺术档案理论征文活动中，该市文化员获一等奖2篇（全省9篇）、二等奖2篇（全省18篇）和三等奖6篇（全省24篇）；在2011年举办的首届浙江省文化站长论坛上，该市两位站长的两篇论文摘冠并在论坛上交流，一篇获二等奖。①

典型案例5

露天电影守望者——陈云林

陈云林，男，1950年8月出生，三门县珠岙镇西陈村人，农村电影放映员。

---

① 本案例摘自《浙江省公共文化服务政策案例选编（2010—2011）》

自 1983 年选择了电影事业,26 年来坚持为 85 个山村的农民送去电影,至今共放映 5600 多场,往返行程超过 5 万公里,比绕地球一圈还多一万公里,观看群众超过 200 万人次。

陈云林的电影生涯从他 6 岁那年开始,当看到有生以来第一场电影《梁山伯与祝英台》之后,陈云林被这门艺术深深地迷住了,他渴望长大后成为一名电影放映员。

1983 年,陈云林为了梦想,放弃了橡胶生意,开始了放映员的生涯。陈云林说,那个年代,农民没什么娱乐,村里看一场电影就像过节一样。"当时最受农民欢迎的人估计就是电影放映员了,我对这个职业充满自豪感。"

陈云林放电影和别人不一样,在放电影之前,经常先放一些自己编写的幻灯片,有党的新政策,也有好人好事,只读了 3 年小学的陈云林做了 300 多部幻灯片。

1992 年,陈云林在三门柿树湾村放映电影,听说村里有位老婆婆受两个儿媳妇虐待。陈云林就把这个故事编写到幻灯片里,以演唱道情的方式进行宣讲。那里的村干部对陈云林说,多亏你放了幻灯片,现在两个媳妇对婆婆好多了。

1994 年以后,农村有电视的人家多了起来,看露天电影的人越来越少。周围的电影放映员纷纷改行,1994 年以前,三门全县还有 107 个放映队,到后来只剩下陈云林等 4 个人。

村里人劝陈云林别干这个了,做点小生意,但陈云林坚持认为,农民对电影的需要是不会消失的,条件好的乡镇没人爱看了,我就翻更高的山,去给更偏僻的村民放电影。于是陈云林拖着一条残腿,扛着 100 多斤的电影设备,开始走他一个人的山路。

陈云林负责三门县 85 个山村的放映任务,最远的村离家有 20 公里,有些山路非常陡峭,陈云林经常摔倒受伤。但对于陈云林来说,困难不是肉体上的,而是精神上的,那就是越来越萎缩的电影市场。

陈云林说,最困难的时候他一年放映了 12 场,放映收入全年只有

600 元。当时陈云林的母亲长年卧病在床,吃药打针都需要钱,陈云林的生活非常困难。

近年来随着国家对农村电影放映投入的不断增加,陈云林的生活逐渐好转,他学习了更为先进的数字电影播放技术,每年坚持送电影下乡超过 600 多部。

陈云林说,"电影是高尚的艺术,它能使人高兴、悲哀、快乐、紧张。我从小立下这个志愿,一定要放电影,后来志愿达到了,我一定要好好珍惜它,除非不能放了,就是我的生命终止。"

陈云林的先进事迹在当地广为传颂,台州市委、三门县委分别作出了《关于开展向陈云林同志学习活动的决定》。2007 年 6 月 17 日,新华社《国内动态清样》第 1935 期刊登了《台州残疾人放映员陈云林 24 年坚持送电影下乡令人感动》长篇通讯,他的事迹引起了高层领导的关注。中宣部副部长、国家广电总局局长王太华,原浙江省委书记赵洪祝、原省委宣传部长陈敏尔先后就陈云林事迹作了批示。《人民日报》、新华社、《光明日报》、中央人民广播电台、中央电视台《新闻联播》和《焦点访谈》等各大主流媒体均对陈云林事迹作了集中性、多角度、立体式的深入报道。

1986 年到 1993 年,他连续 8 年获得省、市优秀电影放映员称号,1988 年他还荣膺国家优秀电影放映员称号,2005 年被评为"感动台州十大人物",2006 年被评为"浙江省十大孝子",2007 年被评为"浙江骄傲"最具影响力人物。2007 年 8 月 26 日晚上,陈云林应邀出席在央视举行的第 12 届电影华表奖颁奖晚会,并接受了组委会一辆微型面包车的奖励。来自基层的陈云林,通过 24 年无私奉献,站到了中国最高的电影政府奖舞台上。①

---

① 案例来自台州网(http://www.taizhou.com.cn/zhuanti/2011-02/11/content_346429.htm)

第四章　浙江省农村文化管理员
队伍建设

　　农村文化管理员是农村文化队伍的有机组成部分,是文化行政管理部门联系农村群众的桥梁纽带。农村文化管理员是指从事农村文化资源管理和利用的文化工作人员。在浙江农村有村文化中心(俱乐部、农家书屋)管理员、业余文保员、文化市场协管员三种文化管理人员。其工作职能是农村文化活动策划、文化队伍组建、业余骨干培养、文化设施管理、文化遗产保护、文化市场管理等等。他们是发展农村文化事业、提高人民群众精神文化素质、保护农村文化遗产、管理农村文化市场和建设社会主义精神文明的一支重要力量。通过建立农村文化管理员队伍,组织引导社会各方面各阶层的力量积极参与农村文化建设,充实农村文化活动内容,丰富农村文化活动形式,促进了农村公共文化设施建设,加强了文化遗产保护和文化市场管理。

一、农村文化管理员队伍的构成与特征

　　为进一步深化农村文化建设、加强文化市场管理和文化遗产保护。浙江从全省文化建设的实际情况出发,开创性地在村一级建立农村文化管理员和业余文保员,在县、乡镇一级建立文化市场协管员,较好地推进"部门主动、社会联动、交流互动、典型带动、宣传拉动、网络推动"的农村文化建设长效机制,进而在管理中促发展,在发展中促创新,在

创新中促提升,构建以县(市、区)为主导、以乡镇(街道)为依托、以村(社区)为点面的横向到边、纵向到底、上下联动、综合治理的农村文化管理新格局,为发展和繁荣我省农村文化探索出了一条成功之路。

(一) 农村文化管理员队伍构成

农村文化管理员由农村文化中心(文化礼堂、农家书屋)管理员、业余文保员和文化市场协管员共同构成。村文化中心(文化礼堂、农家书屋)管理员由村组织推荐,人员要求熟知农村文化业务并热爱群众文化,以公益自愿、政府补贴、立足本村、服务当地,公开竞争、择优选聘,奖惩结合、能上能下的原则给以选拔招聘。业余文保员要求具备一定的文物保护能力和业务知识,在全省文物保护单位各自配备一名业余文保员,聘任后接受文物保护部门的管理指导,严格按照《文物保护法》及有关法规开展工作。组成人员根据文物责任单位的不同情况,如管理难度较大的古村落或体量宏大的单体文物古迹,可允许村委会申请成立以业余文保员为组长、村干部为骨干成员的文物抢救保护小组。文化市场协管员通过省文化厅培训考试,由各个乡镇文化员担任,网吧义务监督员经过各级文化部门培训考试,大多由各中小学教师担任,义务协助文化部门管理农村文化市场。

(二) 农村文化管理员队伍的性质特征

建立农村文化管理员队伍是浙江省构建公共文化服务体系,加强农村文化建设,促进农村文化健康发展,发展繁荣农村文化事业,实现文化大省向文化强省发展的重要举措。他们和其他业余文化团队不同,他们的工作性质是坚持统一领导、担负职责任务、进行属地管理、工作各司其职。因此,他们具有各自的性质特征:

1. 农村文化中心(文化礼堂、农家书屋)管理员

农村文化中心(文化礼堂、农家书屋)管理员是指受村级组织委

派,接受文化部门培训后,从事管理农村文化事业的聘用人员。人员年龄二十周岁至七十五周岁之间,他们热爱群众文化事业,具有一定组织协调能力和文化业务水平,长年常驻本村开展农村文化工作。在浙江农村文化管理员队伍中有专职文化管理员和兼职文化管理员二类性质,专职文化管理员保障生活待遇,兼职文化管理员大多没有报酬,他们关系隶属本村,服务管理当地,长年坚守农村文化阵地,义务为民服务,他们除了开展村级文化中心(文化礼堂、农家书屋)日常管理和服务工作外,还大都能策划文化体育活动等工作,是农村文化建设的新"火种"。这些文化管理员大多年轻且热爱乡土文化,上岗后果然不负众望,有的进入村两委班子和考入事业单位,为促进农村文化建设发挥了很大的作用。

2. 业余文保员

业余文保员是指受文物部门委托,接受文物保护部门指导和聘任,义务行使文物保护工作和宣传有关文物保护知识的人员。全省文保员录用采取推荐与考察相结合的办法,是在自愿、平等、择优的原则上来聘任的,现在业余文保员队伍中有对文物保护作出贡献的有功人员;有一定文物保护实际能力和熟知文物保护业务知识的热心人;有一定文化程度或有地方威信的农村干部;有精通当地历史、熟悉风土人情、了解文物古迹的乡土文物专家。年龄大多都是中年以上至七十五周岁之间,有较强的民事行为能力,由当地文化站上报,上级文物部门审核发文公布,并颁发《浙江省业余文物保护员证》和聘书。业余文保员原则上为一年一聘,符合条件并有意愿的再续聘,是新历史时期下文物工作基层组织中的一支优秀的编外文物保护队伍。

3. 文化市场协管员

文化市场协管员是指受文化市场管理部门委托聘用,接受文化市场执法部门业务指导和管理,义务协助文化市场执法部门的管理监督人员。浙江在县(市、区)、乡镇(街道)一级都建立文化市场协管员,在县(市、区)一级招聘人员严格按照公开公正和公平择优的原则进行，通过公告报名、资格审查、笔试面试、体检政审与考察公示等环节，向社会公开招聘，是计划外编制协管人员，为他们办理了养老、工伤、失业、医疗、生育及住房公积金的"五险一金"和人身意外伤害险，解决了他们的后顾之忧，人员大多是复员退伍军人和社会优秀青年。在乡镇(街道)一级通过省文化厅培训考试，由各个乡镇文化员担任。网吧义务监督员经过各级文部门培训考试，大多由各中小学教师担任。聘用后的文化市场协管员都要接受上岗培训、专题培训、综合培训或军事训练等程序，并熟知文化市场法律法规，是文化市场管理在编的、编外的或义务的文化市场监管执法队伍。

二、农村文化管理员队伍的发展现状

经济发展使浙江农村社会步入了科学发展的快车道，催生和促进了文化事业的进步和提升，伴随着"文化大省"建设的发展历程，浙江省构建起组织严密、管理规范、职能高效、辐射全省的县(市、区)、乡镇(街道)、村(社区)三级农村文化管理员队伍网络。截至 2011 年底，全省 29180 个行政村建成文化活动设施初具规模的有 27506 个，覆盖率达 84.48%，全省农村文化管理员人数达 33549 人，其中村文化中心(文化礼堂、农家书屋)管理员 24869 人(其中专职 1154 人)、业余文保员 4680 人、文化市场协管员 4000 人。全省乡镇还活跃着 36082 支文化活动团队，农村文化管理员遍及浙江大地，无论是边远山村，还是海岛渔村，都有农村文化管理员的身影和足迹，成为浙江省农村文化建设的一道亮丽的风景线。涌现了海宁市村级文化专职管理员、鄞州区业余文保员、萧山区文化市场协管员等浙江农村文化管理员队伍建设的典范。

（一）村级文化中心（文化礼堂、农家书屋）管理员队伍不断充实

近年来，浙江各地坚持以政府为主导，把大力加强村级文化阵地设施建设，作为农村公共文化服务体系建设的重心，加大投入，整合资源，全省公共文化服务设施日趋完善。随着社会的发展，村级公共文化服务的突出矛盾，已经逐步转移到服务内容、服务项目、服务质量与人民群众基本文化需求之间的不适应、不平衡上。因此，建立一支敬业爱岗、热心服务的文化队伍，并能够持续稳定地组织和引导群众开展各种形式文化活动、提供丰富多彩文化服务，在村级显得尤为迫切。2008年，海宁市进行了农村文化阵地专职化管理创新，开展了农村文化阵地专职管理员招聘工作，为全市230个村级文化阵地配备了专职管理员，建立起了一支346人的农村文化阵地专职管理员队伍，市、镇（街道）、村（社区）每年投入资金600余万元，在全国率先实现了农村村级文化阵地专职管理员全覆盖，使农村文化阵地长效管理工作取得了新的突破，高素质的管理员队伍使得全市农村文化面貌焕然一新，2009年被浙江省文化厅评为"浙江省基层公共文化服务创新奖"一等奖。这些年来，浙江各地借鉴海宁市实施村级文化阵地专职管理员制度的成功经验，积极探索村级文化管理员队伍的工作机制和培训机制，一定程度上在提升基层文化服务水平和质量上发挥了积极的作用。全省各县（市、区）都十分重视村级文化中心（文化礼堂、农家书屋）管理员队伍建设，把建设好村级文化中心（文化礼堂、农家书屋）管理员队伍作为夯实农村公共文化服务体系的一项重要举措来落实，农村管理员队伍网络不断发展健全，阵地管理更加规范，文化设施维护有序，农村文化阵地实现了"阵地有人管、队伍有人建、活动有人搞"的目标。

1. 村级文化中心（文化礼堂、农家书屋）管理员整体素质明显提高

几年来，浙江各县（市、区）通过搭建村级文化中心（文化礼堂、农

家书屋）管理员队伍自我管理、自我教育、自我服务和自我提升等各种平台，促使优秀管理员在公共文化服务中得到进一步锻炼，思想境界、服务水平、组织协调能力等大幅度提高；通过培训学习，促使后进管理员强化学习、提高素质，逐步形成一支思想好、作风正、懂文化、会管理的村级文化中心（文化礼堂、农家书屋）管理员队伍。一是全省村级文化中心（文化礼堂、农家书屋）管理员队伍年龄结构由老龄化向年轻化发展，平均年龄从以前的 60 岁降到了现在的 40 岁。二是管理员的整体文化程度得到极大的提升，改变了以往初中以下学历为主的现状，涌现出了一批大中专学历的农村文化管理员，为农村文化建设增添了新的活力。

2. 村级文化中心（文化礼堂、农家书屋）管理员职能进一步明确

为进一步发挥村级文化中心（室）管理员效能和作用，各县（市、区）文化行政部门先后出台了"加强村级文化中心（文化礼堂、农家书屋）管理员队伍建设实施意见"，"建立农村文化中心（文化礼堂、农家书屋）管理员目标考核奖励制度"等有关文件，如海宁市制定了村级文化阵地一类专职管理员考核标准，提出了对村级文化中心（室）管理员全面实行目标管理责任制和绩效挂钩奖惩制，同时采取"镇村考核，市里评定，一年一考，三年一聘"的办法实施考评，进一步明确了村级文化中心（室）管理员的工作职责和任务。同时，全省各地还实行定性考核和定量考核相结合、定期考核和不定期考核相结合的方式进行考评，考评结果与评先、奖励挂钩。通过实施目标考核办法，各村级文化中心（文化礼堂、农家书屋）管理员的工作责任感明显增强，逐步形成争先创优的良好风尚，促进了村级文化中心（文化礼堂、农家书屋）管理员队伍的规范建设。

3. 村级文化中心（文化礼堂、农家书屋）管理员实行奖励报酬

解决专职文化管理员生活待遇，实施各种奖励措施是调动广大村

级文化中心（文化礼堂、农家书屋）管理员积极性的重要保证。如海宁市加大了经费投入力度，积极探索村级文化阵地长效管理机制：一是文体专项经费每年人均达到 5 元，用于文化活动的开展和文化阵地的日常管理；二是按照市财政 50％、镇（街道）25％、村（社区）25％的比例，每年安排 433.5 余万元，用于村级文化阵地专职管理员、监督员的经费开支。又如《平湖市村级文化阵地管理与利用奖励办法》规定：市财政对获得星级的行政村用"以奖代补"的方式实施奖励，奖励标准为三星级 1 万元/个，总数不超过 10 个；二星级 0.5 万元/个，总数不超过 20 个；一星级 0.1 万元/个。对于经济薄弱村，视实际情况适当增加补助金额。同时，各地文化主管部门把村级文化中心（文化礼堂、农家书屋）管理员报酬落实情况列入对各文化站年度目标管理责任制考核内容，并组织有关部门不定期地进行督查，有力地促进了村级文化中心（文化礼堂、农家书屋）管理员安心本职工作，专心为民服务，从而确保农村各项文化活动的正常开展。

（二）业余文保员队伍不断健全

浙江历史悠久，文化遗产源远流长，深厚的文化底蕴为现代文化发展提供不竭的文化资源。浙江现有全国重点文物保护单位 132 处，省级文物保护单位 748 处，县（市、区）级文物保护单位 3800 余处，文保点 6100 余处。近年来，由于受经济利益驱使，社会上盗掘文物现象日益突出，即使已经被公布的遗址也难以幸免，一方面文物屡遭破坏，另一方面文化部门面临人手紧张，管理存在漏洞的尴尬。如何保护好这些不可再生的文化遗产，成为文化部门一项既现实又严峻的课题。各地文化部门从建立健全保护网络着手，从各地文保单位所在地，选择聘用一名热爱文物保护工作、责任心强的同志担任业余文保员，加强文化遗产的保护。

早在 20 世纪 70 年代，宁波市就在全国首创了业余文保员制度，形成了一批激情四溢、敢于行动的人——1200 余位业余文保员队伍。如鄞州区的业余文保员队伍创建于 1974 年,30 年来这支队伍已发展到 254 人,他们在既无编制又无报酬的艰苦条件下,兢兢业业,任劳任怨,在野外文物保护、提供文物信息、上缴出土文物、打击文物犯罪、提高群众文物保护意识等方面做出了令人瞩目的成绩。2007 年 6 月浙江在全国最早出台了《浙江省非物质文化遗产保护条例》,全省都建立了非物质文化遗产普查员队伍,非物质文化遗产普查、名录、保护走在全国前列。至 2011 年,国务院已批准公布的三批国家级非物质文化遗产名录中浙江有 187 个,有 9 个项目入选联合国教科文组织非物质文化遗产名录,上榜数位居全国首位。深厚的文化底蕴为孕育浙江现代文化创造得天独厚的人文环境,浙江农村大地涌现出了一大批高素质、懂业务、爱文化的业余文保员队伍,他们成为浙江文化遗产保护中不可缺少的骨干力量。如鄞州区业余文保员屠仲光荣获"郑振铎—王冶秋文物保护奖",成为我国非专业文物工作者获此殊荣的第一人。十几年来,他用业余时间管理着 6 处墓道石刻、1 处五代至北宋窑址、1 处清代石碑坊的任务。他的父亲屠才定生前也是业余文保员,曾多次向鄞县(今鄞州区)文物管理委员会办公室上交战国青铜编钟等出土文物而受到奖励。他的父亲经常这样说:"地下文物是国家的,应当交给国家。"父亲的言传身教给屠仲光留下了深刻的印象,父亲去世后不久(1990 年),屠仲光接过了父亲的担子开始担任业余文保员。如荣获浙江省非物质文化遗产保护十大新闻人物余运来以个人名义在德清设立了"'运来'非物质文化遗产保护传承奖"(新华社撰稿称这是全国唯一一个"非遗"民间奖项),用于奖励民间传说、民间歌谣等文化遗产的收集整理和保护者。这位来自孝子董永家乡的外来建设者,他的初衷很淳朴,"民间传说在伦理道德中的教化作用很大,我设立这个奖,就是为了鼓励大家将这些美好的故事传说永远传承下去"。余运来的个人设奖,体现了社会民众中的文化自觉和参与文化遗产保护的热情。经过多年发展完善,业余文保员队伍不断健全,全省建成了一支管理严格有序、业务素质过硬的业余文保员队伍。

（三）文化市场协管员（义务监督员）队伍形成体系

近年来，随着浙江经济社会的全面进步，浙江文化市场特别是基层文化市场取得长足发展，文化娱乐市场、演出市场、音像市场、美术品市场、网络文化市场、图书市场等项目和门类日益增多，内容日益丰富，总量和效益逐步提高，已成为基层社会主义精神文明建设的重要内容。浙江文化市场现有文化经营单位 21794 家，其中网吧等互联网上网服务营业场所 6005 家，电子游戏经营场所 657 家，音像制品经营单位 8451 家，演出经营单位 1209 家，歌舞娱乐场所 4939 家，文物经营单位 323 家，画店画廊等其他经营单位 210 家。但是，由于农村文化市场具有点散、线长、面广等特点，管理难度相对较大，虽然各县（市、区）已有文化市场管理机构，但由于专职人员较少，交通条件受限等原因，致使全省部分农村文化市场还没有得到切实有效的监管，县（市、区）文化行政机关的现有管理力量要想将触角伸展到乡镇及城镇社区和广大农村依然存在困难，为进一步规范农村文化市场，浙江省积极探索加强农村文化市场监管途径，在全省建立起一支 3800 余人的农村文化市场协管员队伍。农村文化市场协管员的监督检查范围包括文化、广电、新闻出版等相关内容。监督员在检查中"逮"到了涉嫌违法违规行为后，在劝改无效的情况下可协助县（市、区）文化市场行政执法机构进行查处。义务监督员随时随地"紧盯"着农村文化市场，不少大案的查处就得益于他们举报的线索。

为填补农村文化市场"管理空白"，根据农村文化市场监管工作需要，萧山区经过宣传发动、报名审核、组织面试、考察录用、培训试用、签约聘用等工作，组建了一支 481 人的村级文化市场协管员队伍，覆盖了全区所有行政村（社区），构建了一支具有一定组织协调能力、综合素质较高的村级文化市场管理队伍。并把村级文化市场协管员纳入村（社区）"三委"管理考核，镇（街道）文化站实行业务指导，区宣传、文化部门负责业务培训，并根据工作实绩进行表彰奖励。区、镇（街道）

财政给予每人每年 9000 元的经济补助。村级文化市场协管员队伍的建立,较好地解决了农村文化市场监管力量和服务力量薄弱的问题,促进农村文化市场经营秩序的进一步规范。

　　2008 年,上虞市文广新局与市关工委联合下发了《关于建立文化市场义务信息员队伍的实施意见》文件,借用管理网络平台,先建立全市 21 个乡镇(街道)文化市场信息中心组,确立组长人选;并以此为点,又以中心组辐射到各个中心行政村,成立了一支由 104 人组成的农村文化市场义务信息员队伍,并明确信息员任务与职责,主要是:凭证(信息员证)对辖区内文化市场进行监督;宣传普及文化市场相关法律法规,积极劝说制止违法行为,掌握和收集文化市场发展、监管相关信息,义务履行职责,及时与文化市场执法大队取得联系等。通过建立文化市场协管员队伍,落实属地管理责任,填补各乡镇、村(社区)对文化市场的管理缺位,在全省形成了县(市、区)、乡镇(街道)、村(社区)三级文化市场监管网络的全覆盖。

三、农村文化管理员队伍建设的基本做法

　　农村文化中心(文化礼堂、农家书屋)建成后如何发挥文化的功能和作用,文化遗产如何利用民间社会力量加强保护,文化市场如何壮大执法力量,这是摆在各级文化主管部门面前的一道难题。近年来,浙江各地大胆创新实践,积极探索农村文化管理员队伍建设的长效机制,形成了一套规范化、制度化、科学化的管理体系。

(一) 立足当地,择优选聘

　　为组建一支高素质的农村文化管理员队伍,浙江省在试点基础上,各地结合实际情况,紧密围绕"坚持用人标准、明确任务责任、实施统一管理、严格考核制度、人员有序流动"的原则,根据《浙江省农村文化

专职管理员队伍实施方案》、《业余文物保护员管理办法》、《文化市场行政执法协管员考核办法》的规定,农村文化中心(文化礼堂、农家书屋)管理员,通过公开报名、资格审核、考前培训、笔试面试等环节来选拔招聘。业余文保员首先由文物管理部门对文物作出贡献的有功人员优先录用;其次招聘具有一定文化程度或有地方威信,熟悉当地历史、风土人情、文物古迹、热心文物保护事业、有民事行为能力、有一定文物保护实际能力和业务知识的人员来担任。文化市场协管员招聘工作严格按照公开、公平、公正和择优聘用的原则,采取制定招聘方案、发布招聘公告、报名与资格审查、笔试、面试、体检、政审与考察、公示与报到等环节,向社会公开招聘。

(二)落实保障,实施激励

在新形势下,浙江省为了进一步完善农村文化管理机制,创新工作方法,整合社会资源,形成较好合力,有效地促进农村文化管理员队伍建设的效能发挥,全省各地纷纷出台管理办法。如海宁市制定了《村级文化专职管理员管理办法(试行)》、鄞州区制定了《业余文物保护员管理办法》、萧山区制定了《萧山区文化市场行政执法大队协管员管理制度》、《协管员考核办法》等,使文化管理员队伍更加科学运行。同时,为鼓励并促使返乡"种文化"年轻人真正扎根农村,有的县(市、区)在建设农村文化阵地设施方面下足了本钱。首先,文化专项经费每年提增,每年安排专项经费用于村级文化专职管理员的经济保障,有的县(市、区)还为文化专职管理员办理了社会养老和医疗保险。其次,加强组织领导,对年度考评优秀的管理员,给予通报表扬或物质奖励。如萧山区按照"坚持标准、保证质量、改善结构、慎重发展"的方针,建立党员发展机制、提高政治向心力,积极在管理员中发展党员,已有 7 名协管员光荣地加入了中国共产党。再次,建立关怀帮扶机制,为调动工作积极性,管理员生病领导探望,生日送上祝福与蛋糕,组织优秀管理员外出考察,组织协管员参加体检等,让协管员在政治上有前途、经济上有待遇、生活上有关怀,充分调动协管员的工作激情和热情,使他们在日常工作中积极主动发挥自己应有的力量。

(三)加强督查,完善考核

农村文化协管员有的是编制外聘用的劳动用工人员,有的是农村临时聘用人员,协助做一些管理工作的事务,其工作具有一定的临时性和不稳定性。针对农村文化设施利用率低、文化活动不能较好地正常开展、文化工作浮于表面化、文化管理员上岗后的作用发挥等问题。浙江省积极探索长效管理、完善监督机制,使农村文化环境更加安全整洁、阵地开放更加正常有序、文化活动更加丰富多彩,从而实现文化资源整合、文化功能完善、文化管理规范的目标任务。"十一五"以来,全省各级文化行政部门高度重视农村文化管理队伍建设,根据农村文化管理员性质和要求,建立目标管理责任制,采取绩效评价制度等切实有效的措施,加强督促检查和考核,确保建设目标圆满完成。有的县(市、区)把村级文化管理员纳入乡镇、村(社区)年度考核,对管理员分类管理,文化部门负责业务培训指导,确保全省农村文化管理员队伍专业合格、业务过硬、顺利履职、发挥作用。

(四)注重学习,健全网络

建设农村文化管理员队伍,目的是进一步完善农村公共文化服务体系,推动社会主义文化大发展大繁荣。因此,浙江各县(市、区)积极创新、不断实践:

1. 建立农村文化管理员学习机制

文化管理员来自社会各个阶层,政治素养和文化技能参差不一,为提高农村文化管理员队伍素质,将这支文化管理员队伍打造成业务精湛、素质精良、乐于奉献的农村文化管理队伍,浙江省各地结合实际,分期举办政治理论、文化艺术、法律法规、专业知识、人文礼仪、安全生产等内容进行学习培训,分别试行共性培训和个性培训两种模式,培训内容注重针对性和专业性,真正做到"缺什么,补什么","少什么,学什么",按不同班次学员不同培训需求,设置教学课程,使他们学有所获,获而所用,从而使组织需求与个人需求较好地统一起来。同时,组织农村文化管理员外出交流学习,更加注重培养青年管理员,增强后备有生力量,规范学习培训机制。

2. 建立农村文化管理员服务网络

"十一五"期间,浙江省各地建立农村文化管理员服务网络:一是建成纵向管理网络,有的县(市、区)成立文化管理员管理总队,地点设在当地文广新局,由分管副局长任领导,下设办公室,负责文化管理员队伍建设、日常管理、运行机制等具体工作。二是建成横向管理服务网络。按业务和文化管理内容进行分类管理,根据管理者的文化专长和志向进行分组,管理中实行条块结合,相互配合,逐步建立互助、合作的文化管理伙伴关系,为文化管理员开展工作提供社会力量支撑。三是依托文化管理员管理系统及其论坛、QQ群等相配套的管理者工作的信息化系统,积极推进全省文化管理员工作信息交流,有效地加强对农村文化管理员的动态管理,增进相互之间的交流,提高管理效能。如为每个管理员建立了简要档案,根据其兴趣特长、服务意向进行分类,为农村文化建设提供优质服务等。

四、农村文化管理员队伍建设的主要成效

"十一五"期间,浙江省坚持以科学发展观为指导,牢固树立"人才是第一资源"的理念,紧抓培养、吸引、使用三个环节,创新工作机制,切实加强农村文化管理员队伍建设,为全省农村公共文化服务体系建设提供强有力的人才智力保障。浙江农村文化管理员队伍从无到有、从小到大、从弱到强,文化管理队伍从发达县市向欠发展地区推进,队

伍建设由自主分散向规范有序转变,开创了公共文化服务的新途径,发挥了公共文化服务体系的社会价值。

(一)文化事业得到长足发展

经过近年的发展,通过连续多年坚持不懈地抓农村文化工作,全省各地的农村文化工作各项机制日益健全,文化职能从"办文化"向"管文化"转变,文化建设从"要我建"向"我要建"转变,文体设施从"建得好"向"用得好"转变,群众文化从"上面送"向"自己种"转变,文化品牌从"大路货"向"特色化"转变,农村公共文化服务体系建设成效显著。

1. 文化设施有效利用

农村文化建设后,没有文化管理员专人管理,文化阵地往往不能正常开放,导致许多文化设施资源流失和严重损坏。农村文化中心、俱乐部、农家书屋建设时轰轰烈烈,而后续难以为继。农村文化管理员是村民文化活动的组织者,他们将会撬动和带动一方乡土的文化建设,有效地突破制约公共文化服务财政经费的制约、人员力量不足这两大建设瓶颈。有了农村文化管理员,促进农村文化资源整合,提升文化设施建设品位,保证了文化阵地正常开放,各项文化活动经常开展,还给群众提供学习交流和传播科技文化知识平台,使文化活动室、农家书屋、文化信息共享、文化广场和健身休闲等文化设施得到充分利用和发挥。

2. 文化活动广泛开展

农村文化管理员是农村文化建设的中坚力量,是繁荣农村文化事业的生力军。他们不仅是农村文化资源的管理者,也是农村文化活动的骨干,还是村级文化活动的"带头人"。根据浙江省动态数据统计,全省村级 36082 支各种文体团队中,门类有音乐、舞蹈、戏曲、曲艺、美术、书法、摄影、民俗表演、技艺表演、体育等,这些村级民间文化团队数量众多、规模宏大、类型丰富,经常活动,为活跃农村群众文化生活提供了丰富多彩的文化资源。这些众多的文艺团队骨干常年生活在农村,活跃在农村第一线,在新农村文化建设中发挥着不可或缺的文艺轻骑兵的作用,极大地满足了农村群众日益增长的多样化、多层次的精神文化需求。近年来,通过文化管理员努力构建,全省广场文化、节日文化、社区文化、村落文化、校园文化和民俗传统文化可谓内容丰富、形式多样,群众喜闻乐见的文化体育活动盛况空前。

　　3. 文化素质明显提升

　　近年来,随着全省农村文化建设的不断普及和推进,越来越多的村民有了自我表现、自我娱乐、自我教育的舞台,广大农民在劳作之余,走进文化中心、俱乐部,农家书屋唱歌打球、读书看报、欣赏演出展览等,人们在健康有益的文体娱乐中得到有效的休息,又在喜怒哀乐的文化活动中获得美的享受。充分发挥文化管理员的主人翁和主力军作用,举办各类文化活动,化解村民之间各种矛盾和纠葛,把广大群众的力量和智慧团结凝聚起来。通过学习交流,举办各类讲座培训、科普知识展览等活动,开阔了农民眼界,掌握了科学种养殖方法,提高了农业效益,促进了农民增收。精心培育健康文明的村风民风,引导广大干部群众积极参与到创建活动中来,开展群众性精神文明活动,引导和培养农民建立文明、科学、健康的生活方式。广泛开展文明信用农户、平安村、五好文明家庭、交通安全村等创评活动;利用各种节庆日开展各种有益的娱乐活动,开展各种歌咏比赛、舞蹈、农技竞赛、知识竞赛等农民喜闻乐见的文体活动和读书教育活动,加强村规民约建设,建立红白理事会、计生协会、综合治理协会等村民自治组织,大力开展"除陋习、树新风"等移风易俗教育活动,积极建设文明健康的农村新风。

　　(二) 文化遗产得到有效保护

　　业余文保员是文物保护的第一道防线,是文物部门工作的延伸和拓展,是文物事业名副其实的守护神。业余文保员了解当地文物史迹的基本情况,对本人管辖的文保单位、点的保护范围和建设控制地带以及管辖的范围内了如指掌,定期检查,及时发现各种情况,并把不安全因素消除于萌芽状态,其主要的作用有以下几点:

1."文物线人"作用

业余文保员是许多珍贵文物的第一时间发现者,由于都是当地人,熟悉当地历史、风土人情、文物古迹,他们清楚本地区哪里新发现了有价值的东西,哪里有文物出土,哪里有文物违法行为,往往能及时、准确地收集文物信息,上报文物保护部门,有效弥补文物行政部门人手紧张、管理存在空白死角等问题,从而使文物部门及时了解文物动态和相关信息,正确处理新农村建设与文物保护的两者关系。如国保单位天童寺附属——少白塔,盘山公路要改成隧道,刚好要在塔下面穿过,当地文保员得知此信息后立即向文物部门报告,最终区交通部门多投入了700多万元,保护了少白塔的安全。再如杭甬高速公路碰到了区文物保护点"大涵山桥",经文保员报告后,各部门及时协调,避开古桥劈山施工,用200多万元劈山费保住了大涵山古桥。

2."文物协调员"作用

业余文保员来源于群众、扎根于群众,与当地群众有着千丝万缕的联系,由于种种原因,社会上还有不少人对文化遗产的保护缺乏认识,对文物工作不关心、不支持,有抵触情绪,尤其是基层文保工作的开展,常使文物专职人员有势单力薄、凄凉无助之感,而通过他们的沟通和协调,可以对文物工作起到事半功倍的效果。所以,在处理违章建筑、文保单位产权收归等可能导致社会不稳定的敏感事件时,利用其与村民之间的情感纽带,进行感情交流,疏导当事人的负面情绪,力争彻底解决疑难问题,协调各种保护矛盾能起到事半功倍的效果。

3."文物宣传员"作用

文物保护需要全社会提高保护意识,宣传工作显得尤其重要,只有宣传工作到位,并转化成自觉的行动,唤起更多的民众投身到文物保护中来。在法律意识淡薄的年代和地区,除了政府职能部门及文物工作者之外,只有业余文保员奋战在文物工作第一线。因而,他们在进行文物保护相关知识宣传时,他们能倾注进自身情感,更具说服力和感染力。通过业余文保员宣传《文物保护法》等法律、法规、政策时,他们的言传身教,示范带动,以点带线、以线促面,最终形成全社会重视文保、参与文保的自觉行动。

4.“文物践行者”作用

业余文保员是“文物内管家”,承担文保单位日常监护责任,掌握文物保护状况,能准确地把握群众真正需要的文物服务,能针对性地发现文物保护与日常管理工作中的漏洞和缺点,进行有益的反思和改进,做到集思广益、博采众长,为文物保护提供科学决策依据,在鄞州区库藏文物登记册里 1911 件库藏文物中,有 1500 余件是业余文保员上交和征集的。这些守护在第一线的文保员不但及时报告文物盗窃、盗掘、非法经营、走私、破坏文物等违法犯罪现象,而且还敢于和盗窃、盗掘、非法经营、走私、破坏文物等违法犯罪行为斗争,积极协助文物、公安、工商、海关等部门做好文物查处和行使文物保护工作,是文物保护的践行者。

(三) 文化市场得到规范管理

文化市场协管员是文化市场管理工作中的重要组成部分,是协助文化行政管理部门更好地开展基层文化市场管理工作中不可缺少的一支重要力量,其作用主要体现在:

1. 管理缺位现象明显减少

随着文化市场的繁荣发展,大市场小队伍的矛盾日益尖锐,文化市场执法任务十分繁重,不可避免地会产生管理缺位、效率不高等问题。协管员到岗履行职责后,大大缓解了执法力量不足、人员紧张的局面,从根本上扭转了管理缺位的现象,使监管工作做到了横向到边,从而切实加强了文化市场监管工作,有效破解了执法管理力量不足这个制约文化市场行政执法工作的瓶颈。

2.执法效能得到全面提升

有了文化市场协管员,他们担负了监控、统计、驾驶、维修等后勤保障工作以及巡查、取证、记录、现场控制、案卷整理、法制宣传、纠正轻微违法等辅助性执法工作,为文化市场执法部门分担了许多繁重体力和脑力劳动,使处在关键岗位、重要部门的正式人员能够腾出手、集中精力做好工作,提升了文化市场执法效能。

3.文化市场监管有效落实

举报行政不作为和行政乱作为现象,宣传文化市场(扫黄打非)工作有关的知识、政策、法律、法规以及文化市场管理有关文件精神。及时了解反馈群众对文化市场管理工作的意见建议,建起与基层群众沟通的管道,发挥文化市场管理协管员的作用。

总之,农村文化管理员队伍建设是浙江省经济社会发展的必然结果,它反映了浙江社会的进步与时代的召唤,也反映了农村文化建设自身的需求,更彰显了进入小康社会的人们更加注重精神文化生活的美好诉求和时代特点。

典型案例1

海宁市实现村级文化阵地专职管理员全覆盖

(一)案例背景

加强农村文化建设是维护农民群众基本文化权益、满足农民群众文化需求的主要途径,对全面贯彻落实科学发展观、促进经济社会协调发展和社会主义和谐社会建设具有重要意义。改革开放尤其是党的十六大和十七届四中全会以来,在党中央、国务院和各级党委、政府的重视和支持下,我国农村文化建设力度逐年加大,投入力度不断加强,基层文化设施逐步完善,农民文化生活日渐丰富,农村文化建设呈现出良好的发展势头,为公共文化服务体系建设提供了有力保障。在农村基层文化阵地广泛建立,群众生活日益丰富的基础上,如何加强文化阵地管理,充分发挥文化功能作用,确保农村文化阵地持续、健康、有序地发展,成了农村文化建设新阶段的重要工作。

海宁农村文化建设工作起步较早,2002 年就开始加强农村文化建设,并确定了"抓好试点、培育典型、以点带面、稳步推进"的工作思路。2004—2008 年,先后通过"农村文化阵地建设年"、"农村文化活动年"、"农村文化阵地管理年"、"农村文化繁荣年"和"农村文化阵地规范管理年"系列主题活动,全面推行"阵地队伍专职化、管理制度化、培训经常化"的农村文化阵地管理模式,开展了农村文化阵地专职管理员招聘工作,实现了文化阵地全覆盖,村级文化阵地专职管理员全覆盖,文化活动从被动到主动,阵地管理从松散型向规范化过渡的新跨越,初步建起了"结构合理、发展平衡、网络健全、运营高效、服务优质、覆盖全社会"的农村公共文化服务体系。2009 年我市农村文化阵地专职化管理创新被浙江省文化厅评为"浙江省基层公共文化服务创新奖"一等奖。

(二) 主要做法

1. 广泛调研,先行试点,探索工作方向

自 2004 年起,经过若干年的努力,海宁市就形成了村村建起文化活动中心(室)的良好局面,但在实际管理中,却遇到了种种问题,文化阵地管理员队伍普遍存在年龄大、学历低、无特长的问题,导致文化阵地的功能和作用得不到充分发挥。

针对农村文化阵地管理存在的症结问题,我们通过座谈会等形式,听取了市、镇(街道)、村(社区)有关人员的意见和建议,了解群众对农村文化的新需求。在此基础上,大胆地提出了招聘农村文化阵地专职管理员的工作思路,并向市群众文化建设领导小组提交了建议草案。领导小组经过多次研讨,最终决定先在文化工作基础较好的袁花镇开展农村文化阵地专职管理员招聘试点工作,以确保该方案的可行性和最终能够取得较好的效果。

试点工作从2007年7月开始,为期半年,从动员到宣传,从筛选到招聘,从公示到签约,从培训到考核,对每一个环节都认真把关,严格实施,确保试点工作出成果、出经验。通过试点,袁花镇建立起了一支年轻化、知识化、高学历、高素质的农村文化阵地专职管理员队伍,农村文化阵地管理水平得到了显著提高,农村文化工作跃上了一个新的台阶,为这项工作在全市的推广打下了良好的基础。

2. 广泛发动,严格把关,确保招聘质量

(1)明确政策,全面推广。在袁花镇试点工作的基础上,海宁市及时完善制定了有关专职管理员招聘的政策,下发了《海宁市专职管理员招聘工作办法》和《海宁市村级文化阵地专职管理员招聘工作须知》,明确管理员招聘具体方式、管理员工资待遇及市、镇(街道)、村(社区)三级承担比例。

(2)广泛发动,营造氛围。为了吸引全市范围内有文艺专长的人才前来竞聘,各镇(街道)根据《海宁市村级文化阵地专职管理员招聘工作有关问题的通知》规定,通过广播宣传、招聘启事发放等渠道,发布招聘信息,经过宣传发动,一类管理员报名人数达663名(招178名),二类专职管理员报名达200余名。

(3)严格把关,规范程序。招聘过程中,领导小组办公室会同各镇、街道按照"自愿报名、公平竞争、坚持标准、择优聘用"的原则,把好前期准备关、公开报名关、初审面试关、政审体检关。通过招聘,专职管理员队伍从老龄化转向年轻化,平均年龄从原来的63岁降到40岁,一类专职管理员平均年龄27岁,专职管理员的文化程度得到整体提高,全市一类管理员大专以上文化达50%。

3. 加强培训,注重引导,提高整体素质

(1)建立培训平台。采用"走下去普及培训,拉上来集中提高"的培训方式,委托有关部门和文化志愿者开展文艺送教,每年举办声乐、戏曲、群文理论、台账收集、档案管理、星级文化阵地创建和素质教育等方面的培训。

(2)建立展示平台。围绕年度文体工作目标,以群体性文化活动和竞技活动为抓手,开展丰富多彩、形式多样的演出和竞赛活动,促进各村文化阵地管理员积极组织和参与演出,通过活动,为他们提供了展示才能和锻炼的平台。

(3)建立实践平台。要求各镇(街道)对一类管理员开展定期和不定期的学习培训,提供实践平台,让一类管理员轮流到镇(街道)文化站、图书馆分管上岗实践的方法,来提高他们的组织和协调能力。

通过对一类管理员的培训教育,提高了他们的整体素质,很多专职管理员能主动地组建文体队伍,培训辅导文体骨干,组织参与演出、比赛、创作文化作品,成了农村文化"领头人",为农村文化注入了新的活力。

4. 完善机制,狠抓管理,提高工作成效

为使管理员队伍健康成长,我市不断加大规范管理力度,编印了村级文化阵地规范管理工作手册,使全市管理员的管理工作规范有序,做到活动有记录、财产有登记、团队有名册。制定了《海宁市文化阵地专职管理员管理办法》,对管理员的职责、定位、考核、管理办法、教育培训进行了规定。同时,实施了专职管理员聘用审查制度、年报制度、考核制度和文化阵地季度督导制度,重点督查文化阵地的运行情况和管理状况,实时掌握管理员工作情况,不仅使得管理员队伍稳定发展,也推动了全市文化阵地运作进一步规范有序。

5. 落实经费,保障待遇,确保队伍稳定

为进一步稳定队伍,留住人才,调动积极性,我市按照"稳定人心、平衡面上、切合实际、逐步提高"的原则,通过市、镇(街道)、村(社区)三级投入的方式,确保管理员资金落实,待遇逐步提高。2008 年,一类管理员每人每月工资、奖金为 1150 元,并根据国家有关规定办理了养老和医疗保险;2010 年,一类管理员每人每月工资、奖金提高至 1450元,并办理了养老、医疗、生育、工伤等"五险";从 2012 年 1 月开始,一类管理员薪酬再次调整,年人均薪酬总额不得低于市上年度全社会职工平均工资。为提高专职管理员的工作积极性,各镇(街道)还将一类管理员队伍中涌现的先进典型列入村后备队伍,据统计,全市 178 名一类管理员中有 43 名被纳入村后备干部队伍,其中 10 名已进入村班子,4 名考入事业单位,1 名考入街道文化站。

(三) 取得成效

1. 农村文化基础设施更完善

通过招聘村级文化阵地专职管理员,镇(街道)、村(社区)两级对农村文化建设更加重视。近三年来,全市各村(社区)又投入资金 1500 余万元,进一步完善村级文化基础设施,扩建活动场地,增添活动设备,新建集健身、休闲、娱乐于一体的农民公园,有效提升了农村文化阵地的档次。目前全市文化活动室升级为文化活动中心的达 21 个,村级文化中心已从原有的 103 个增加为 124 个,占全市村文化活动阵地的 69%。

2. 农村文化阵地管理更加规范

随着阵地专职管理员的到岗,全市农村文化阵地面貌焕然一新。一是全市各村(社区)文化活动中心(室)都能做到制度上墙,专职管理员守则和职责人手一册,有章可循,台账资料完整规范。二是农村文化阵地实现了"阵地有人管、队伍有人建、活动有人搞"的目标。三是管理员队伍素质进一步提高,一类管理员大专以上学历占比达 59%。

3. 农民精神文化生活更加丰富

目前,全市村级文化活动中心(室)已组建起村级文体队伍 600 余支。2009 和 2010 年我市举办的镇（街道）和村（社区）种文化进城 25 场文艺展演活动，2011 年全市"文化走亲"活动中，镇（街道）、村（社区）开展文化活动 1388 余次，其中文化交流活动达 210 余场次，这些活动中，许多节目是由文化专职管理员带领文艺积极分子自行编排策划组织，很多管理员既是组织者又是演出者，既能够激发群众参与文化活动的热情，又能够自主参与文化交流，在推动"送文化"向"种文化"转变的过程中发挥了积极的作用。

　　海宁市农村文化阵地专职管理员招聘工作，是对农村文化阵地长效管理做出的一次尝试和探索，探索的过程中，全市农村文化的各项工作都取得了显著的成效，但也从中发现了许多深层次的、值得我们进一步思考的问题，促使着我们不断总结、不断改进。

典型案例 2

编外考古队员　文物保护尖兵
——记上山遗址业余文保员周来水

　　他不是考古队员，但每天都能看到他在考古发掘现场帮着解决困难；他不是保卫人员，但每当夜幕降临，考古队驻地和发掘工地周围总能看到他巡视的身影……他，就是有着 22 年业余文保员经历的浦江县黄宅镇渠南村党支部书记周来水。

　　20 世纪 70 年代，渠南村办起了砖瓦厂，在取土、踩泥浆制砖瓦坯过程中，经常发现夹杂在土中的石簇、石锛及陶器残片等物。当时村民也不知道这些是有价值的文物，嫌它们会混入坯中使产品开裂报废，常常拣出来丢弃在路边。但当时的村主任周来水却觉得有义务将情况向文物部门反映。经县文物部门及省文物局专家的考证，确定这是一处新石器时代遗址，对遗址的破坏性动土在最短时间内被制止。1984 年，塘山背遗址被公布为浦江县县级文物保护单位，老周也在这一年被聘为业余文保员；2000 年，省考古研究所在遗址现场发现了钱塘江以南墓葬数量最多的良渚文化遗址。据考古队队长蒋乐平介绍，正是由于塘山背遗址的发现和有效保护，才直接促成了迄今长江下游地区最早的新石器时代遗址——上山遗址的发现。2005 年，遗址升格为省级文物保护单位。二十多年前一名村干部的朴素责任感，竟为浙江省文物考古工作的重大突破提供了契机。

如果说向文物部门报告文物线索还是无意中立的一功的话，那自从成为业余文保员后，老周就与文物结下了不解之缘，二十多年来一直牢牢看护着"家门口的宝贝"。当初遗址被公布为文物保护单位后，保护区内就不能建厂造房，甚至不能种树，这给村里的经济发展和村民的生产生活带来了一定的影响。部分村民对此很不理解，甚至有意见。老周事先也不知道遗址保护能有那么大的价值，但他依然义不容辞地担负起向村民做思想工作的责任。这是项费心、费舌、费时的事，单单是如何规划村民的建房，以避免房址侵入遗址保护区一件事，就令他十分头痛。由于尚未经过科学勘探，遗址的保护控制范围还没有最后界定，老周一趟趟地往县里跑，一次次地与文物等部门协商。特别是 2000 年，村里开始平整土地工程，上山遗址区在内的 500 亩土地已经投标，等待开工，保护与建设面临前所未有的矛盾。为了解决好矛盾，老周一边认真学习《中华人民共和国文物保护法》，一边挨家挨户地宣传文物保护和考古发掘的重要性、必要性，要求村民顾全大局，支持文物保护工作。在他的不懈努力下，村民的思想工作终于做通，上山遗址得到了保护，考古发掘工作得以正常进行。

"编外考古队员"是浦江博物馆员工及考古队队员对于老周的亲切称呼。虽然只是个不拿工资和补贴的业余文保员，但老周尽心尽责地全力配合上山遗址的考古发掘工作，花费了大量精力。2000 年至2006 年，省考古队与浦江博物馆联合对遗址先后进行了四次考古发掘，每次发掘前后的临时征用土地、补偿发放青苗费等繁琐工作，都需要老周帮忙。而除了担任村支书外，老周还与儿子合办了一家厂，每天都有一大摊事需要处理。但不管有多忙，只要考古工作需要，他都会及时协助；不管事情有多难，他都从不推诿。每天下午，他还会"习惯"性地到考古工地上"走走"，了解情况，帮着解决实际困难。发掘工作需要民工协助，但村民们认为考古队给的工资太低，都不愿意帮忙。老周就利用当了15年村干部积累下的良好口碑和威信，苦口婆心地进行动员，终于解决了问题，使村民逐渐了解、接受了考古工作。

当好后勤部长，使考古队在工作之余有回家的感觉，这是老周对自己以及家人提出的要求。考古队四次进驻渠南村，每次一待就是几个月，除工作外，生活上的很多事都免不了落在老周身上。比如考古队刚进村时，生活条件宽裕的村民们不在乎几个租房钱，都不乐意出租房子。于是老周就克服困难，将自己住的房子腾出来供考古队使用。从此，他家中堆满了工具、出土文物和带进来的泥土。这给他家的生活带来很大不便，特别是在房子经过装修，又搬进了儿子、媳妇一家后，晴天一身灰、雨天两脚泥的考古队员们有时都不好意思进门，老周却总是热情地招呼大家，没有一句怨言。白天没法搞卫生，他就在晚上清理，使大家第二天一早又见到一个干净整齐的"家"。考古队几位陕西籍技工对南方的饮食不习惯，老周与妻子就想方设法改善他们的伙食，还特意请人到家中教着做馒头、水饺，终于使他们能吃上习惯的面食。老周常说：考古队员长年累月在外工作，顾不到孩子顾不到家，很不容易，我们就是要给他们创造一个家的感觉。

随着遗址发现的公布，保护级别的提升，上山遗址的名气大了，前来参观考察的人多了，一些企图浑水摸鱼者也跟着出现了。2005年春节前夕，老周家的不锈钢窗栅栏被窃贼在夜间撬了一个大口子，幸好发现及时，没发生失窃。看着家中堆满的文物，想到工地里的情况，老周毅然将守卫文物的责任主动承担起来。每当夜幕降临时，常常看到他四处巡视的身影，即使是春节期间也不曾放松。

在老周恪尽职守、乐于奉献、积极工作的影响下，如今村里主要道路旁树立起了一块块制作精美的文物法规宣传牌和上山遗址简介，文物保护也已成为了村民们的共识和生活中的重要内容之一。

由于对塘山背遗址、上山遗址发掘作出的突出贡献,周来水被评为"2005 年金华市优秀业余文保员",并被评为"浙江省优秀业余文保员"。(浦江博物馆　何爱民　黄琦)

典型案例 3

率先招聘协管员 有效破解力量不足

萧山区全区总面积 1420 平方公里,辖 18 个镇,9 个街道办事处,422 个行政村(社区),常住人口 120 万,流动人口 80 万。全区依法审批注册的文化经营单位为 2040 家。文化产业共有从业人员约 10 万余人,文化产业产生的 GDP 已超百亿大关,成为本区国民经济的支柱产业。

随着文化市场的繁荣发展,大市场小队伍的矛盾日益尖锐。全区仅有的七名执法管理人员,承担着全区文化市场审批和监管任务,不可避免地会产生管理缺位,效率不高等问题。为切实加强全区文化市场监管工作,有效破解执法管理力量不足这个制约文化市场行政执法工作的瓶颈。萧山区进行了有益的探索,于 2003 年 3 月,在全区公开招聘了 10 名文化市场协管员,充实了管理力量,此举在全省率先。提升了执法效能,收到了较好的效果。

(一) 具体做法

1. 公开招聘,严格选拔

为了严格选拔优秀文化市场协管员,我区设置招考条件,要求招聘的文化市场协管员有良好的思想政治素质,自愿从事文化市场管理工作,品行端正,作风正派,遵纪守法,本人未受过刑事、治安处罚和党纪、政纪处分,未被开除公职,未被国家机关辞退,近亲属未受过刑事处罚,本人及近亲属无练习法轮功者。招聘工作严格按照公开、公平、公正和择优聘用的原则,采取制定招聘方案、发布招聘公告、报名与资格审查、笔试、面试、体检、政审与考察、公示与报到等环节,向社会公开招聘。

2. 加强培训,提高素质

文化市场协管员承担着协助文化市场管理执法、文化市场举报受理、日常巡查暗访、信息上报、案卷制作、网络监控、车辆驾驶以及纠正轻微违法行为和文化法制宣传等职能。为尽快适应工作,有针对性地开展教育培训时提高管理执法能力和工作水平的有效途径。他们以政治理论、法律法规、专业知识、人文礼仪、安全生产等内容为重点,通过上岗培训、专题培训、综合培训和军事训练等形式切实加强对文化市场协管员的教育培训,不断提升协管员的综合素质。同时,他们还制定了培训工作制度,使培训工作经常化、制度化、规范化。

3. 完善制度,严格管理

人员靠管理,管理靠制度。要严格地管理起这些协管员,就必须要有一套科学、合理的管理制度。萧山区先后制定完善了《萧山区文化市场行政执法大队协管员管理制度》、《协管员考核办法》、《培训学习制度》、《廉政建设制度》、《队容风纪规定》、《执法人员"十要"、"十不"》等十几项制度。建立起了全方位、多角度的协管员管理制度体系,初步形成了"靠制度规范、靠机制保障"的长效管理机制。

4. 以人为本,关怀激励

一是建立激励关怀机制、调动文化市场协管员的工作积极性。大队建立和完善了协管员的激励、关怀、帮扶的机制,让协管员在政治上有前途、经济上有待遇、生活上有关怀。协管员生病领导探望,生日送上祝福与蛋糕,组织优秀协管员外出考察,从 2012 年开始,还将组织协管员参加体检等,充分调动了协管员的工作激情和热情。二是建立党员发展机制、提高政治向心力。执法大队党支部积极在协管员中发展党员。按照"坚持标准、保证质量、改善结构、慎重发展"的方针,积极在协管员中发展党员,九年来,已有7名协管员光荣地加入了中国共产党。三是合理分配工作,积极发挥作用。协管员的到岗使执法力量得到迅速补充,但是由于协管员受到身份的限制,在某些方面不能够发挥和正式人员一样的作用。大队根据协管员的特点,给他们安排了监控、统计、驾驶、维修等后勤保障工作以及巡查、取证、记录、现场控制、案卷整理、法制宣传、纠正轻微违法等辅助性执法工作,充分发挥出了协管员的作用。四是完善社会保障,解除后顾之忧。协管员是在正式编制以外聘用的,协助做一些管理事务的人员,其工作具有一定的临时性、和非正式性。这种特点很容易让这些队员产生一种离心力,和无归属感。为了尽可能消除这种负面情绪,尽力为他们解决保障和待遇问题,萧山区先后为他们办理了养老保险、工伤保险、失业保险、医疗保险、生育保险及住房公积金的"五险一金"和投保人身意外伤害险,解决了他们的后顾之忧,让他们能够全身心地投入到工作中去,从而确保协管员队伍招得进、留得住、用得上。

(二) 建设成效

1. 管理缺位现象明显减少

协管员的到岗,大大缓解了力量不足、人员紧张的局面,执法大队结合协管员自身特点,将他们放在适合的岗位,积极发挥他们各自的作用,从根本上扭转了管理缺位的现象,使全区文化、新闻出版、广电、文物、体育等行业的监管工作做到了横向到边。

2. 执法效能得到全面提升

协管员的在监控、统计、驾驶、维修等后勤保障工作以及巡查、取证、记录、现场控制、案卷整理、法制宣传、纠正轻微违法等辅助性执法工作中,特别是在抗击非典疫情的斗争、文明城市创建活动中发挥了重要的、不可替代的作用。为正式人员分担了许多繁重体力和脑力劳动,使处在关键岗位、重要部门的正式人员能够腾出手、集中精力做好工作。

3. 执法工作取得显著业绩

2003 年至今,执法大队的工作每年都上一个新台阶,共获得了国家级先进 4 次、省级先进 27 次、市级先进 21 次、区级先进 15 次。这些荣誉的取得,少不了协管员在在各自的岗位上兢兢业业、默默无闻的付出。在协管员中也涌现出一大批品德高尚、爱岗敬业、成绩突出的优秀分子。2012 年,协管员杨震同志被评为了杭州市体育行政执法先进个人。

第五章　浙江省农村业余文艺团队建设

　　农村业余文艺团队是农村公共文化服务体系中不可分割的有机组成部分,是新农村公共文化的建设者、传统文化的传承者、先进文化的推进者,是乡镇(街道)群众文化工作的骨干力量,具有组织的自发性、内容的传承性、范围的地域性、方式的灵活性和潜移默化的影响力,在农村公共文化建设中发挥着不可替代的重要作用。进一步加强农村业余文艺团队建设,是构建农村公共文化服务体系的内在要求,是县(市、区)文化馆、公共图书馆、乡镇(街道)综合文化站工作的重要职责,它对于活跃农村群众文化生活,保障农民群众基本文化权益,让群众在家门口零距离参与文化娱乐活动,有着十分重大的意义。本章主要介绍新时期浙江农村业余文艺团队的概况、作用及建设举措。

一、新时期农村业余文艺团队概况

　　1998年国务院新颁布的《社会团体登记管理条例》第二条规定:"社会团体,是指中国公民自愿组成,为实现会员共同意愿,按照其章程开展活动的非营利社会组织。"据此规定,本文将农村业余文艺团队界定为:"以开展文化娱乐活动为主要目标、具有一定文艺创作或表演能力的人才,为实现共同文化需求,自愿组成、依法登记的公益性民间文化组织。"或者是群众自发组织的、未在主管部门登记的、以开展文化娱乐活动为主要内容的群众性非正式民间文化组织。这些队伍在各级文化部门的扶持与指导下不断发展壮大,影响力和艺术水平随之不断提高,极大地丰富了人民群众日益增长的多样化文化需求。

(一)农村业余文艺团队发展现状

进入新世纪以来,浙江广泛开展农民"种文化"活动,以"千镇万村农民种文化"活动为载体,通过组织文艺骨干培训、农民文艺汇演、民俗活动展示等方式,发挥示范和引导作用,大力培育农民自办文化,进一步提高了农村文化自我发展能力。许多地方的农民群众成立了腰鼓队、舞狮队、秧歌队、舞蹈队、民间乐队等,自己制作道具,自编、自导、自演,因地制宜开展了一系列群众性文化活动,对满足各年龄段农民多层次的文化需求起到积极作用。

从 2013 年浙江省社会文化数据填报系统显示的数据(表 5-1)来看,浙江农村业余文艺团队建设在各地逐步推进,呈现生机勃勃的发展势头。浙江省各地农村业余文艺团队不仅支数多、参加的人数多、活动开展频繁,而且农村业余文艺团队的发展逐渐步入规范、健全、良性循环的发展轨道,收到了良好的社会效果。

表 5-1

地区种类	群众文艺团队(个)	团队人数(个)	上年度活动场次
杭州市	9155	464669	347477
宁波市	6673	264731	211366
温州市	4792	157543	214801
嘉兴市	3391	112796	154742
湖州市	2729	114564	177668
绍兴市	4493	138566	163381
金华市	10340	281178	317849
衢州市	2318	66325	107773
舟山市	1176	35817	61854

续 表

地区种类	群众文艺团队（个）	团队人数（个）	上年度活动场次
台州市	8314	233168	257252
丽水市	6391	150911	320941
合计	55772	1990268	2375104

从全省参加业余文艺团队人数占总人口数比重数据及排名情况来看（表5-2），我省的农村业余文艺团队建设虽然取得了长足的进步，但总体上还滞后于经济建设，区域之间、城乡之间的发展还很不平衡，群众性文化娱乐活动开展的情况悬殊较大，均衡发展、全面达标的任务还很艰巨。

表 5-2　　　　　　　　　　　　　　单位：人/万人

地区	类别	指标值	得分	地区	类别	指标值	得分
上城区	二类三档	374.92	7.91	长兴县	二类二档	110.64	3.47
下城区	二类三档	159.01	5.42	安吉县	一类三档	84.77	2.31
江干区	二类三档	154.15	5.24	越城区	二类三档	127.30	4.36
拱墅区	二类三档	122.63	4.09	诸暨市	二类二档	128.82	4.44
西湖区	二类三档	38.51	0.27	上虞市	二类二档	53.74	1.16
滨江区	二类三档	38.91	0.36	嵊州市	二类一档	98.84	2.76
萧山区	二类三档	87.11	2.40	绍兴县	二类三档	96.85	2.67
余杭区	二类三档	129.89	4.62	新昌县	二类一档	127.13	4.27
建德市	二类一档	126.15	4.18	婺城区	一类三档	156.97	5.33
富阳市	二类二档	232.07	6.84	金东区	一类三档	116.99	3.73
临安市	二类一档	230.59	6.76	兰溪市	一类三档	79.22	2.04
桐庐县	二类一档	167.27	5.69	义乌市	二类三档	103.33	3.02
淳安县	一类二档	64.65	1.42	东阳市	二类一档	251.34	7.20
海曙区	二类三档	178.30	5.96	永康市	二类二档	168.38	5.78

续 表

地区	类别	指标值	得分	地区	类别	指标值	得分
江东区	二类三档	250.63	7.11	武义县	一类二档	122.12	3.91
江北区	二类三档	162.15	5.60	浦江县	二类一档	268.20	7.64
北仑区	二类三档	162.12	5.51	磐安县	一类二档	73.77	1.69
镇海区	二类三档	314.02	7.73	柯城区	一类二档	181.33	6.04
鄞州区	二类三档	224.08	6.67	衢江区	一类二档	116.29	3.64
余姚市	二类三档	95.99	2.58	江山市	一类二档	51.05	0.98
慈溪市	二类三档	173.83	5.87	常山县	一类二档	147.43	5.07
奉化市	二类三档	119.13	3.82	开化县	一类一档	111.69	3.56
象山县	二类三档	207.01	6.49	龙游县	一类二档	109.77	3.20
宁海县	二类三档	140.98	4.71	定海区	一类三档	143.96	4.80
鹿城区	二类三档	77.95	1.96	普陀区	一类三档	254.06	7.38
龙湾区	二类三档	77.64	1.78	岱山县	一类二档	185.37	6.13
瓯海区	二类三档	41.05	0.44	嵊泗县	一类二档	252.34	7.29
瑞安市	二类三档	51.17	1.07	椒江区	二类三档	42.65	0.53
乐清市	二类三档	46.60	0.80	黄岩区	二类三档	107.43	3.11
洞头县	一类二档	328.99	7.82	路桥区	二类三档	77.78	1.87
永嘉县	一类二档	44.17	0.71	温岭市	二类三档	195.84	6.40
平阳县	一类三档	42.65	0.62	临海市	二类一档	232.63	6.93
苍南县	一类二档	30.32	0.09	玉环县	二类二档	256.65	7.47
文成县	一类一档	79.28	2.13	三门县	一类三档	129.39	4.53
泰顺县	一类一档	50.15	0.89	天台县	一类二档	261.74	7.56
南湖区	二类三档	110.54	3.38	仙居县	一类二档	190.19	6.31
秀洲区	二类三档	33.48	0.18	莲都区	一类二档	186.56	6.22
海宁市	二类二档	93.05	2.49	龙泉市	一类二档	122.39	4.00
平湖市	二类二档	100.42	2.84	青田县	一类二档	146.22	4.98
桐乡市	二类二档	60.23	1.33	缙云县	一类二档	497.49	8.00

续 表

地区	类别	指标值	得分	地区	类别	指标值	得分
嘉善县	二类二档	110.50	3.29	遂昌县	一类二档	235.14	7.02
海盐县	二类二档	57.43	1.24	松阳县	一类一档	100.74	2.93
吴兴区	二类三档	65.48	1.51	云和县	一类二档	216.52	6.58
南浔区	二类三档	81.09	2.22	庆元县	一类一档	144.24	4.89
德清县	二类二档	66.95	1.60	景宁县	一类一档	153.70	5.16
一类地区均值		129.48		二类地区均值		131.35	
全省均值		131					

注：参加业余文艺团队人数占总人口的比重（人/万人）

$$= \frac{参加业余文艺团队总人数（县、乡镇、村）（人）}{2010 年末户籍人口数＋2010 末外来人口数（万人）}$$

（二）农村业余文艺团队建设背景

农村业余文艺团队的产生和发展，既与本身的兴趣爱好和文化需求紧密相关，更离不开科学制度的保证、基础条件的支撑和文化环境的改善。

1. 政策导向

2002 年 7 月 25 日，浙江省人民政府下发了《浙江省人民政府关于加强基层文化建设的若干意见》，提出："加强民间文化队伍建设问题，要求高度重视农村业余文艺团队建设。"党的十六届五中全会提出了"建设社会主义新农村"的号召，其中新农村文化建设是它的重要组成部分。就此，2005 年 11 月 7 日，中共中央办公厅、国务院办公厅下发《关于进一步加强农村文化建设的意见》，提出："加强农村文化队伍建设问题，要求采取有效措施，稳定和发展专职与兼职结合的农村文化队伍，逐步提高队伍的整体素质。要采取多种形式，充分发挥专业艺术人员的积极性，加强农村文化队伍的教育培训。积极培养农民文化骨干,充分发挥民间艺人、文化能人在活跃农村文化生活、传承发展民间文化方面的作用,巩固农村文化建设的群众基础。"党的十七大《关于推动文化大发展大繁荣的实施意见》再次提出:"人民是推动社会主义文化大发展大繁荣最深厚的力量源泉,要牢固树立马克思主义群众观点,自觉贯彻党的群众路线,为广大群众成为社会主义文化建设者提供广阔舞台。广泛开展群众性文化活动,提高社区文化、村镇文化、企业文化、校园文化等建设水平,引导群众在文化建设中自我表现、自我教育、自我服务。积极搭建公益性文化活动平台,依托重大节庆和民族民间文化资源,组织开展群众乐于参与、便于参与的文化活动。支持群众依法兴办文化团体,精心培育植根群众、服务群众的文化载体和文化样式。及时总结来自群众、生动鲜活的文化创新经验,推广大众文化优秀成果,在全社会营造鼓励文化创造的良好氛围,让蕴藏于人民中的文化创造活力得到充分发挥。"可见加强业余文艺团队建设是落实科学发展观,推进社会主义先进文化繁荣的必然要求,也是构建基层公共文化服务体系的重要内容和目标。各地党委、政府普遍强化文化意识,上级文化部门及时给予业务指导,加大对业余文艺团队的支持力度,为群众业余文艺团队提供活动平台。农村业余文艺团队在党委、政府倡导推动下,"忽如一夜春风来,千树万树梨花开",从质和量上迅猛提升并不断发展和壮大,群众积极性被充分调动起来。

2. 经济后盾

近年来,党中央十分重视"三农"问题,制定了一系列惠农的方针政策,农村经济得到了迅速发展,广大农民的生活水平不断提高,城乡一体化不断推进,新农村建设已初见成效。伴随着新农村的建设目标的确立与县域经济的腾飞,富裕起来的人民群众更加注重生活质量的提高和精神文化生活的享受,对文化需求的热情日益高涨。农民群众在享受物质生活的同时,对精神文化生活的需求也日趋多元化,许多农民群众从被动地享受文化生活变成主动地参与文化活动。他们不再满足听听音乐、看看电视,他们想自己唱、自己跳、自己参加表演,展示自己的才艺,抒发自己的情感。从表 5-1 可以看出,特别是经济发达的地区,农村业余文艺团队的支数、人数、活动开展的次数都明显要多些。因此,农村业余文艺团队是伴随着农村经济迅速转型、群众物质生活水平不断提高、精神文化生活需求日益强烈的背景下发展起来的。在业余文艺团队的推动下,新农村文化建设注入了新的生机和活力,成为广阔天地一道道绚丽多彩的文化景观。

3. 文化积淀

各地的文化都有一定的积淀,随之形成了相应的传统习俗,有各种传统的文艺队伍,保留着传统的表演形式,一直存留着业余表演团队,如舞龙队、高跷队、各类民间戏剧表演队等,这些都长期影响着一代又一代人的生活风貌。如开化的苏庄镇香火草龙表演团队从明朝开始舞起,每年到了中秋,舞龙队伍就会集中一起,舞龙庆丰收,祈祷来年好收成。代代相传,人换了一批又一批,但舞龙队伍一直存续着。非物质文化遗产中的传统技艺、传统舞蹈与习俗,都是生生不息、代代传承的文化资源,农村业余文艺团队是这些精神家园、民族记忆的维护者。只要不被禁止,与之相应的业余文艺团队都会存在。如浙江嵊州是越剧发源地,越剧艺术积淀深厚,在嵊州不管男女老少、不管职业差异,长期感受越剧艺术的熏陶,这里的群众大多都会哼上几句或拉上几段。前几年,随着文化建设的推进,自发组成民间越剧表演团队,民间剧团数量之多、质量之好,是农村业余文艺团队发展之典范。

4. 娱乐天性

喜欢娱乐是人的天性,尤其是年轻人的天性。据《汉语大词典》对"娱乐"的释义:"(1)欢娱快乐;使欢乐。(2)快乐有趣的活动。"在艺术发生学理论中,斯宾塞和席勒的"艺术起源于游戏"是较有影响的一种理论,认为人的审美活动与娱乐游戏一样,是一种生命精力过剩的发泄。如今,随着社会的保障体系日益完善,大多数老人有大量的闲暇时间需要有内容和形式的消费,想老有所乐。这个庞大群体渴求文化生活、参与文化活动,业余文艺团队成为他们进入晚年生活的缓冲台阶,为转轨时期的他们调适心理、维护健康心态提供了极佳的途径和方法,为这个庞大群体渴求文化生活、参与文化活动提供了原动力。有一部分上班族特别希望有一些充满乐趣的文化艺术项目充实自己紧张而枯燥的生活,以消除身心疲惫,增强生活动力,愉悦自己心境。还有些农村留守的妇女们,从家庭生活中走出来,感受到社会变革带来的快乐,她们渴望交流、渴望健康、时尚的生活方式,他们很容易形成一个农村文艺业余团队。如现在在农村兴起的排舞队伍,吸引了很多人参与,在浙江很多乡村,都有一支支跳排舞的队伍,一到晚上,就响起音乐,跳起舞来,这成为乡村一道美丽的风景。

(三) 农村业余文艺团队形成特点

农村业余文艺团队按内容可分为视觉艺术团队、表演艺术团队、文艺创作团队以及非物质文化保护协会等类别。视觉艺术团队包括书法、绘画、雕刻、摄影等艺术团队;表演艺术团队包括音乐演唱、舞蹈、戏曲、曲艺等表演艺术团队;文艺创作艺术团队包括各类艺术形式的创作艺术团队;非物质文化保护协会包括非遗保护宣传队伍、非遗传承队伍等。这些业余文艺团队既有专业文化队伍公益性、服务性、稳定性的共同点,又有其符合自身发展规律的个性特点。

1. 组织自发性

农村业余文艺团队的成员来自社会各行各业,来自不同层面和岗位,因为有相似的爱好、相同的意愿,为了一定的利益而自发聚拢一起开展活动。没有特别的要求与限制,属于民间组织,组织相对松散,活动安排也较自主,因人而异,因景而异,人员不是很固定,往往会因为组织者或中心人物的离开而解散。没有硬性的规章制度的限制,文化素质也参差不齐。"草根性"是业余文艺团队充满生机活力的根本所在,活动开展也随时而定,一般多在农闲时节,或者伴随传统习俗进行活动。如遍及城乡的排舞队,参加人员之多,既没有强制性政策,也没有工资报酬,皆因文化而聚,随音乐起舞,充分体现业余文艺团队自发、自愿、业余之原则。

2. 内容传承性

农村业余文艺团队成员大多来自民间,是一群土生土长的文化能人,他们经常演民间戏曲,跳民间舞蹈,唱民间歌谣,说民间故事,是真正的民族、民间、民俗文化的守望者与传承者。农村业余文艺团队活动不少有传承性特征,活动往往表现为继承和弘扬优秀传统地方文化艺术。作为农村业余文艺团队必须为传承民族优秀的文化服务,探索民间的鲜活行为和文化的源头,在探索中创新。特别是非物质文化保护协会直接担当着人类文化基因的保护、传承、弘扬的重任。所以,业余文艺团队活动反映的内容都不由自主地带上传统的习俗,从各地非物质文化遗产保护成果来看,很多有价值的文化艺术项目都是靠业余文艺团队成员在挖掘、守护、传承的。

3. 范围地域性

农村业余文艺团队活动形式多样、内容丰富,很多是结合各类节庆和当地特色文化资源开展的文化活动。活动内容是围绕着当地的文化特质,反映当地的风俗人情,具有强烈的民族、民间特色和地域特色,是由来已久的文明在文艺上的延续,农村业余团队服务的对象一般是当地的农民,限于各种条件束缚,活动的场所一般在农村,具有较强的地域性。

4. 方式灵活性

各地农村业余文艺团队在政府主导的前提下,积极吸纳当地社会资源,如通过采取政府出资、企业冠名赞助及社会、个人捐助等方式,不断拓宽社会文化活动的举办途径,多渠道、多形式开展各类文化活动,确保各地群众文化活动经常性地深入开展。作为文艺自愿者的社会团体组织,特别适宜于各群体之间的文化交流,以群众为主体组织的民间文化活动更容易得到广大群众的响应和支持,也更方便参与民间的文化交流活动,这种团队活动灵活机动、充满活力、富有效率、更加开放,对于提高整体文化软实力起到穿针引线的作用,堪称文化的轻骑兵。业余文艺团队以他们的灵活性、多样性、群众性等特点,在构建和谐社会的过程中展示出旺盛的生命力。

二、农村业余文艺团队的作用

农村业余文艺团队随着人们对精神文化需求的日益高涨而发展壮大,在构建和谐社会、建设新农村中发挥出了不可或缺的作用。业余文艺团队广泛的群众性,是政府与人民群众宽广的桥梁和纽带,是公共文化服务的有生力量,业余文艺团队既是群众文化的提供者又是参与者,既是公共文化服务的奉献者又是享受者。他们使政府的公共文化服务理念与群众对多元文化的需求意识,形成无缝融合,较好地实践了业余文艺团队与群众的契合点。

(一)先进思想的催化剂[1]

浙江省不少地方,特别是边远山区和海岛,交通不便、信息闭塞、接触面窄,农村群众对社会变化的敏感度不高,自我封闭的小农意识比较强。长期封闭可能对外部世界产生畏惧感,对新鲜事物、新的思想有抵触,不能接受。农村业余文化队伍有的放矢地创作和演出,成为先进思想、先进文化的传播者,影响力大,实践性强。如很多地方的农村业余文艺团队按照建设社会主义新农村、构建社会主义和谐社会的时代要求创编群众喜闻乐见、通俗易懂的文艺节目,宣传党的方针政策、报告最新时事新闻,传播科技信息、揭露邪教组织罪恶,使观

---

① 刁玉泉.浙江业余文艺团队建设对策思考[J].浙江文化月刊,2011(7)

看演出的农村群众在欣赏文艺节目中深受教育,引导群众解放思想、更新观念,了解新政策、新举措、新人新事新风尚。农村业余文艺团队对促进健康向上的生活方式的形成与发扬,提升农民思想道德素质,形成开放的心态,起了催化剂的作用。

(二)群众关系的润滑剂

和谐文化是以人为本的文化,以人为本是党的执政理念和要求。农村业余文化队伍是宣传党和国家大政方针的重要力量,是地方党委政府发动群众、组织群众推进重点工作的有力助手。在社会迅速转型的阶段,农村的社会关系发生重大变化,个人对集体的依附关系更加松散,各种矛盾和利益冲突集中显现。许多矛盾难以得到及时有效的解决。组织文艺业余团队,组成新的合作关系,通过业余文艺团队的渗透力、感染力和吸引力,不但能够把有共同文艺爱好的群众组织在一起,提供一个团结合作、沟通交流的平台,而且能够理解群众,急群众所需,大大减少干群之间、群众之间因考虑问题的角度不同而产生的矛盾冲突,通过活动开展,加强了联系与沟通,增进了友谊,使往常的一些摩擦在活动中消除。以人为本是促进业余文艺团队和谐发展的土壤,农村业余文艺团队通过组织文化活动继承和弘扬农村传统民间文化"和为贵"的精神,传达"公共"的和谐理念,向群众灌输和睦相处的思想意识,常常能产生"润物细无声"的效果,起到润滑剂的作用,在理顺情绪、化解矛盾、构建和谐关系等方面发挥特殊的作用。

(三)乡风文明的清洁剂

乡风文明是社会主义新农村建设的一个重要方面,也是体现社会和谐的重要内容,广大农村群众闲暇的时间越来越多,生活的水平越来越高,娱乐的方式越来越丰富。与此同时,由于贫富差距拉大、民主法制不健全、思想道德建设滑坡、社会心理失衡、享乐主义侵袭等因素使农村淳朴的社会风气受到污染，一些乡村搓麻将、六合彩赌博、打架斗殴等不文明现象和违法行为明显上升。农村业余文艺团队能引导农村群众开展积极健康、丰富多彩的文化活动，大力歌颂真善美，抨击假恶丑，弘扬正气，抵制歪风，把群众的兴奋点和注意力吸引到满足精神需求上来。用积极健康的文化活动占领思想文化阵地，既提升农民思维文化素质，培育适应时代发展要求的新农民；又营造文明的社会风尚，促进乡风文明，为新农村建设和构建和谐社会提供了良好的文化环境。无论是"送戏进城"，还是"送戏下乡"，都能促进传统文化和现代文化的交融，弘扬地区特色文化，推动文化的创新发展，激励群众的参与意识和进取精神，农村业余文艺团队成为乡风文明的清洁剂。

（四）乡民团结的黏合剂

农村业余文艺团队贴近群众、贴近生活，业余文艺团队通过开展各种文化活动吸引各方面的人员参与其中，通过活动交流、互相协作与配合发现自我、发现群体。这既有利于互相了解、互相沟通、互帮互助，和睦邻里关系；又提高群众的归属感，大大增强群众的凝聚力。同时通过举办各种活动，有效地宣传党的方针政策和先进思想。参与者一方面接受了社会化的再教育，一方面又传播了先进文化的建设成果，推动文化传承，在文化传承中增添认同感。业余文艺团队通过求知、求美、求乐活动，反映群众的心声，表达群众的愿望，用群众身边的人来说身边的事，潜移默化地影响着群众的内心世界。农村业余文艺团队活动一定深受广大群众喜爱，具有一定的凝聚力和向心力，是乡民团结的凝聚剂。如浙江某地上下村历史上就多有结怨，平时常起纠纷，2010 年，新上任的村领导起头建立了该村的舞龙表演队，因为经常合作交流，共同创造不少好的成绩，大家在舞龙过程中加深了理解，解除了心里的疙瘩，现在上下村关系很和睦。

（五）文化发展的助推剂

农村业余文艺团队是产生优秀作品、精品、品牌的丰沃土壤，业余文艺是专业文艺的延伸，也是专业文艺创作灵感的源泉，是专业文艺得以发展的基石。在人才优势上，一些业余文艺团队荟萃了社会各行业有艺术专长的人才，他们的艺术行为既是一种自我创作，也是一种自我熏陶、自我娱乐以及品格完善的过程。它渗透于日常生活中，容易产生特色创意，他们是一种活血因子，能为农村文化"造血"，推动各类艺术竞相发展，组推文艺精品的产生，推动乡土文化的繁荣。如开化县农村业余舞蹈团队是具备一定舞蹈表演水准和良好团队精神的业余艺术队伍，活跃在县内外各类大型文化活动中，应邀参加市、省级演出百余场，成为一支招之即来、来之能战的出色团队。其演出的《杨柳风、杏花雨》等多个舞蹈节目多次获得衢州市文艺演出表演金奖，舞蹈《炒茶歌》获浙江省乡镇文艺汇演表演银奖，《小镇有条女人渠》获浙江省群众舞蹈大赛表演银奖，《夏夜风凉凉》获浙江省乡镇文艺汇演表演银奖，《农家灯笼红》获浙江省乡村舞蹈大赛文艺表演银奖，等等。2011 年，《一壶春色》与《船娘新嫁》获得衢州市文艺演出表演金奖，并作为代表节目参加 2012 年的国家"群星奖"角逐，她们的足迹遍及上海、杭州、济南、北京等大中城市和全县多个乡镇，所到之处均得到当地群众和各级领导的好评，曾被《衢州日报》、《浙江日报》多家媒体关注并报道，演出节目剧照曾刊登在中国舞蹈网及多家报纸。

三、浙江省农村业余文艺团队建设的主要举措

近年来，农村业余文艺团队健康发展，优秀文化队伍、品牌文化队伍和文化特色户渐渐形成，县城、乡镇、村、户四级文化队伍网络建设日趋完善，在各方面都有长足进步。具体归纳各地做法，主要有以下

六大举措：

（一）以培训辅导提升业余文艺团队的艺术水平

农村业余文艺团队的人才队伍是由参与业余文艺团队的普通参与者、管理者和辅助人员组成的业余文艺团队的人才体系。业余文艺团队具有直接接触群众、服务群众的特点，业余文化队伍的人员不同于专业文艺队伍的人员，他们没有系统的专业学习，往往是出于兴趣爱好而自学成才的。近年来，各级文化部门把培养农村文化人才列入年度工作计划，整合文化人才资源，建立农村文化人才库，采用"外引内培"的方式，加大对农村文化队伍人才的培养。各地针对本区域的个性特点和发展状况，平衡发展各种各样的业余文艺团队，力求通过团队的均衡发展，实现百花齐放的效果，并以此推进业余文艺团队整体协调发展。

1. 举办多形式培训

以民间艺人为主体，以农村业余文艺骨干为重点，以乡村业余文艺团队为培训平台，大力实施"农村文化艺术人才培育工程"，推动团队规范化建设，使农村一批又一批文艺骨干脱颖而出。如丽水市2011年11月1日—11月4日，莲都区邀请了市、区两级文化专家举办了农村业余文艺团队文艺骨干、村级文化管理员培训班。共有100多人的农村业余文艺团队文艺骨干和30多人的村级管理员参加了培训，为农村文化活动发展起带动、示范以及促进作用。又如浙江省永康市文化部门从2007年起，每年有计划地培训文艺骨干100至200名左右。这些骨干成为了业余文艺团队的种子，在全市数百个团队中生根发芽，提高了团队的整体实力。永康还有为数不少的民间职业剧团，文化部门每年组织考评他们的艺术水平，鼓励优秀演员参加职称评定，大大提高了农村业余剧团的演艺水平和服务质量。

2. 注重"薪火"艺术传承

充分发挥老一辈文艺骨干的辅导职能，以老带新，加快业余文艺团队负责人的年轻化进程。重视培养农村文化带头人,大力发展文化志愿者,建立农村文化骨干培训网络,加强对农村青年文化工作者的培养和培训。例如在非遗保护与传承中,许多口口相传的民间说唱艺术,都是通过一批老艺人的精心辅导,才得以传承与发扬。

3. 发挥大学生"村官"作用

不少大学生村官已成为农村业余文化团队的一员,利用大学生知识广、信息灵通等特点,补充业余文艺团队知识上的不足,协助文化队伍开展活动,带动农村文化队伍提高表演水平,也着力培育了一批具有文化特色的品牌队伍。如浙江省普陀区在大学生"村官"的协助与带动下,各村形成自己的文化特色,如虾峙黄石村的威风锣鼓、大峃村的铜管乐队、南峃村的渔具打击乐队等等,真正做到了"一村一品"、"一地一特色"。

4. 开展"文化走亲"活动

以文艺演出和特色文化交流为主要形式,通过各市、县(市、区)对本区域的文化资源进行有效整合、提炼,自行组织品牌节目、代表人物到其他相邻或相近的市、县(市、区)开展文化交流,创新"种文化"载体,有效发挥农村业余文艺骨干主力军的作用,促进了市际、县际、镇际的联系与合作。

(二) 以政策激励保障业余文艺团队的正常运作

浙江正处于以工促农、城市反哺农村的发展阶段,在政府预算中设立构建农村公共文化服务体系基金,开始不断增大公共财政对农村公共文化服务设施和服务体系建设的投入,增加农村公共文化服务财政支出在整个财政资金所占的比重,对农村公益性文化设施建设在融资、用地、税费等方面给予优惠。不少县市也已着手将文化活动的经费向支持农村业余文化队伍倾斜,鼓励组建业余文化队伍,积极动员广大业余文艺团队积极参与送戏下乡活动,健全县、镇、村、户四级文化队伍网络,达到每个行政村都有文化队伍的目标。通过送戏下乡的经费补助,或通过企业捐助、挂靠赞助等形式寻求新的资金来源,使业余文艺团队的活动经费得到一定保障。虽然有些地方的农村业余文化队伍的活动经费还处在捉襟见肘的困境,但乡镇和行政村力所能及地为业余文化队伍提供支持,帮助解决发展中遇到的现实问题,为文化工作者提供必要的专项创作和活动经费,改善农村文化工作人员的工资和福利待遇,吸引具有较好政治和业务素质的年轻人才到农村基层文化站工作,提高他们服务业余文艺团队的热情。

不少经济基础比较好的地方已建立群众文化基础好、文化设施设备完善、活动参与面广人多的广场、公园为公共文化培训基地,不少地方制定相关的政策与激励措施,大力支持农村文化队伍开展健康向上的文化活动,大力加强特色品牌文化队伍和文化特色户的培育力度,定期命名表彰优秀文化队伍和文化特色户。绍兴市文广新局从2011年开始,组织开展绍兴市"十佳群众文艺团队"评选活动,提升全市群众文艺团队建设质量,推动农村文艺创作和文化创新,实现农村群众文化繁荣发展。如绍兴县马鞍镇大鱼山村"欢天喜地"文艺队,成立于2007年,成员已发展到200多人,年纪最大的71岁,最小的只有3~4岁。近三年来,文艺队活跃于村、镇以及县级的文艺演出市场和比赛等场合,还有一些企业专程来村里邀请他们和职工一起表演节目。在连续三届的全县农民"种文化"三十佳评选中,"欢天喜地"文艺团队都获得了"十佳团队"称号,并获2011年度绍兴市"十佳优秀群众文艺团队"的殊荣。杭州市余杭区文广新局在2006、2007年对全区符合申报条件的业余文体团队进行了等级评定。经自行申报、各镇乡(街道)推荐和局审核,两年一共评定了余杭区一级业余文体团队25支、二级业余文体团队20支、三级业余文体团队56支,其中还有10支业余文体团队被杭州市文化广电新闻出版局命名为杭州市一级群众文化团队。对这些上等级的团队,实行动态管理,根据业余文体队伍所取得的成绩,符合标准的即给予相应的等级,有效期为两年,并给每支上等级的团队一次性经济补助。余杭区文广新局每年还以"以奖代补"的形式对参加各类文体活动的业余文体团队进行经济扶持，以激励农村业余文体团队的工作热情。

（三）以共建共享夯实业余文艺团队的发展基础

改革开放以来，人民群众的生存环境与生活方式发生了巨大变化，尤其是近几年农村人口大规模地向城市"移民"，使得农村文化与城市文化在一定程度上得以融合。这既为业余文艺团队的创新与和谐发展创建了条件，也为传承传统特色文化、增添业余文艺团队的活力提供了坚实的基础。文化部门积极整合资源优势，优劣互补，以结对共建作为试点。共建的内容涉及团队的科学管理，服饰道具的共享、编导与策划等方面。通过结对共建，双方在演艺方面取得长足进展，资源共享、人才交流、互帮互学、共同提高。为了鼓励群众文化队伍的发展，浙江省许多地方文化部门从组织活动、提供平台、资金扶持、人员培训、奖励先进等多个方面创造良好条件。通过组织文艺汇演、文艺调演等形式，为农村群众文化队伍在县城提供演出的舞台。如《流动大舞台》是浙江电视台公共新农村频道于 2008 年推出的一档对农综艺节目，栏目以"我搭台、你唱戏，明星就是你自己"为口号，以频道自备的流动舞台车为载体，奔赴全省各地的山村、海岛、田间、地头，让农民朋友们上台展示歌舞、戏曲、小品、乐器、民间绝活等各种才艺，成为一个民间的群英会。如岱山县青少年宫选送的武术表演、古筝弹奏、男女对唱《东沙情韵》节目也参加了《流动大舞台》"走进东沙"的文艺演出。

开展"村企共建，文体联姻"活动，利用企业有资金、有设备、有人才的优势，搭建各种平台。如通过企业进村与周边镇村开展文体活动，采用设备捐赠、资金扶持、场地共建、人员辅导、节目共演等形式，解决农村业余文艺团队缺资金、缺设备、缺文艺骨干等问题，扩大业余文艺团队展示的平台，推动农村文体活动开展。活动的开展促进了企业与周边村民的交流沟通，增进友谊，加强和谐社会建设，取得多赢效果。

（四）以挖掘资源打响业余文艺团队的特色品牌

农村业余团队充分把握各乡镇（村）的文化特征，通过"迎进来"、"走出去"，结合本地实际，挖掘本地民间艺术特色，在活动参与中得到启迪和提升，积极打造特色品牌团队。一方面，他们逐步改变只停留在唱唱跳跳一般层面上的演出活动的老格局，在借鉴各地优秀的文艺表演的基础上，注重文化活动的特色和个性，因地制宜地广泛开展一些适合农民口味的自娱自乐活动，力求有新的表现形式和新的表现内容，并体现较强的群众性和参与性。另一方面，业余文艺团队抓住各地的文化品牌。在继承和发展本乡镇、村落的民族、民间文化遗产，包括动态的表演艺术和静态的造型艺术，吸收各种风格、各种流派、各种样式的活动项目，艺术类别的优点，并在继承传统的基础上加以创新发展。从目前各地的实际情况看，以传统文化为核心内容的民间艺术业余表演团队在各地层出不穷，业余文艺团队从发展中寻求自身的特色和个性，进一步打造团队的特色品牌。农村业余文艺团队建设呈现百花争艳的繁荣景象，如嘉兴秀洲区打造的"一乡一品"、"一村一品"；桐庐的"美丽乡村"建设等都很有代表性。

（五）以机制创新构建业余文艺团队的网络体系

机制体系是确保业余文艺团队高效运转的保障。在浙江省，一个结构合理、发展平衡、网络健全、运营高效、服务优质的覆盖全省的业余文艺团队网络体系正渐渐形成并在实践中不断完善。正是因为对业余文艺团队服务设施、服务方式、服务机构、队伍建设，以及业余文艺团队的数量、布局和种类进行统筹规划和系统建设，在运行机制上才确保了业余文艺团队的高效运行。

1. 业余文艺团队的设施体系得以普及

公共文化设施是业余文艺团队开展文艺活动最基本的场所，现在，浙江省大多中心村和较大的行政村都有文化活动中心、广场、公园等公益性文化场所作为大众文化舞台,政府对农村公益性文化设施建设在融资、用地、税费等方面也给予诸多优惠措施。不少地方已形成一个以公有设施为主导,以社会团体、民办文化设施作为补充,以遍及城乡集镇、布局合理、公平科学的公共文化设施网络为交流平台的模式,为业余文艺团队可持续发展提供平台保障。

2. 业余文艺团队的管理机制得到推广

一个良好的管理机制是业余文艺团队运行体系的血脉,浙江省的杭州、宁波、温州等地通过市场化与社会化相结合的管理机制,来保障业余文艺团队的良性运作。同时建立团队数据库,定期收集全区群众文化团队信息,对开展活动的情况进行动态跟踪。每年年底对各团队进行业务考评,考评的项目分平时活动的情况、资料记录情况、配合中心工作情况以及外出参赛获奖情况等多个方面,综合评定各团队的等级。这套管理模式已在省委宣传部倡导下推广开了。

3. 业余文艺团队的运行体系得以执行

业余文艺团队的运行机制,直接作用于服务对象。各地文化部门和文化工作者从业余文艺团队的运行机制上多下工夫,利用各种载体,确保业余文艺团队的高效运转。有些地方专门成立公共文化服务部,将一些重点扶持的团队纳入统一管理,促进业余文化团队资源的有效整合,及时调解各团队之间的用人、用场地之间的矛盾,促进团队之间的交流与和谐,保证源源不断的群众参与其中,也保证源源不断的公共文化产品提供给业余文艺团队的参与者,让农村业余文艺团队真切地感受到文化权益的实现和文化需求的满足。

4. 业余文艺团队的指导体系得到实施

相对来说,农村文化业余团队本身的业务建设能力较弱,活动能力较差。近些年来,浙江省不少地方立足本地实际,努力倡导具有文化特色的业余文艺团队建设,建立起业余文艺团队的服务网络,发挥好业务部门的职能职责,强化艺术指导的目标任务,构建业余文艺队伍的培训平台,实施"业余文艺团队培育工程"。通过指导体系,实施人才精品战略,打造特色团队,整体提升各团队业务素质,在当地建立起一支庞大的群文辅导员队伍,并广泛开展业余文艺团队人才培训活动。

(六)以雅俗共赏改善业余文艺队伍的人才结构

农村业余文艺团队是专业文化向大众文化渗透的重要途径,也是城市文明向农村文明施加影响的主要渠道,它在吸纳现代文化的同时,又将现代文化传导给农村广大村落。浙江省大多地方文化部门以基层群众业余文艺团队建设为抓手,以基层群众业余文艺团队为一盘棋,规范管理、合理引导,始终把群众性贯穿于业余文艺团队建设当中。一方面,在业余文艺团队中发展相对高格调的文化,要根据当地群众的生活观念、生活方式、生活质量、生活内容,开展与之相适应的有较好质量的文化活动,以此使许多较高文化修养、颇具审美情趣的文艺人才也能参与。这部分文化人才的活动往往成为业余文艺团队的标杆,对业余文艺团队其他层次的文化活动具有强大的导向作用,决定着业余文艺团队的发展方向。另一方面,在业余文艺团队中发展通俗文化。吸引覆盖面最广的、文化素质较低的普通人群,而且在整个团队中占绝对多数,根据这部分人的实际文化需求,就近就简,开展他们所喜爱的文化活动,并适当采取倾斜政策,发展大众化、通俗化的业余文艺活动,以适应普通文艺爱好者的审美情趣和消费能力,建设业余文艺团队,提高群众的参与率。在开展节庆活动、传统节会活动、集中性文化活动与经常性文化活动时,尽可能地为业余文艺团队普通人群创造登台的机会,让他们感受专业文化所能享受的各种机会和平台,帮助他们出成绩、出成果,帮助广大文艺爱好者在业余文艺活动的参与中实现自我价值的提升,使农村文艺队伍在新农村建设中发挥出更大的力量,吸引更多的农村群众参加,共同开创群众文化活动欣欣向荣的局面。

典型案例 1

杭州市上城区成立文艺团队联合会

杭州市上城区文艺团队联合会自成立以来,构建了由政府主导、群众自主管理的新型群众文化社团管理模式,在繁荣群众文化等方面发挥了积极的作用。

(一)组建背景

在现代城市经济高速发展的今天,人们对精神文化的需求也更加多元了。第一,现在社会老龄化越来越严重,如何让老年人"难捱的晚年时光"在轻松、愉快中度过;如何引导老年人合理利用消费闲暇时间,这成为人们普遍关注的问题。第二,高节奏的现代生活让年轻人的生活充满了压力,如何让他们在工作之余有效缓解生活压力,有一个快乐的精神享受;如何让年轻人的休息更加富有积极性和合理性,这也是当今社会亟须解决的问题。再者,现代人都有自己的表现欲望,都希望自己的特长或不被人知的才华能有机会展现。为此,作为政府的公共文化服务机构的上城区文化馆进行了一些探索,在上级党委、政府的支持下,组建了省内第一支文艺团队联合会,这既能为上述问题提供解决的途径,又能推进人们追求更高的生活品质,更合理地进行文化消费,还有机地与杭州建设生活品质之城的理念相契合。因此,如何整合队伍资源、提高队伍素质、规范队伍管理,为群众"种文化"提供优良环境,更好地发挥它们在和谐文化建设中的作用,在政府引导下,和谐、有序、多彩地开展团队活动,已成为群众文化建设的一个新的课题。

在此背景下,2007 年 6 月,上城区文艺团队联合会在上城区委、区政府积极支持下成立。区文艺团队联合会基本构成为：原上城区文化馆组建的直属团队 36 支，划归为联合会的直属团队；各街道社区的310 支团队归属各街道分会管理，总数 346 支队伍、9800 余名会员。这是浙江省首个正规化、合法的县区级文艺团队联合会，标志着该区群众文化队伍建设进入新阶段。

（二）主要做法

1. 政府支持，领导重视

文艺团队联合会为民间组织，政府在人力、财力上对其进行了有力扶持，使民间艺术团体资金短缺、人才短缺等基本问题得到改善。区文化馆作为基层公共文化的业务指导机构，适时地根据文艺团队发展情况和群众的需要，作出工作部署，把组织文艺团队总会或联合会的计划报告给区文广新局，并得到上级政府的重视。组建工作由上城区文化广电新闻出版局授权给上城区文化馆具体执行。中共上城区委宣传部、上城区文广新局、上城区民政局、吴山广场管委会等多家党政部门参与指导。经过区文化馆全体工作人员一年多时间的精心策划和筹备，终于在 2007 年 6 月举行隆重的成立仪式，省、市文化部门领导和区四套班子领导都参加了成立大会。区政府还划拨经费和场地，开辟吴山文化大舞台为广大会员搭建平台，支持开展"百团百场"文艺演出活动。政府的支持和有关部门的配合，使文化部门在文艺团队联合会组建和后继的指导工作得以顺利进行。

2. 成立班子，自我管理

作为一个庞大的民间组织，应以民间管理为主，但政府又不能不管，为此，文化馆义不容辞地担当起责任。上城区文艺团队联合会班子结构是由上城区文化广电新闻出版局分管局长担任名誉会长，上城区文化馆书记、馆长担任会长，副会长由几位德高望重热心团队工作的同志担任；上城区文化馆设立社团指导科，由科长任秘书长，副秘书长是由几位骨干团队的负责人担任。秘书处由四个部门组成：（1）组织秘书处；（2）宣传外联部；（3）活动部；（4）后勤服务部。人员由文化馆工作人员组成。联合会由 54 支直属团队和 6 个街道分会组成。分会会长由各街道分管书记担任，各街道文化站站长为分会秘书长。为方便管理和开展工作，为提高文艺团队质量和团队骨干队伍素质，还邀请了一些专业人士对文艺团队队员进行指导。

3．组织骨干，扩充队伍

2001 年初，上城区文化馆直属团队只有几支队伍，已不能适应群众的需要。为此，文化馆要求每位业务干部每年须抓出有成效的骨干队伍 1～2 支，年底进行考核。全馆同志深入群众、调查研究，与文艺爱好者广交朋友，到 2006 年，已有直属队伍 36 支。通过示范与指导，各街道、各社区也纷纷拉起自己的队伍，到 2006 年上半年已有几百支队伍活跃在城区的大街小巷了。在上级政府部门的关怀下，联合会的组织基础就奠定了。

4．完善设施，巩固团队

文化阵地是群众文化活动的基本条件，是服务基层、服务团队的载体。区委宣传部、区文广新局为了满足文艺团队队员的需要，保障文艺团队整体素质的提高，以更好地服务群众，积极引导社会各界，开发和建设公共文化设施，合理利用上城区的各个文化活动场所，开展资源共享活动，如文化馆、文化站阵地的免费开放，吴山广场、太庙广场、湖滨公园、伍公山戏台及辖区的文化资源都充分为团队开放，从而真正做到为民所用，确保文艺团队生存的基本条件，以更好地做到服务群众。

5．搭建平台，开展活动

联合会成立以来，在区文化馆、街道文化站等室内公共文化服务机构以及吴山广场、太庙广场、伍公山、钱塘江边等室外场地都组织开展了丰富多彩的文化活动。2007 年 11 月 11 日起，上城区投入资金开辟吴山文化大舞台,组织开展了"宣传学习十七大,建设品质示范区暨上城区百团百场文艺演出"。首场演出即吸引了上万的观众。接着,由该区近万名业余演职员组成的百支文艺团队,以宣传学习十七大精神为主要内容,一周定期演出两场,计划演出百场文艺节目,丰富市民群众文化生活,满足群众精神文化需求。百团百场文化大汇演活动(即"双百活动")使政府、群众文化团队、市民之间形成了良性互动,在完善公共文化服务体系、繁荣发展社会主义先进文化方面作出有益探索。

6. 关爱民工,促进和谐

外来务工人员作为城镇的新群体,作为享受当地文化发展的新成员,其文化需求还不能得到有效的满足。所以上城区文艺团队联合会在组织上城区居民参加文艺活动的同时,还非常重视外来务工人员的文化生活,特别开设了外来务工人员俱乐部。自2006年举办了首届"杭州市上城区外来务工者艺术节"系列文艺活动后,又相继开展了"城市一家人"外来务工者歌手大赛、外来务工者青年文艺新星擂台赛、外来务工者书画摄影展、外来务工者俱乐部专场文艺演出等多项活动。通过这些活动,使外来务工人员的文化需求得到一定程度的满足,有效地推动了上城区的文化建设,促进了社会的和谐发展。

(三)主要成效

成立于2007年的上城区文艺团队联合会是全省首家县区级文艺团队联合会,它通过建立规范的组织,把长期以来活跃在上城区大街小巷的"草根"文艺团队凝聚在一起,拥有了自己的管理机构、章程、会旗和会徽,从而结束了这些"草根"文艺团队此前松散无序的状态。如今,拥有397支各类业余文艺团队、12000名会员的上城区文艺团队联合会,在"和谐、健康、快乐"的旗帜之下,已成为推动该区精神文明建设、活跃群众文化活动的一支生力军。

1. 赢得了各级领导的高度重视

2011年12月15日,时任中共浙江省委常委、省委宣传部长茅临生就《杭州上城区组建文艺团队联合会创新群文社团管理模式》作出批示:"上城区组建文艺团队联合会,发挥政府主导引领作用,规范民间团队管理,提供资金、场地保障,并通过政府采购保证民间团体演出经常化,既推动了过去分散的民间团队向规范化、品质化发展,又调动了群众自我管理、自我服务的积极性,使人民群众真正成为文化建设的主角。这是贯彻中央和省委全会精神的创新做法,值得各地学习借鉴。"时任省委常委、杭州市委书记黄坤明也作了重要批示;其他相关的市、区领导也相继作出重要批示,要求认真总结经验给予推广。

2. 获得了展演展评的众多奖项

动员和组织广大会员开展创作,参与国家、省、市各级文艺比赛,分别有 183 人次、316 人次和 581 人次获得国家级、省级和市级奖项,如节目《欢聚一堂》在浙江省第八届老年文化艺术周上获得双金奖;《嘿,老哥们!》获得浙江省群星奖金奖;《火红的激情》和《欢乐的年代》分别摘取第十届香港国际中老年音乐舞蹈、服饰风采艺术大赛最高奖"金紫荆花奖"和组织奖,并双双荣获编导最高奖。2010 年,被浙江省文化厅评为首届浙江省基层公共文化服务创新三等奖。2011 年,又被浙江省文化厅评为浙江省公共文化服务体系示范项目。

3. 聚焦了各大媒体的宣传报道

上城区文艺团队联合会的团队建设也赢得了外界的赞誉,2009 年6 月5 日,《杭州市上城区活跃着 346 个业余文艺团队,每个周末都有广场演出,老百姓登台唱主角》的文章在《浙江日报》头版头条发表;2009 年 6 月 23 日《杭州日报》头版、2009 年 5 月 10 日《杭州日报》以及浙江省教育科技频道《走进今天》栏目、杭州电视台五套《品质时空》栏目都介绍了上城区文化馆文艺团队联合会发挥优势打响群众文化品牌的重要做法和取得的成绩。在 2009 年 9 月的《浙江文化》月刊,2010 年 5 月 1 日《浙江老年报》头版头条,2011 年 11 月《浙江日报》的头版都有介绍文艺团队联合会的报道。

（四）几点启示

1. 发挥了群众文化建设中文化的公益性

"双百活动"完全是政府搭台、群众唱戏的舞台,政府买单、群众免费欣赏的文化盛宴。活动既宣传先进文化,又使广大群众的闲暇时光得到有益的利用,遵从了公益性原则。

2. 发挥了群众文化建设中群众的主体性

群众既是观众也是演员,既是享受主体,也提供了文化产品。同时,群众文化团队有了实地锻炼机会和演出平台,团队群众演员水平得到提高。

3. 发挥了群众文化建设中政府的主导性

文艺团队联合会的成立,较之于以往分散的民间文艺团体,政府主导作用尤为明显,使其朝着秩序化、规范化、品质化发展。"双百活动"使政府公共服务功能更加强,政府在人力、财力上对活动进行了有力扶持,对场地进行协调,使民间艺术团体资金短缺、人才短缺、场地短缺等基本问题得到较大改善。

4. 发挥了群众文化建设中团队的自治性

政府不可能包揽所有的工作,团队联合会的成立则是一个有益补充,是群众自治、自我服务在文化建设上的一种体现。"双百活动"由政府牵头,但在具体节目运行、团队管理上,联合会较好地发挥了自治性。（上城区文化馆 黄宝森 许柳雅）

典型案例 2

整合资源打造地方金名片——百叶龙

长兴民间艺术精品"百叶龙"以其清新秀丽而又气势磅礴的艺术特色成为中国民间艺术的瑰宝。长兴县林城镇的民间舞蹈"百叶龙",自1956年登上艺术舞台至今,曾荣获全国第十届"群星奖"金奖,成功出访新西兰、韩国、法国等国家和我国香港、澳门地区,并已七赴北京演出。改革开放以来,应邀参加县级以上重大庆典及赛事文化活动130多次,共获得"群星奖"等8个国家级奖项。2009年新中国成立60周年庆典,"百叶龙"应邀前往北京献上精彩的演出,赢得了中央领导、国庆联欢晚会指挥部、导演组以及亿万观众的高度赞誉,成为国庆盛典的一大亮点、各大主流媒体争相报道的一个热点。"百叶龙"不仅经常被国内媒体关注,而且被拍摄成电影纪录片、电视专题片。多年来,上级文化部门多次亲临指导,不断提升"百叶龙"的表演艺术水平。2010年,长兴县文广新局对林城"百叶龙"项目基地给予专项拨款,建立了"百叶龙"展示馆和"百叶龙"幸福大舞台。长兴"百叶龙"于2005年被浙江省人民政府确认进入首批非物质文化遗产名录,2006年被国务院确认进入第一批国家级非物质文化遗产名录,2007年"百叶龙"商标被评为浙江省著名商标。林城镇也先后被命名为"浙江省民间艺术之乡"、"中国民间艺术之乡"。"百叶龙"已成为长兴县的一张金名片。

为做大、做优、做强"百叶龙"文化品牌,更好地传承、保护和弘扬民间艺术,近年来,长兴县在加强对"百叶龙"民间艺术进行普及、创新、提高的同时,大力培育民间"百叶龙"表演团队,积极发展"百叶龙"文化产业,并取得了初步的成效。

（一）统一认识，高度重视，建立健全组织领导体系

"百叶龙"作为一项具有浓郁地方特色的民间艺术，一直以来缺乏传承培训的有效机制和措施，在一定程度上制约了其对外交流和创新发展。这一现状引起了市、县领导的高度重视，对"百叶龙"艺术的发展和提高提出了一系列重要意见，要求创新破难、加快发展，做大做优做强百叶龙艺术品牌。县政府还承诺，大力培育"百叶龙"表演业余团队，鼓励"百叶龙"表演业余团队外出展示，凡"百叶龙"对外交流演出，由政府买单，并将"百叶龙"舞蹈作为群众体育健身项目向群众推广。在省、市文化部门领导和专家的关心指导下，通过反复论证完善后，县委、县政府下发了《长兴县"百叶龙"艺术培训基地建设实施方案》，筹措资金 100 万元，在全县范围内选择了具备民间艺术传承条件的学校、部门和乡镇作为 12 个艺术培训基地。2004 年，长兴县建立了 12 个"百叶龙"艺术培训基地，由县委副书记任组长，县委常委、宣传部长和分管副县长任副组长，基地各成员单位主要领导分别作为领导小组成员，领导小组下设办公室，对各基地的建设工作进行日常指导、协调和督查。选择了 13 个具有较强经济实力和优势的部门和企业作为艺术培训基地的成员单位，制订了基地建设的各项保障措施，明确了各基地不同阶段的建设目标和相关部门的工作职责。

（二）集思广益，反复论证，确定了传承与创新相结合的发展方向

艺术的生命在于不断创新。传统的"百叶龙"表演显得单调、笨拙，"百叶龙"表演业余团队参差不齐，县委宣传部和文体局共同组织召开了著名民间舞蹈艺术专家、长兴"百叶龙"民间艺人以及市县文化部门领导、业务人员共同参加的"百叶龙"改编创新研讨会。研讨会确定了传承与创新、普及与提高相结合，注重舞蹈意境的提升，使"百叶龙"成为灵性的、人性的、诗意的民间艺术精品的改编创新原则，并就"百叶龙"演出形式、演员选拔标准、辅导培训办法、道具制作工艺更

新、演出服装设计风格、伴奏音乐制作版本等相关问题形成了可行性意见,并对"百叶龙"表演业余团队进行培训。此次研讨会所提出的改编创新方案付诸实施后,已经取得可喜的成果,小龙龙杆制作工艺的更新、演出服装融入时代特色的设计制作等等均在原有的基础上实现了较大的突破,"百叶龙"表演业余团队的表演能力也有很大的进步。

(三)明确职责,健全网络,充分发挥各艺术培训基地的作用

2004 年 4 月底,12 个基地负责人从县领导手中接过了长兴县人民政府命名的"百叶龙"艺术培训基地的牌子后,12 个基地、12 条"百叶龙"就开始全面进入了建设和编排阶段。长兴县"百叶龙"业余文艺团队根据实施方案和集中辅导排练的总体安排,各基地制订了本单位的实施计划,成立了相应的工作班子。各基地所在单位的主要领导都为第一责任人,分管领导或分管艺术教育的副校长为具体责任人,各基地还分别选定一名中层骨干作为联络员,负责上下工作联络,选定或外聘一名舞蹈老师负责日常排练。各基地强有力的工作班子,为培训辅导工作的开展提供了坚强的后盾。

(四)周密安排,精心筹划,文化部门担当起组织辅导重任

长兴县"百叶龙"业余文艺团队本着"政府主导、市场化运作;专业团体、业余演员;龙舞为主,兼融其他"的组团原则,以公开考核、专家评定、择优录用的形式,现已成为以龙舞为主打节目,兼融其他优秀民间艺术的综合性表演团体。作为"百叶龙"艺术培训基地建设的政府职能部门,承担起了各基地艺术人才的选拔、培训和辅导,"百叶龙"节目的创新、编排,服装、道具、音乐等设计制作的联系,对外交流和演出的组织等相关业务工作。

长兴县"百叶龙"业余文艺团队采取了专家辅导与县文化馆舞蹈老师日常排练辅导相结合、县内民间艺人负责舞龙技巧传授的办法来实施和落实培训任务。各阶段排练辅导计划的排定、完善、下发和实施,

省内外专家辅导人员的邀请和接待,音乐服装道具设计和制作反复修改联系的每一个过程,各基地分散排练时辅导人员的合理选派,每周一次的各基地建设工作进程情况汇总,基地之间排练道具的调配和供给,每次集中排练期间演职人员快餐、点心、饮用水、防暑用品等后勤保障以及面上的协调配合等等,这些错综复杂的具体工作,文化部门的领导和相关工作人员以不厌其烦、无私奉献的精神抓好工作落实。省级专家经常说:"真为你们长兴人对'百叶龙'的认真态度和敬业精神而感动。"专家打消顾虑,主动进基地进行面对面的示范、面对面的辅导,使舞龙队员掌握了舞龙要领和技巧。

(五)构建平台,壮大文艺表演团队

近年来,长兴县利用"幸福乡村大舞台",探索弘扬民间文化新路径,建设培育文化人才队伍。民族民间文化艺术扎根于群众之中,如果离开了群众文化活动,就会成为无源之水、无本之木。长兴文化底蕴丰厚,民间艺术绚丽多姿,以"长兴百叶龙"为龙头的民间艺术争奇斗艳。在开展"幸福乡村大舞台"活动中,不仅发动各基层组织、民间文艺家,社会各界积极参与,还挖掘了每个村落的传统文化,注重发挥群众的首创精神,鼓励群众自编、自导、自演节目。文化部门对农村传统文化艺人进行专门培训辅导,成立"百叶龙"业余文艺团队,培训业余文艺骨干,并通过"周周演"活动,把民间文化艺术的传承与保护看成是群众文化活动发展创新的广阔舞台,在群众文化活动过程当中传承创新民间文化艺术,从而形成长兴特有的民间艺术传承保护和群众文化活动共赢机制,为保护弘扬传统民间艺术提供了新路径。(长兴文化馆)

典型案例 3

永康农村业余文艺团队生机勃发

健美操《青春荡漾》、新疆舞蹈《大坂城的姑娘》、歌伴舞《走进新时代》、爵士舞……每当夜晚来临时分，永康市象珠四村的操场上激情飞扬。18 名村表演队队员，在队长徐爱君的带领下，正积极排练自编自创的各种新节目。

徐爱君说："这些新节目以舞蹈为主，有 8 人组、10 人组等等。舞步基本上是我们自己编排的，有时也请专业老师前来指导。一般，每晚练 2 个小时。大家的积极性都非常高，因为我们经常要到外面参加文艺演出呢！这是有荣誉、有面子的事情！"

在永康市有数百支像象珠四村这样的基层群众业余文艺团队，活跃于全市城乡。在新农村建设中，他们有意识地进入到一个从自娱上升到娱人，再通过学习提高而达到再娱己、再娱人的螺旋式上升的良性循环状态。

（一）600 多支业余文艺团队

目前，永康市各镇街道区已有业余文艺团队 600 多支，队员 18000 多人。其中，永康市戏曲协会演艺队、丽丰社区大众乐队、古山三村志愿宣传队、园丁社区民乐队、象珠四村演出队、全民健身第 6 辅导站文艺队等一批优秀的文艺团队，在全市遍地开花，成为开展基层群众文化活动的中坚力量。

永康市文化局以基层群众文艺团队建设为抓手，通过制度建设、开展汇演、经费支持、骨干人才培养等系列措施，推动全市的群众文艺团队活动，取得了良好的效果。

永康市以基层群众文艺团队为一盘棋，创新机制，激励他们健康有序地开展活动,共同开创了全市群众文化活动欣欣向荣的局面。据不完全统计,近 3 年来,全市农村就有 35 万余人次参加了各类群众文艺团队的活动演出。全市的群众文化活动呈现出一片繁荣,使得群众得欢乐,社会得和谐。

(二)政府采购,群众文艺团队送戏下乡

随着实施农村群众文化繁荣十项工程的推进,送戏下乡作为一项重要的内容在实施。在送戏下乡的活动中,群众文艺团队提供的节目占总量的六成。农村群众文艺团队,更是成为了送戏下乡资源富矿区。

如古山三村志愿宣传队,有 36 名队员,包括灯光音响、报幕摄像、节目创作、前台后台等人员。该队申请参加了市文化局组织的"种文化活动",提供了 18 个保有节目,如舞双狮、快板、小品、说唱和各类舞蹈等等。

在节目创作、更新者朱仙南的带领下,队里还创新了 8 个节目:古装敬老小品《还恩记》《补缸》,计生小品《欠一点》《小丑学健身》,传统杂技《调花钹》等等。

永康市文化馆馆长胡驰鹤介绍说,优秀的群众文艺团队,由政府出资采购节目送戏下乡。一种是整台演出由某一个文艺团队独立完成,表演时间在 1 个半小时左右,费用为 2000 元左右。另一种是打破团队采购,选取各团队的精华保有节目。

群众是文化艺术的创造者和享受者,也是群众文艺团队建设创新的主体,通过规范的管理、合理的引导,让他们在新农村建设中发挥出更大的力量,其实也是给他们施展文艺才能打开一个更广的舞台。

古山三村、胡库下村、象珠四村、派溪吕、芝英镇演出队等等都参与了政府采购。根据演出的场次得到一定资金补助后,群众文艺团队的积极性又得到了很大的调动,形成了一个你追我赶、百帆竞胜的向上局面。

（三）考核机制，激发群众文艺团队活力

哪些文艺团队符合采购标准呢？首先是考核名列前几名的团队，其次是有发展苗头和潜力的团队。上等级，成为激活农村群众文艺团队建设的一项新的机制。

永康市文化广电新闻出版局出台了《永康市业余文艺团队考核定级办法》。办法规定，每个达到规定人数的文艺团队，只要每年坚持活动达到一定的数量，都可以申报定级。各个级别的团队可以得到不同的资金补助和技术支持。

"舞台演出活动主角是群众，台下的观众还是群众。"去年，永康市戏曲协会演艺队、丽丰社区大众乐队、园丁社区民乐队、全民健身第6辅导站文艺队等15支较为优秀的文艺团队，参加了紫微公园的水上舞台的考核评级。在这个自主参与、自我展示的舞台上，每支团队都成为耀眼的明星。考核评级的演出，极大地激发了大家的活动热情，在锻炼中不断成长，不断提高水平。

随着考评定级工作的推进，永康市各地优秀的团队和优秀节目都浮出了水面。市文化馆就将这些优秀的节目，作为全市送戏下乡的政府采购基础节目，通过适当的加工整理，将具有各地特色的节目作为送戏下乡的重要内容。

在永康民间，有数量不少的民间职业剧团，每年都要组织考评，并且积极鼓励优秀演员参加职称评定，激发演员学习热情，推动剧团的演艺水平，提高他们的艺术水平。

（四）"土八路"培养成了艺术骨干

据悉，从2007年始，永康市每年有计划地组织100至200名文艺骨干培训。三年间，分别进行了排舞和民族舞初级和提高班的培训、主持人培训等。永康市实施的文艺人才提升工程，增加了群众文艺团队的后劲。

如文艺团队优秀节目主持人培训，学员由团队推荐为主，面向社会吸收一部分爱好者。为保证培训效果，培训采用小班教学，每期25人，共分4期。教师由金华及本市资深主持人担任。

通过培训，学员们普遍反映主持基本功和临场应变能力都有显著提高。农村文艺队伍也达到了不光会唱、会跳，还会"说"的高水平，增强了他们的自身整体的活动能力。

这些骨干大多是"土八路"出身，却成为了文艺团队中的艺术种子，在全市数百个团队里生根发芽，成为带动团队提高水平和推动活动向良性方向发展的重要力量。

（五）活动是生命，创新文艺团队建设

几年前，象珠镇派溪吕村在文化馆帮助支持下，成立了"十八蝴蝶"表演队。不久后，就受邀参加了宁波象山开渔节、浙江广电"我爱观众节"、省宣传部在杭州市吴山广场、武林广场举办的"千镇万村种文化展演展示活动"、宁波"首届国际港口民间艺术展演"等活动。前段时间，还参加了北京·浙江名品中心主题宣传月大型活动。

这支表演队组建的成功，显现了永康市农村群众文艺团队建设创新的一角。热火朝天、有声有色、影响大的团队，不但自己"独乐乐"，而且走出社区、村庄，把节目送给别人，让更多的人分享他们的快乐，达到"众乐乐"。群众文艺团队建设的创新，无异对基层文化建设有着不可估量的价值。

"活动是业余群众文艺团队的生命。根据统一安排，永康市每两年都会举办农村文艺汇演和社区文艺汇演。"胡驰鹤说，文艺表演有四个发展过程，初步是接受、欣赏表演，然后是参与、融合其中，再是创造和表演的过程，最后是展示演出。这样一来，群众就从看演出的观众，成为了一个表演者。

同时，不同村、镇之间的文艺交流，促使全市群众文艺团队建设"动起来"。各群众文艺团队都在汇演中纷纷亮相，不少包含丰富内涵

的传统民间文艺活动团队,得以新生。也有不少的新文艺团队,在多次的汇演中锻炼成长起来。

创新是永恒的主题。农村文艺团队是群众文化的主体,群众文化活动的骨干力量,群众文化活动的生力军;在新农村文化建设中,作用举足轻重。

石柱镇前郎村,每年春节有联欢晚会、夏季有纳凉晚会。主角是村里常年活动的六、七支文艺团队,少儿、少年、青年、中年、老年各个年龄段都组织了队伍。一年四季,队伍活动从不停歇。(永康市文化馆 李杰 李梦)

典型案例 4

发挥余热　突破非遗保护瓶颈

在钱塘江的源头,有个小山城——开化,一早,樊禹雄就背起他的"两大件"摄像机、照相机搭车去了长虹乡的茶园。今天主要是拍摄龙顶茶的手工制作过程,他爬上高高的山峰,俯拍了整个绿绿的茶林。而后,围绕龙顶茶制作的七大工序,一步步跟踪拍摄,不断转换角度,转换位置,从早上一直忙到黄昏。有时,为了效果好点,他要重复几遍,这对于一个六十多岁的人来说,实在太累了。有人劝他歇歇,他总笑着说:"没事,喜欢就不累。"

是的,喜欢就是享受。樊禹雄一辈子从事文化工作,对开化文化事业有执著的爱,虽然两鬓已是斑白,但精神很好。2007年,开化文广新局准备进行全县范围内的非遗普查,这可是一个大工程。开化素有"九山半水半分田"之称,地域面积大,人口居住分散,仅凭几个文化员,仅靠那点专项资金,是远远不够的。新上任的文广新局局长方金全正在苦思办法,樊禹雄主动请缨,他愿意再献余热;不少文化战线的老同志和非遗爱好者闻讯,也纷纷表示,愿意不计报酬参与到非遗工作队伍中。就这样,2007 年 7 月成立了浙江省第一个非遗保护协会,由樊禹雄任会长。协会内设传统演艺、传统工艺、民俗、摄像采录 4 个工作室,并在乡镇建立了 6 个分会,每个乡镇都建立固定的信息网络,现已吸收会员 261 名。其中"五老"(老艺人、老教师、老专家、老干部和老村民)是协会主要资源,大家都因共同的兴趣爱好与社会责任感而集聚在一起。

普查是非遗工作的基础,非遗协会成员横向到边、纵向到底,分片包干,对全县各村进行拉网式普查,弯弯的山道上,留下了他们跋山涉水的足迹,偏僻的村落中流下了他们不辞辛劳的汗水。

文化馆老馆长徐增源加入非遗协会后,就被苏庄"香火草龙"缠住了,不顾自己的高血压,从城里到苏庄富户有六七十里路,还要转车。徐增源多次自费跑到苏庄富户村,对苏庄草龙进行推陈出新,制作了成型龙头,改手举草龙为捧举龙身。此后,对开化苏庄草龙的出场请龙、呼龙,场地表演等传统,进行发掘整理和编排。那段时间,徐增源就扎根在富户村,手把手指导农民舞草龙,草龙舞得越来越灵动了,可他却得了面瘫的病。当人们问他何苦如此?这位头发斑白的老人只说了声:"我喜欢,值。"他的论文《开化苏庄草龙的文化溯源》在《浙江文化月刊》发表,另一篇论文《钱江源中秋舞草龙的文化源流及传承发扬》在 2011 年中华·中秋论坛代表发言。这条草龙被评为第三批国家级非遗保护项目。

为了 312 句的"九娘歌",樊禹雄领着县里的非遗工作者跋山涉水来到平坑,找到老艺人陈思君,一遍一遍录音,一句一句整理,一点一点辅导,一忙就是半个多月。《开化满山唱(九娘歌)》的老歌者深情地说:"亏得你们,否则自己百年后,九娘歌可要失传了。"一年后,这位歌者安静离去,他留下的歌却仍在传唱。经过他们的努力,2009 年,开化长篇叙事山歌——《九娘歌》被评为浙江省非遗普查十大新发现之一;开化县非遗保护志愿者协会被评为浙江省非遗保护十大新闻人物之一,同时被评为浙江省非遗普查先进集体。县文广新局被评为全省非遗普查工作验收优秀单位,在全国非遗普查现场会上,宣讲推广了非遗保护的开化经验。

非遗工作,关键在于保护与传承。开化非遗保护协会工作者设立了"香火草龙"传承基地,"高跷竹马"等 15 个重点非遗项目传承基地。苏庄镇初级中学被评为"香火草龙"的省级非遗传承教学基地。有些非遗工作者年岁已高,身体不好,但一有任务仍翻山越岭跑去。身体复原的徐增源老师担任苏庄镇初级中学舞龙队指导老师,樊禹雄考虑到徐老师身体状况,想换个人来指导,但徐增源一听急了,"我要的不是名分,草龙舞是我一手挖掘整理出来的,音乐、动作,我熟悉,别人教,我还真不放心,我身体能顶得住。"苏庄成了徐老师第二个家,每到周末,他常常搭车来苏庄镇中学,耐心细致地把舞草龙技艺教给读书的孩子们,一教就是一个下午,也没有报酬。你说他图什么?不但自己掏腰包,还要花费大量的精力和体力。他说:"舞龙技艺从老祖宗那儿传下来,不容易,现在好的东西都在流失,我趁活着的时候,带带他们,希望能将舞草龙技艺代代传下去。"

开化县现拥有县级保护非遗项目 101 项、市级非遗保护项目 29 项、省级非遗保护项目 11 项、国家级非遗保护项目 1 项,在全省处于前列。这些都是非遗工作者不懈努力的结果。浙江省文化厅非遗办主任王淼在诗歌《我歌唱开化非遗保护志愿者协会》这样描述:"不需要酬劳,不需要鲜花/母亲河钱塘江源头的志愿者群体/为了人生更精彩/更为了维护共有的精神家园"。是的,为了非遗的事业,他们继续跋涉,他们撒下一路的情与爱。(开化非遗民间保护协会)

第六章 浙江省农村文化志愿者队伍建设

志愿者从事的社会活动称作志愿服务活动。这是一种以人性、利他、责任为特征的道德行为。在我国,志愿服务虽然还处于发展完善阶段,但经过20余年的发展,以2008年北京奥运会为契机,我国志愿服务事业取得了跨越式发展,志愿服务事业产生了明显的社会效益和广泛、深刻的社会影响。

文化志愿者是志愿者群体的重要组成部分,是文化社会力量之一,是文化建设和管理的重要推动力量。文化志愿者是指那些不以物质报酬为目的,利用自己的时间、文艺技能等自愿为社会和他人提供公益性文化艺术服务和帮助的人。文化志愿者与提供生活帮扶服务的普通志愿者相比,专业性更强,可根据自身的经济状况、特长、艺术修养,通过举办文化机构、捐赠文化资源、辅导培训、传授技艺等诸多途径参与文化建设和文化管理。① 作为文化个体或团体,经有关管理机构审核登记后,即可成为注册文化志愿者或文化志愿服务团(队)。在新农村文化建设中培育和壮大文化志愿者队伍,广泛开展文化志愿服务活动,能够满足人民群众日益增长的多方面、多层次、多样性的精神文化需求;提高人民群众的思想道德素质和科学文化素质,促进人的全面发展;在全社会营造鼓励文化创造的良好氛围中,让蕴藏于人民群众

---

① 刘吉发,金栋昌等.文化管理学导论[M].北京:中国人民大学出版社,2013:179

中的文化创造活力得到充分发挥,使人民群众成为发展和繁荣社会主义文化的主体;文化志愿服务活动可谓社会主义文化大发展大繁荣实现方式的新突破,在保障人民群众基本文化权益以及让文化改革发展成果惠及最广大人民群众等方面发挥着十分重要的作用。

一、浙江省农村文化志愿者队伍的形成和发展

文化志愿服务是新时期开展公共文化服务的重要方式,也是增强文化自觉的良好载体、展示文化自信的重要平台、实现文化自强的有效途径。随着浙江省改革开放的不断推进,我省公共文化服务体系建设日趋完善,2002年12月,舟山市义工艺术团应运而生,成为浙江省首支文化志愿者队伍。2008年6月,地处宁波东郊的浙东名镇——鄞州区邱隘镇正式成立首批56名文化义工队伍,分成广场活动组、场馆管理组、演出活动组等3个服务队,进行日常性的文化服务。宁波邱隘镇文化义工的出现,作为沿海经济发达乡镇文化义工的样本,在中国社会转型期,提供了一条探索公共文化服务的成功路径,其成效是显而易见的。同时,全省各地纷纷建立文化志愿者队伍,组织各种文化志愿活动,制订完善各种文化志愿者招募、管理、服务、激励等工作制度,实现文化志愿服务经常化、规范化、网络化发展态势,使文化志愿者在浙江农村公共文化服务中发挥着"四两拨千斤"的作用。

(一) 浙江文化志愿者队伍兴起的背景

浙江省农村文化志愿者队伍的形成、服务、发展、规范绝非偶然,有其特定的政治、经济、社会和文化背景。

1. 经济的快速发展为文化志愿者队伍的兴起奠定物质基础

改革开放,使浙江经济步入发展快车道,2013年全省人均GDP为

63266 元,全省财政总收入 6408 亿,地方公共财政预算收入 3441 亿,全省城镇居民人均可支配收入 34550 元,农村居民人均纯收入 14552 元①。浙江省的经济繁荣,社会稳定,催生了浙江大地文化志愿服务精神和公共文化服务意识。近年来,各级政府自觉加大对农村文化的建设力度,积极构建公共文化服务体系,2013 年省委、省政府把农村文化礼堂建设列入政府民生实事工程,仅 2013 年全省就完成 1337 个农村文化礼堂,让公共文化遍及乡村;浙江的社会各界也纷纷响应,一个"政府主导、社会参与"的文化建设高潮日益兴起,富裕的农民自筹资金办剧团,城乡、农村一支支农民文化队伍日渐活跃,为浙江农村文化志愿服务发展奠定坚实的物质基础。

　　2. 政府重视是文化志愿服务稳健有序发展的保障

　　浙江文化志愿队伍的发展壮大与浙江省各级党委政府及文化部门的重视和支持是密不可分的。浙江文化志愿服务组织是在《浙江省推动文化大发展大繁荣纲要（2008—2012）》精神指导下,围绕"文化强省"的战略目标,各级文化部门精心组织,认真招募,规范运作。浙江省文化厅主动把"文化、志愿、服务、基层"四个元素融合起来,凝聚社会力量,推进基层公共文化繁荣,全省有序、规范建立了省、市、县、乡、村五级,共 3 万余人的文化志愿服务队伍,将"送文化"和"种文化"结合起来,"文化配送"、"文化走亲"等多种群众文化活动服务基层的形式不断涌现。原浙江省吕祖善省长率先示范,为文化志愿者树立榜样。许多地方政府十分重视文化志愿服务事业的发展,给予专门的经费、编制和场地,并制定了一系列政策,领导多次视察志愿工作、慰问志愿者代表,解决实际困难。

　　浙江文化志愿服务工作一直受到了社会各界的广泛关注。各级主流媒体及时报道文化志愿服务活动,对志愿服务中的一些困惑和问题进行引导,使得广大民众对志愿服务工作有一个正确的认识。社会关

---

　　① 　浙江省统计局 2011 年统计年报。

注,是推动浙江文化志愿服务工作事业发展的重要动力。社会的关注和志愿者组织的积极行动,内外合力使得志愿服务的社会影响力日益扩大,越来越多的人了解文化志愿服务,并加入成为注册志愿者。

总之,文化志愿者的出现是浙江省经济社会发展到当下历史阶段的结果,它既反映了社会的进步与需求,也反映了文化志愿者自身的需要,彰显了进入小康社会的人们更加注重精神文化生活的美好诉求和时代特点。

3. 文化大发展大繁荣是文化志愿者形成和发展的内在动力

党的十六大提出,推进社会主义文化大发展大繁荣,为浙江省全面小康指明方向,全社会构建公共文化服务体系成为文化发展的第一要务。浙江省率先提出"文化强省"的建设目标,结合浙江实际实施文化发展八大工程,一方面,各级政府着力构建省、市、县、乡、村五级公共文化服务体系,特别是定位"精神家园"的农村文化礼堂建设,不断满足农村人民群众日益发展的文化需求,针对公共文化服务体系建设面临财政、人力等因素制约,急需寻求"政府主导、社会参与"的共建方式,文化志愿者队伍建设可以有效解决公共文化服务体系的瓶颈制约,同时,文化志愿者队伍建设既有力地推进了我省公共文化服务体系建设的进程,又有力地解决了农村公共文化服务体系的人力、财力等资源有限的问题,同时也为广大志愿者提供了施展文艺才华、奉献、服务的平台。

另一方面,随着国民科学文化素质的普遍提高,越来越多的群众不再满足日出而作、日落而息的农耕生活,也不再满足吃饱、穿暖的枯燥单一的物质享受。富而思乐,农民对文化生活的渴求日益增长。一方面,人民群众对文化的渴求和参与不再是以前的奢望,而成为人民生活的重要组成部分,成为人民的基本权益;人民群众追求基本权益也不再是看看戏、读读报等单纯的欣赏型活动,求新、求美、求乐成为农民文化的主旋律,广大文艺爱好者努力转换角色,争做农村文化的传播者、生产者,自觉体现人生的社会价值。近年来,文化生活成会人们对小康生活的重要指标,统计结果显示,浙江省城乡居民总体文化需求,从"十五"期初至"十一五"期末,近十年间,总体呈上升趋势。需求总量,从 296.94 个点增至 369.45 个点,总增量值为 72.51 个百分点;需求均值从 10.60 个点,增加至 13.19 个点。[①] 浙江大地广大农民参与文化活动的热情一浪高过一浪,风靡城乡的街舞、摇滚音乐、农村舞龙(狮)队、民间吹打队、腰鼓队、街舞队、农民摄影沙龙等等,既体现大众文化的普及,更有独特艺术的追求,"阳春白雪"和"下里巴人"各种各样的文化式样层出不穷,人民群众自觉成为农村文化的主角,人民群众对文化的渴求和参与促进文化志愿者的兴起和发展。志愿者在农村"种"文化活动中,以"1×10×10"的模式快速发展,极大地激发了村民参与文化活动的愿望,带动了大多数村民参与文化活动。

此外,浙江悠久的历史文化为浙江文化发展提供了不竭的文化资源,浙江文化名人不胜枚举;历史文化遗产源源不断。2007 年全省重点调查了 15 万个非遗项目,至 2011 年,浙江省累计有 8 个项目入选联合国教科文组织非物质文化遗产名录,国务院已批准公布的三批国家级非物质文化遗产名录中浙江占 187 项,[②]浙江入选数量均居全国首位。浙江省第三次全国文物普查圆满结束,调查总数、登录总数及新发现总数均居全国首位。大运河(浙江段)保护和申遗工作持续推进,申遗点段的保护、整治工作进展顺利。考古工作取得了重要成果,余杭玉架山遗址获评"2011 年度全国十大考古新发现",良渚古城考古项目获得国家文物局田野考古一等奖,国家水下文化遗产保护宁波基地象山工作站揭牌成立。宁波象山"小白礁Ⅰ号"沉船水下考古项目成功实施,填补了浙江省水下考古发掘项目的空白。浙江自然博物馆、中国丝绸博物馆、宁波博物馆被国家文物局评定为国家一级博物馆,全省一级博物馆总数上升至 4 座。浙江地域文化资源丰厚,成就了大

---

① 吴福平,浙江省群众文化调查报告,2010 年 4—12 月。
② 摘自浙江省文化厅非物质文化遗产统计资料。

批地域文化传承人。文化传承人专业的文化技能成为浙江文化传承中的骨干力量,为浙江文化志愿者服务提供不竭的人脉资源。

4. 自愿奉献的志愿理念营造了文化志愿者的社会氛围

在社会主义文化大发展大繁荣的新形势下,社会对文化需求日益呈现出多样性和差异性,而经济社会的进步发展又使得文化在社会民生方面的作用越发凸现。但是,一方面,公共文化服务单一依靠政府主办已远远不能满足广大人民群众对文化多样性和差异性的需求,尤其是基层文化普及和提高的需要,培训辅导师资严重不足;另一方面社会上具有一定文化技能和素养的个体希望实现自身价值和参与文化服务的意愿也越来越强烈,公共文化服务急需寻找一种新的拓展途径。在这种背景下,公共文化服务体系人力保障借鉴当代志愿者组织建设的成功经验,尝试以文化志愿者这种模式来强化公共文化服务人力保障,扩大服务范畴。同时,2008年5月汶川地震后,中国社会的志愿服务精神深入人心,这一基于公民责任的志愿精神和理念,在一定程度上推动了浙江文化志愿队伍的发展。以自觉行动为主导的内在发生型模式的特征日益明晰,多年来形成的浓厚的基层群众文化氛围里,一批有文艺专长的业余骨干和热心于公共文化服务的志愿者,萌生出为公共文化服务、体现社会价值的意愿。

(二) 浙江文化志愿者队伍的组织构成

浙江农村文化志愿者队伍从无到有、从弱到强,经历兴起和发展阶段,无论是文化志愿者队伍本身,还是文化志愿者的服务活动,都有一个明确的组织结构和规范的组织流程,从而在公共文化服务中体现出有序的服务状态。文化志愿者队伍由个人和团体两大块构成,其服务内容广泛,涵盖了公共文化服务的各个门类。

1. 文化志愿者队伍基本构成

浙江省农村文化志愿者队伍总体分为个人和团队志愿者两大构成

形式。日常通过网络报名、现场招募,乡镇(街道)文化站常设招募点等多种方式进行招募。目前全省已有3万余名个人、千余支文体团队。人员涉及层面宽泛,涵盖各级文化、教育、新闻部门从业人员,热爱群众文化事业的社会各界人士,一些长期活跃在基层社区的业余文艺骨干和文艺团体报名尤为踊跃。群众文化的多样化和多元化,也需要文化志愿者提供多层次、特色化的文化服务项目。农村文化志愿者队伍成为繁荣农村文化的生力军,他们以精湛的艺术、热情的服务在农村文化的绘画、音乐、舞蹈、曲艺、摄影、表演、写作、书法等多个艺术门类中服务基层群众。从文化志愿者组成人员看大致分为三类:一是以省文化馆专家为主的专家级志愿者,为农村文化提供高档次专业的指导;二是拥有文化艺术特长的志愿者,如社会文化指导员、农村文化特派员、文艺团队骨干等,为农村提供经常性的文化艺术指导;三是热爱文化艺术,愿意为文化艺术事业奉献智力、财力、精力的志愿者,为农村文化提供力所能及的服务。

2. 文化志愿服务内容基本构成

新时期农村文化志愿服务重点有四个方面内容:一是开展文艺创作和演出。积极创作演出具有时代精神、贴近人民生活、群众喜闻乐见的文艺作品,以歌舞、小品、表演唱等多种表演形式,深入农村文化礼堂、社区、企事业单位,为百姓送戏上门,以生动活泼的形式开展形势、政策宣传教育。二是开展文化技能培训。发挥专业优势,根据群众需要,不定期地举办免费的书法、美术、摄影、器乐、写作等文艺技能培训班,普及文艺知识,培养后备人才,提高我省农村文艺创作水平。三是开展文化公益讲座。在节假日不定期地推出系列专题讲座,宣传介绍本地的风土人情、历史文化;举办群众性的诗词鉴赏、文物鉴赏讲座;开展文化法律法规的宣传教育。四是开展文艺辅导。深入社区、农村,为基层的业余文艺团队进行音乐、舞蹈、戏剧、曲艺等方面的现场辅导。努力挖掘和整理乡土文化,通过辅导,让大批民间艺术重放异彩,让群众得到文化的滋润。如浙江金华市文化志愿者把服务内容主要定为农村"种文化",通过文化志愿者深入农村文化服务,传授文化技能,为农村文化繁荣造就大批"草根文化人才";又如三门县"文化特派员"机制,其工作内容主要为"送文化"、"种文化"相结合,既要帮助农村组织文化活动,又要辅导文艺人才,还要指导文化项目建设等等。

(三)浙江农村文化志愿者队伍的基本特征

随着文化志愿服务的推进,浙江农村文化志愿者队伍建设渐趋规范,招募、服务、运行、管理等方面都积累了丰富经验,形成服务网络,和其他志愿者队伍相比较,具有六大显著的特征。

1. 队伍的专业化

浙江农村文化志愿者队伍的组成成员有其明确的专业分工,各地既有按艺术大类分为视角艺术、表演艺术、科普技术等,也有按照志愿服务的工作岗位分广场活动组、演出活动组、场馆管理组、电影放映、文艺晚会策等,在招募志愿者中,除了有奉献精神外还必须具备一项或多项文艺特长或者文化管理能力的人员。因而,全省3万多名文化志愿者成员都有较高的文艺素养,他们在绘画、音乐、舞蹈、曲艺、摄影、表演、写作、书法等多个艺术门类中具有较高的造诣,其中不乏各类大赛及专业领域的佼佼者,可为基层提供诸如文艺辅导、活动策划等服务。

2. 项目的品牌化

浙江农村文化志愿者队伍在省文化厅的正确领导下,从民间的文化服务入手,注重抓好"送文化"、"种文化"等活动,积极拓展服务领域,着力打造农村公共文化服务品牌。省文化馆组织的"耕山播海"文化志愿活动和省级专家志愿者结对农村文化礼堂行动等;嘉兴市打响"百姓课堂"公益文化品牌;舟山市围绕"舟山群岛2009中国海洋文化节"主题,由100名文化志愿者组成的服务队提供礼仪、向导、表演、互动、安全等方面的服务；定海区注重服务农渔村基层群众，针对农渔村群众文化生活相对缺乏的实际，结合全区"种文化"活动，组织发动"丝竹乐社"、"定海区越剧艺术中心"、"靓姨舞蹈队"等一批文化志愿者团队"送戏下乡"赴乡镇演出；金华市"千名文化志愿者联千村"合力"种文化"的特色品牌，全省文化志愿者已形成一批服务农村的公共文化品牌。

3. 运行的制度化

文化志愿者队伍以"文化部门主导，民间组织运作，社会各界参与"的方式，广聚地方文化资源，搭建文化服务平台。无论是文化志愿者的招募、登记、分工，还是组织运行、管理，回馈，都有一整套健全的工作制度，浙江省级层面有《浙江省文化志愿者管理办法》，各地、县、乡镇也都有相应办法、制度作保证。特别值得一提的是嘉兴市文联、文广新局始终把文化志愿队伍的工作机制建设作为文化志愿者服务工作的基础来抓。先后成立了嘉兴市文化志愿者服务工作领导小组、嘉兴市文化志愿者服务总队及其各专业支队、区域支队和嘉兴市文化志愿者服务指导中心，印发了《嘉兴市文化志愿者管理办法（试行）》等11项规章制度，建立起覆盖市、县、镇三级文化志愿服务网络体系和一套涵盖文化志愿者招募、注册、培训、评价、管理、激励、宣传的制度。建立了"招募有程序、培训有计划、义工有档案、服务有分类、人员有保障"的文化志愿者"五有"工作机制，即通过严格审核认证、定期业务培训、动态档案管理、细化分类服务、保障义工权益等五个环节，确保了文化志愿者的高素养和服务的高水准。

4. 服务的常态化

浙江农村文化志愿者服务活动呈现状态化特色，没有"运动式"或者"一阵风"现象，各地着眼农村公共文化服务体系建设，自觉把文化志愿者队伍纳入公共文化服务体系重要的人力资源，既把他们当作农村"送文化"的骨干力量，又把他们当作"种文化"的重要师资力量，千方百计设计服务平台，根据志愿者的文化特长和个人意愿，开展文化服务活动。如三门县文化特派员为不断满足农民群众多方面、多样化的文化需求，精心挑选培养热心公益事业的文艺骨干分子，派驻到村，并采取以点带面的方式，发展一批"文化示范户"和"民间艺术能人"。各地文化志愿者队伍围绕农村公共文化服务进行状态化服务。

5. 管理的网络化

浙江省文化志愿者队伍经历几年的发展探索，省以文化厅牵头建立了浙江省文化志愿总团，各地建立地市文化志愿者服务总队和下属专业分队，县市建立文化志愿者服务大队，乡镇建立文化志愿者服务队。各单位（部门）形成"左右联动，上下配合、紧密协作"的组织运行模式，初步建成"总分相联、条块结合"的文化志愿服务网络体系。"总分相联"的纵向服务网络体系是：地市文化志愿者服务总队，负责全市文化志愿者队伍建设、日常管理、活动规划和协调运作的具体工作。同时，根据地域区块、工作单位分组，相应成立若干支文化志愿者服务支队，负责管辖区域内的文化志愿者管理，分别由全市各乡镇（街道）及文联、总工会、团市委等组成。"条块结合"的横向服务网络体系是：按文化服务内容进行分类编排，根据志愿者的文化专长和志向进行分组，设立专业服务队，包括文艺演出队、书画艺术队、艺术培训队、电影放映队、文书代写队等。全省文化志愿者进行基本信息登记和管理，根据居住区域，形成纵向网络；根据兴趣特长，形成横向分队网络。各级文化志愿活动，由上一级服务队总体协调，乡镇（街道）以下的文化志愿活动，由乡镇服务队负责协调，形成文化志愿者服务快速调配机制。根据基层文化需求，形成"出菜单—定项目—调队伍—去服务—听意见—再改进"的菜单式服务模式。各专业小组由市文化志愿者服务总队协调。同时，为方便服务、及时沟通，各级还积极运用信息化平台，构建文化志愿者网站，建了文化志愿者 QQ 群，促进文化志愿者的信息交流，便捷协调、快速反应，提高文化志愿者队伍的服务效能。

6. 激励的人性化

建立完善文化志愿者的激励回馈机制是一项促进志愿队伍长效

发展的重要环节。浙江各地十分重视志愿者队伍的评星晋级及激励回馈,根据志愿者参加服务的情况记录和业绩进行综合评定,一年一度定星评级,成绩优异,推荐各地党委政府予以表彰奖励。注重文化志愿者的精神激励、情感回馈,通过组织与制度上的强化,形成一种长效工作机制。浙江农村文化志愿者组织体系建成以来,队伍迅速扩大,组织管理日趋完善,以保证每位义工都有合适的平台施展爱心和文艺特长,保证文化义工回馈激励措施的落实,促进文化义工组织的健康长远发展。嘉兴市、金华市结合工作实际,依据文化志愿者服务时间和服务业绩进行"星级"文化志愿者评选,义务服务时间累计达 50 小时以上的、200 小时以上的、500 小时以上的、1500 小时以上的、5000 小时以上的,分别授予一至五星级文化志愿者称号,颁发"星级文化志愿者证书",给予一定的物质奖励。业绩突出,贡献较大,社会反响良好或者累计服务时间较长的星级文化志愿者,可获文化志愿者杰出贡献银星奖;服务年限长,社会影响大,成绩显著,贡献很大的文化志愿者,可获文化志愿者终身成就金星奖,借此提升志愿者荣誉感,确保文化公益服务的长期性、有效性、可操作性。宁波邱隘镇文化义工管理中,强调通过对义工服务的计时管理,进行年度或季度的回馈,安排服务时间较长的文化义工享受文化活动,组织观看专场演出、参加短途旅游活动等。哪怕是因特殊原因不再从事文化义工服务的,文化义工组织让这些义工仍旧享受文化义工的权利,感谢他们曾经的义务工作。

二、浙江省农村文化志愿者队伍的管理及运行

文化志愿者的广泛加入、文化志愿服务活动的不断开展,助推了构建组织严密、管理规范、通联互动、集约高效、辐射全省、覆盖省、市、县(市、区)、镇(街道)、村(社区)五级的文化志愿者服务队伍,有效弥补

了文化建设领域政府服务和市场服务的不足,成为农村和社区文化队伍以及文化建设的重要补充。遵照公共文化服务公益性、基本性、均等性、便利性的要求,文化志愿者在农村的服务活动,可以推动社会主义先进文化在农村的扎根和生长。浙江农村文化志愿者源自民间、兴于民间,是什么力量使之运行有序、管理规范,而且能长效发展呢?浙江文化志愿10余年的工作实践作出了肯定的回答,浙江文化志愿服务已探索出一个规范的管理模式和运行发展机制。

(一) 浙江省农村文化志愿队伍的管理

浙江文化志愿者队伍在"自愿参与、各尽所能"的原则下,形成"纵横交叉"的服务网络体系,使之在公共文化服务中形式更加多样,内容更加丰富,成效更加明显,其根本原因是浙江农村文化志愿者队伍建设有一系列管理制度和管理模式。

1. 建立规范志愿者管理制度

自浙江农村文化志愿者队伍建立来,各地十分重视制度建设,各级纷纷出台管理办法,嘉兴市文广局、市文联制订《嘉兴市文化志愿者管理办法(试行)》、《嘉兴市文化志愿者服务队伍管理办法(试行)》、《嘉兴市文化志愿者服务总队管理办法(试行)》、《嘉兴市文化志愿者招募办法(试行)》、《嘉兴市文化志愿者登记注册管理办法(试行)》、《嘉兴市文化志愿者活动管理办法(试行)》、《嘉兴市文化志愿者培训办法(试行)》、《嘉兴市文化志愿者激励办法(试行)》《嘉兴市文化志愿者服务工作联席会议制度》、《嘉兴市文化志愿者服务工作材料、信息上报制度》、《嘉兴市文化志愿者服务工作督查制度》等11项工作制度,确保嘉兴市文化志愿者队的服务、管理纳入规范化道路。又如舟山市定海区出台了《定海区文化志愿者服务总队管理办法(暂行)》,在人员吸纳、服务内容、服务质量等方面进行规范。此外,还不定期加强对文化志愿者的相关业务培训和文化素质提升,提高其服务能力和水平。

　　各地各单位从贯彻落实科学发展观的高度,重视和深入开展文化志愿服务工作,作为当前完善农村公共文化服务体系、推进城乡一体化进程和文化大发展大繁荣的一项重要工作来抓。建立健全文化志愿服务工作机制,不断丰富和完善文化志愿服务内容和形式。各地文化志愿服务工作在党委政府领导下,以及地方宣传文化部门和志愿者协会指导下,实施部门分工负责、团结协作,按照有关规定,及时总结经验,反馈问题,推广典型经验,积极推进文化志愿服务活动有序开展。依托相关平台,建立、完善文化志愿服务组织与管理机构,负责本辖区、本专业文化志愿服务工作的总体策划、统筹协调和指导督促;镇(街道)也相应成立文化志愿服务组织与管理机构,有条件的地方积极向村(社区)文化活动中心(室)延伸,进一步完善省、市、县(市、区)、镇(街道)、村(社区)五级文化志愿服务网络体系,实现文化志愿者服务全覆盖。

　　2. 创建文艺人才储备库

　　随着招募活动的不断深入,文化志愿者个人及团队数量增长迅速。充分发挥这批文化公益服务人才专长,高效提升基层文化服务的公益效应,是浙江文化志愿服务实践过程中突破的一大瓶颈。从浙江省文化志愿者队伍看:省级以省文化馆专家为主组成专家服务队,及时为各地区提供高档次的艺术指导培训,

　　2013 年省文化厅着力组织专家志愿服务队对口指导各地农村文化礼堂,培育造就一批能策划、会组织、懂业务、善管理的群众文化专业队伍和文体骨干,以此推进各地基层文化服务;各地市以文化馆、文联等艺术人才为主组成各专业服务队,加强对各县区志愿服务的业务指导和服务示范;各县区、乡镇又建立服务队,面向农村,对口指导,深入一线,联镇驻村,帮助农村建设文化阵地、组织策划文化活动、开展文化培训等直接服务农村文化,满足群众日益增长的文化需求。例如,台州市三门县文化新闻出版局为每个志愿者建立了个人档案,同时在尊重志愿者个人意愿基础上,有意识地根据其兴趣特长、服务意向进行分类汇总,形成视觉艺术、表演艺术、文化宣传三大人才储备

库,并特别注重基层文化工作辅导人才的甄选储备,增强活动应变能力。一遇公益文化活动或基层有文艺需求,人才储备库便可快速启动,按需组团,提供优质服务。

3. 完善志愿服务网络体系

省建立文化志愿服务总团,各市成立文化志愿者服务总队,一般由分管副局长任队长,下设秘书处,负责文化志愿者队伍建设、日常管理、活动规划和协调运作的具体工作。同时,根据地域区块、工作单位分组,相应成立文化志愿者服务支队,负责管辖区域内的文化志愿者管理。各县(区)整合资源,按业务和文化服务内容进行分类编排,根据志愿者的文化专长和志向进行分组,设立专业服务队,包括文艺演出队、书画艺术队、网络宣队、图书服务队、艺术培训队、电影放映队、文书代写队、艺术品鉴赏队、文化市场监督队等,各专业小组由文化志愿者服务总队协调,具体由各小组长负责组织联系。对具有文化专业优势、宣传优势的相关社会力量进行排摸,发掘一批热心社会公益事业、认同文化志愿服务理念的人员,建立互助、合作的文化志愿服务伙伴关系,为文化志愿服务工作提供社会力量支撑。建立文化志愿者行动社会化动员宣传机制,及时畅通文化志愿者服务动员渠道,利用网络、QQ、短信、电话等工具,方便文化志愿者服务工作的开展;发挥文化志愿者的自主作用,使文化志愿者成为活动的参与者、设计者、组织者,实现文化志愿服务运行方式的自主化。依托志愿者协会的志愿者注册管理系统及其网站、论坛、QQ群等相配套的志愿者工作的信息化系统,积极推进全省文化志愿者志愿者注册管理系统的建设,有效加强对文化志愿者组织、文化志愿者队伍和文化志愿者服务活动的管理,增进相互之间的交流,大大提高工作效率。各地各单位加强对文化志愿者服务工作的宣传,努力使文化志愿者活动迅速拓展,最终成为"文化强省"建设的闪光点。

4. 重视志愿者队伍素质和技能培训

由于文化志愿者文化素质、技能参差不齐,为提高农村文化队伍素质,将这支文化志愿者队伍打造成业务精湛、素质精良、乐于奉献的农村文化队伍,浙江省各地结合实际分期举办音乐、排舞等文化志愿者培训班,培训宗旨是始终坚持以人为本的理念,努力实现共性培训模式向个性培训模式转变,真正做到"缺什么、补什么","少什么、学什么",按不同班次学员的不同培训需求设置教学课程,使他们学有所获,从而使组织需求与个人需求较好地统一起来,培训模式也日益创新。充分利用图书馆、博物馆、群艺馆、文化馆的专业人才优势,委托开展专门的辅导培训活动,注重针对性和专业性。培训内容包括各类文艺专业技能和志愿者的思想道德,以及农村文化管理中的图书管理员培训、文艺辅导员培训、舞台美术设计培训、灯光音响技术培训、活动策划培训等。同时,加强骨干队伍建设,注重培养青少年志愿者的加入,以增强后备有生力量。制定科学的文化志愿者上岗制度,舟山市还统一设计制作文化志愿者队旗、徽章,文化志愿者统一佩戴专属标志(证件)上岗服务,并完善入选和退出机制。适时成立文化义工协会或俱乐部,进一步完善机制、规范管理,促进义工之间交流,保障义工自身权益。

(二)浙江省农村文化志愿服务的运行机制

在新形势下,浙江省文化志愿组织进一步完善机制,创新方法,整合资源,形成合力,充分发挥服务内容本身的吸引力和发展持续性,有效促进农村文化志愿者活动的长效发展,农村文化志愿者队伍已由弱到强向成熟转变,志愿服务活动由以阶段性为主向经常性活动转变,志愿服务管理由松散型向紧密型、规范化转变。

1. 加强领导是志愿服务的保障

加强领导是保持文化志愿服务长效性的有力保障。《浙江省推动文化大发展大繁荣纲要 2008—2012)》明确指出,要推动文化志愿者队伍建设,广泛开展文化志愿服务活动,构建省、市、区、乡、村五级文化志愿服务网络体系。吕祖善在任职省长期间，就十分重视文化志愿者队伍的建设，并给予关心和指导。在前不久的 2011 年度浙江省博物馆志愿者服务分队表彰大会上，他表示，志愿者从事的是很有意义的工作，在当今社会，其精神尤其值得倡导，我也愿意做一名普通的志愿者，投入到相关的工作中去，并亲临现场讲解，作好表率。各级以宣传部门牵头，文化部门组建各级志愿者服务工作协调小组，建立工作联席会议制度，加强组织领导，制定活动计划，落实工作举措，规范服务管理；完善招募机制，及时发布信息，明确志愿服务所需的条件和要求，灵活采用多种形式招募志愿者；完善文化志愿服务领导机制，把文化志愿队伍建设纳入地方文化发展规划，完善培训机制，依托行业协会、党校、人事教育等各种培训基地，加强系统培训，提高服务能力；完善激励机制，把开展志愿服务活动纳入文明村镇、文明社区考核评比之中，营造良好氛围；完善投入机制，创新经费筹措模式，形成多渠道、社会化的经费投入机制，为志愿者活动提供有力保障。

2. 广泛参与形成志愿服务社会联动

文化志愿者服务活动是一项综合性、社会性非常强的工作，需要各参与单位、人员积极配合，形成合力，才能取得明显社会成效。各级党委、政府把文化志愿服务纳入到精神文明建设之中，推动工作深入开展，树立志愿服务者"奉献农村、服务农民"的崇高理念，各地结合当地实际，理清文化建设思路，制定农村中长期文化发展规划；密切联系群众，建立定期征求干部群众意见的制度，拓展服务思路，构成一个自律与他律、自觉与强制相统一的长效机制链，切实保障文化志愿者活动的持续长效。

3. 文化惠民凝聚群众的文化创造

文化惠民是保障全社会基本文化权益保障的民生工程。增强文化活动吸引力，扩大农村文化活动的覆盖面，扭转目前农村文化供求脱节、活动单调、缺乏吸引力的局面。各地在开展文化志愿服务活动时，根据农村文化的特点,以农村公共文化服务体系为依托,广泛开展内容丰富多彩、形式多样的农村群众文化活动。通过活动充分发挥农村文化的宣传教化、普及知识、调剂精神作用,促进农民群众形成共同的理想信念,提高思想道德和科学文化素质;把握文化活动规律,积极组织好春节、端午、中秋等富有凝聚力、亲和力的中国传统节日的民族民间文化活动。近年来,各地文化志愿通过深入基层培训辅导,大批民间艺术重放异彩,舞龙、舞狮、划龙舟、哑目莲、农民画、农民艺术节等一批文化活动植根农村,受到农民青睐,群众在文化志愿服务中得到文化享受的同时,许多群众积极参与活动,自觉成为农村业余文艺骨干和文化志愿者,群众文化队伍不断增长。文化志愿者在辅导培训中,加强对农民文化艺术技能与素养的培养,如对音乐、舞蹈、戏剧、文学、书画技能及创作技能等方面的培养。遵循艺术培养的规律,日积月累,循序渐进,逐步提升农民群众认识美、追求美、创造美的能力,从根本上激发农民对文化的热情和创新意识。

4. 强化服务增强媒体传播力度

各地在开展农村文化志愿活动时,充分运用有线、无线、卫星、互联网等各种传播手段,切实提高志愿活动的传播力和影响力。注重在村落文化、乡镇文化及区、市级文艺展演活动中提升社会影响力,积极参加省级甚至全国比赛交流活动,如嘉兴农民画、舟山海洋文化节等都在活动中提高品位,通过各种活动提升农民参与文化的兴趣,修正与提升农民的审美情趣。各地积极打造文化志愿服务的品牌活动,提高文化的传播能力,扩大文化的影响。如婺城区竹马乡的农民合唱节、金东区的农民文化艺术节,金华市的"城乡共庆元宵节"等,已成为当地人民群众盛大的文化节日,取得了较好的实际效果。创新方法,增强效果,不仅让更多的群众享受到了文化发展的成果,也得到了当地有关部门的关注和支持,为文化志愿者活动的长期发展打下了良好的基础。

三、浙江省农村文化志愿者实践
成果和社会价值

浙江是文化志愿服务的发达地之一。近年来,文化志愿者参与世博会、休博会、动漫节、女足世界杯、特奥会等各种大型文体活动 200 余个,文化志愿服务遍及浙江大地,无论是海岛、渔船,还是山区农村,都有文化志愿者"送文化"、"种文化"的身影;文化志愿服务在丰富浙江人文精神、增添社会和谐因子、促进人的自我完善和丰富生活方式选择等方面体现出特殊意义,成为浙江农村公共文化服务体系中一支不可或缺的服务生力军。通过几年实践,文化志愿服务成效显著,截至 2013 年底,浙江文化志愿者人数达到 3 万余人,志愿服务基地 401 个,地市级志愿服务组织 11 个,社区志愿服务队 1000 余支①,为农村公共文化服务提供不竭的创造力,涌现了嘉兴市文化志愿队伍建设、三门县农村文化特派员队伍、宁波邱隘文化义工等全国文化志愿服务先进典型。

(一) 浙江文化志愿服务发展成果

浙江文化志愿者队伍是我省公共文化服务体系中一支不可或缺的人力资源,有效调动社会文化志愿弥补公共文化资源的不足,提高公共文化服务水平和能力。文化志愿者服务在活动范围、活动形式、活动内容等方面不断充实,取得令人满意的发展成果。

1. 文化志愿服务范围不断扩大

志愿者开始多为公共文化机构和单位的文化工作者,志愿服务地

---

① 摘自省文化厅志愿者队伍统计资料。

点也往往遵循就近的原则。因此,作为公共文化机构或单位的博物馆、图书馆、美术馆、文化馆(站)等聚集了为数最多的志愿者,随着志愿活动的推进,志愿者队伍不断增加,他们的服务也随之不断扩大,不仅服务于这些机构、单位正常的场馆阵地活动,还积极拓展单位和场馆之外的群众文化活动,诸如推广各种广场文化活动、全民读书节活动、文化展演活动等,为基层农村培训了基层文体骨干,针对农村日益增长的文化需要。省文化馆组织 10 余名群众文化专家志愿者常年下基层巡讲培训,每年到各地巡讲 150 多场,培训骨干 8000 余名。2013年,浙江省、市、县 100 多支文化下乡演出队,下乡村、进礼堂巡演 1000多场次,大大地丰富了基层群众的文化生活。台州市三门县针对基层文化生活贫乏的现状,组织农村"文化特派员"深入联系农村,开展走访调查,发现各类"民间艺人",培训文体骨干,组建文体团队,经常性地开展各类小型文体活动,经过近两年的努力,各联系村已建成 120多支群众业余文化队伍,200 多名基层文化骨干活跃在乡村,38 名"民间艺人"脱颖而出,其中有 4 人被确定为台州市首批非物质文化项目代表性传承人。又如舟山市定海区组织志愿者"送文化"和"种文化"相结合,打造"百姓课堂"服务品牌,最大限度地满足农村群众的文化权益。

随着公共文化服务向深度和广度的发展,各地文化部门将志愿服务纳入到基层文化建设工作之中,深入社区、农村,开展艺术培训、艺术教育、组织民间艺术活动,以解决公共文化服务人才不足的问题。浙江宁波邱隘镇文化站,拥有 10000 多平方米的文化活动场馆和 1000多平方米的文化广场设施,而文化站正式和聘用人员仅 11 人。为解决人力严重短缺的问题,2008 年文化站向社会招募志愿者,被招募的 56名志愿者分别归入活动队和服务队。从 2008 年 5 月至今,56 名志愿者累计志愿服务时间 12000 余小时。

特别值得一提的是,2010 年起由文化部组织开展的"春雨工程"——全国文化志愿者边疆行工作。浙江省连续两年组织省内文化志愿者组成文化志愿团赴边疆民族地区开展文化援疆活动,通过组织文化志愿服务活动,在促进内地与边疆地区文化交流、活跃边疆各族群众文化生活、推动少数民族和民族地区文化事业繁荣发展上起到了积极作用。"春雨工程"活动通过为边疆民族地区提供文化志愿服务,拓展了文化志愿服务的空间范围。

2. 文化志愿服务形式不断创新

公共文化志愿服务面向基层、面向广大人民群众,满足人民群众的文化需求,是文化志愿服务的根本任务,志愿服务的供需对接是志愿服务工作的重要环节。浙江农村文化志愿者组织注重服务形式创新,不仅重视大型节会的文化服务,从场馆既定活动的指导辅导和培训等服务中走出来,面向基层,着眼盘活基层文化资源,注重基层公共文化阵地建设,针对基层文化阵地利用率偏低的情况,文化志愿者协调各方关系,综合各类基层文体资源,提升人气,提高基层文化俱乐部利用率。如舟山市定海区白泉镇的基层文化俱乐部,整合了村办公楼、村老年活动中心、"农家书屋"、"白泉影院"、村远程电教点和文化信息资源共享工程服务点等多种功能,最大限度地发挥了基层文化俱乐部的作用。又如台州市三门县珠岙镇西陈村的基层文化俱乐部,整合了村办公楼、村老年活动中心、"农家书屋"、"云林影院"、村远程电教点和文化信息资源共享工程服务点等多种功能,最大限度地发挥了基层文化俱乐部的作用。农村文化特派员在盘活基层硬件资源时,更将县级文化部门"送文化"的"软件"资源以最佳方式配置到联系村,并进行创新,将"图书漂流"方式引入联系村的"农家书屋"。2008年,三门县共完成送戏下乡100场,送放电影下乡2900多场,送图书2万多册,基层文化资源"活水"常流。杭州市江干区充分发挥文化志愿者主观能动性和示范带头作用,在全区建立了120个"一社一品"社区文化特色品牌,实现文化志愿服务"全覆盖"。如今,仅庆春广场每天至少有15支群众文化团队活动,"曲艺新天地"演出密度由"每周一场"向"每天一场"扩容,演出形式由"纯专业"向"专业+群众"拓展。在文化志愿者带动下,广场文化由庆春广场"一核"向各街道(镇)文化广场"八心"延伸,全年共举办广场文化活动 1934 场次、放映电影 1381 场次,参与群众超过百万人次,基本实现"月月有主题、周周有活动、天天有惊喜、场场吸引人"。

"唱响文明赞歌"浙江省文化下乡活动,将"送文化"和"种文化"结合起来,拓展了文化惠民的方式。自 2010 年以来,省文化馆招募文化志愿者组建声乐专家辅导团、戏剧专家辅导团、优秀获奖歌手展演团和优秀戏剧节目展演团,面向革命老区、少数民族地区、海岛、山区,与当地共同举办大、中型示范演出和举办声乐理论、声乐演唱、戏剧小品表演讲座、辅导活动。示范性演出和面向基层的文化辅导紧密结合,不仅创新了文化志愿服务的形式,也提升了文化下乡活动的成效。

3. 文化志愿服务内容不断丰富

随着时代的发展,公共文化服务项目、内容也在不断的扩展。在做好已有服务项目、内容的同时,找寻新的增长点,以满足社会不同阶层、不同年龄层次群众多样性、差异性的要求,不仅是公共文化机构、单位面临的现实挑战,也是文化志愿服务工作新的课题。2008 年,浙江宁波市文化馆开展志愿服务艺术培训项目——"群星课堂"活动,除开设民间艺术、现代文化艺术培训课外,新开设文体健身系列培训课程,瑜伽、女子防身术等课程的开设,受到群众的欢迎,课堂内听课的群众场场爆满。浙江上虞发挥文化志愿者队伍的作用,不断开辟"虞舜讲堂"、"市民讲坛"、"虞舜论坛"等,全面提升市民文化素养。各地围绕党的重大理论学习教育活动,文化志愿者积极主动指导基层文化俱乐部开展文体活动,如活动组织策划、作品创作编排、节目排演指导等,2014 年,上虞区组织志愿者排练一台"学最美人 做最美事"专题文艺晚会,巡演 30 余场,唱响主旋律,打好主动仗。广大文化志愿者充分利用自身的特长和部门优势,组织开展了农民文化节、农民运动会、社区"种文化"联谊晚会、社区排舞比赛等一批特色文化活动,极大地丰富了农民群众的文化生活。在文化志愿者的影响下,基层文化爱好者越来越多,绍兴市"戏迷角"遍及社区、公园,成为绍兴群众文化的一大亮点,群众参与文体活动积极性越来越高。2013年,全省文化志愿者联系村居共举办各类文体活动近2000场次,各类队伍人数约80000多人,人数最多的一支队伍达300多人,参与活动人数达40万多人次。文化志愿服务内容从演出、电影放映逐渐向文化培训、文化策划、公共文化直通车等方面拓展,涵盖了公共文化服务的内容,群众的基本文化权益得到真实的保障。

(二)浙江文化志愿服务的社会价值

浙江文化志愿者服务的不断深入,创新农村公共文化服务形式,有力促进农村文化大发展大繁荣,是浙江文化的一支重要力量。在不断的服务中实现文化繁荣等社会价值。

1. 创新了公共文化服务形式,让文化真正惠及民众

文化志愿者参与到公共文化服务体系中,是文化服务的形式创新。文化志愿者服务队区别于一般文化工作者队伍有四个不同特点:一是自愿性,凡参加者自愿加入,自愿开展服务,不求报酬;二是广泛性,通过精心策划和广泛宣传发动,可以吸纳社会各行各业的文化爱好者积极参与,包括有艺术专长的社会人士,专业文艺团体从业人员,民间文艺团队,文化、教育、新闻界的从业人员,以及对文化工作有热忱并愿意参与文化活动的社会人士等;三是互动性,文化志愿者在参与志愿服务活动中,相互切磋、互相学习,并实现资源共享互动。四是共享性,文化志愿者以自己的文化专长和艺术才华为社会和大众提供无偿服务,自身则在参与的同时享受文化熏陶,通过社会义务劳动实现人生价值。文化志愿者的服务重点在于义务文艺演出、图书馆社会服务、文博服务、艺术培训与辅导、艺术展览、信息技术服务、非物质文化遗产保护等。在这样的过程中既创新了服务形式,又让文化惠及民

众,真正受益的是广大人民群众。浙江省舟山市普陀区非物质文化遗产保护中心就是借助于文化志愿者的参与,使得濒临失传的瀛州走书得到传承,普陀区的跳蚤舞、渔工号子、渔民画、舟山锣鼓、船拳等非物质文化遗产培训班的开设也在拟定中,对非物质文化遗产的保护起了重要作用。

2. 开创公共文化供给新途径,实现文化服务多元化

开展公共文化服务,如何突破财政经费和人员力量的制约,走出一条创新服务之路呢? 浙江省农村文化志愿者开创公共文化服务的新途径,其最大作用是发挥了公共文化服务体系的社会价值,基层文化供给方式初步实现从"政府+市场"向"政府+市场+群众+志愿服务"转型。文化志愿者的出现对进一步丰富公共文化服务内容,提升公共文化服务质量,增强公益文化服务的凝聚力和辐射效应成效明显。其体现的社会价值表现为:一是有利于在全社会形成关心文化、支持文化、共建文化、共享文化的良好社会氛围;二是有利于积极鼓励和引导社会力量参与公共文化建设;三是对于提高城乡文明程度和农民文化素质,构建和谐社会起着重要的作用。浙江农村文化志愿服务提升公共文化服务质量,推动文化建设起到了重要作用。有效突破制约公共文化服务的财政经费制约、人员力量不足两大瓶颈,创新思路,化解难题,创新的举措值得推广。

3. 崇尚精神文化追求,开启文化志愿新风

志愿精神是中国民间的传统文化和传统精神的延伸,是传统文化在当代的另一种表现形式,并赋予时代意义。无论是儒家的"仁者爱人",还是墨家的"兼爱";无论是道教的"功过格",还是佛教的"慈悲为怀",其都拥有浓厚的爱人济世色彩,其济人、利人、惠人的思想与志愿精神是一致的。作为近现代社会的新生产物,志愿精神从这个意义上讲,从西方引入的志愿文化对我国传统文化的仁爱思想起着提升的作用。不论是传统的仁爱精神还是近现代的志愿精神,两

者都崇尚精神文化追求,值得现代社会提倡,是开启文化志愿新风貌的开端。

文化志愿者在公共文化服务体系中的作用是巨大的,充分利用现有公共文化体系,发动志愿者的广泛参与,不乏为新时期群众文化建设中的新途径。

四、浙江省农村文化志愿者队伍建设典范

随着浙江公共文化服务体系的逐步建立,各地文化志愿者(或称文化义工)队伍也日益壮大,成为服务社会、服务百姓的一支重要力量,越来越受到社会各界的关注。纵观浙江农村文化志愿队伍建设,可谓群芳争艳、亮点凸现,虽然各地文化志愿者的概念、名称、组织方式、运作方式等有所不同,但整体都是围绕农村文化惠民这个中心,提供更多更好的农村文化产品和文化服务,积极开展"送文化"、"种文化"活动,呈现出农村文化大发展大繁荣的局面,积累了各个层面文化志愿服务的宝贵经验。本节选编几个文化志愿活动的典型案例,以飨读者。

典型案例 1

邱隘镇文化义工:给力公益文化建设

宁波市鄞州区邱隘镇文化义工给力公益文化建设,打响了品牌,创出了业绩,成为文化部"文化志愿者制度"课题的研究对象和全省各地文化站考察、学习的焦点。

早在 2008 年,随着镇文化站工作的全面推进,文化活动不断增加,文化站原有 11 个在编人员已经无法适应繁重的日常工作。当时每

次活动时已经有一些铁杆的文艺爱好者帮忙张罗一些杂务,受此启发,站长竺培勤想到是不是可以招收一批文化志愿者参与到日常的文化活动的组织、管理上来。没想到,启事一登出,立即引来一帮热心的文艺骨干。

邱隘镇的文化义工主要有三类:一是针对剧场、图书馆的场馆服务队;二是为在文化广场上参与活动的群众提供服务的广场服务队;三是为全镇群众提供喜闻乐见的文艺表演的演出服务队。目前,邱隘镇共有镇级文化志愿者 84 名。

对文化志愿者的管理,邱隘镇有一系列的制度。招收上岗,有注册登记制度;开展服务,有计时管理制度。文化志愿者统一登记,统一配发服装和上岗证;两月一次参加业务培训,一年两次享受文化回馈,年终评选十佳文化志愿者。

文化站的工作人员说,自从文化义工来帮忙后,演出时剧场内的秩序好了,"以前一些观众习惯边看演出边吃瓜子。演出结束,地上到处都是瓜子壳。义工上岗后,瓜子壳乱吐的情况基本消失了。"群众演出时有人组织、服务了,"以前老百姓晨练跳舞,没人领队组织;广场演出需要布景,没人及时帮忙。现在好了,义工们随时就在身边,问题很快就解决了。"邱隘镇还从宁波甚至外地请来专业教师,在文化站开办舞蹈、武术等培训班,培训邱隘的文化义工,然后由文化义工到广场教群众,每过一段时间,邱隘镇文化站都要对培训过的项目进行比赛,提高群众的专业水平。邱隘镇镇北社区的文化义工李亚玉,就是在这样的氛围中成为社区的排舞领队。她所带领的社区排舞队,两年时间就由十几人发展到近百人。

正是文化义工的公益服务,使越来越多的邱隘群众喜欢上了文化活动,积极投入到文化活动中去,形成了高度的文化自觉。天天有教练,月月有培训,项项有比赛……群众文化使邱隘镇人文化生活变得丰富多彩,邱隘文化城成了邱隘镇 11 万新老邱隘人的文化大超市,有 115 支业余文体团队、84 名文化义工、4000 多名群众文化爱好者活跃在文化城里,仅去年,邱隘镇就在文化城里组织各类培训185次,受益群众7000余人次。

据统计,成立四年来,邱隘镇的文化义工已经为全镇群众提供了近20000小时的文化服务。

文化义工为大家服务,也享受服务。每年,文化站都会举办专场演出或举办参观活动慰问文化义工。为大家服务是一种幸福,享受关怀更是一种幸福。很多文化义工开玩笑说:"要说幸福指数,我们文化义工恐怕是镇上最高的。"

典型案例2

不计报酬"驻点联村"种文化
——三门县文化特派员活跃在农村

冬日的傍晚,在三门县海游镇后郭村的广场上,一支舞姿优美、步伐整齐的排舞表演队正在演出。走近一看,是一群农家妇女。满脸汗水的文化特派员许美娇告诉记者,眼下三门县14个乡镇的文化俱乐部里,活跃着53位文化特派员,她是其中的一员。

"许美娇的名气可大了,她是我们村的大红人!"据了解,许美娇一人还兼任着达田村、前郭村、后郭村等邻近村的文化特派员。"从扭秧歌、打腰鼓,到太极拳、功夫扇,她什么都教,挺忙的。"

三门有53个一类农村基层文化俱乐部,但由于缺少文化带头人,长期无人牵头组织活动,俱乐部大多成了一种摆设。如何激发农民的文化活力?三门县探索建立农村文化特派员制度,大力引导专业文化人才以"驻点联村"的方式开展文化服务活动。近几年,按照双向选择的原则,从文化、教育系统选派53名文艺骨干担任农村文化特派员。在选派过程中,注重把各个村的特点与特派员的特长结合起来,做到"因村派人、因人定村"。驻村前,又组织人员对53位文化特派员进行了排舞、腰鼓、木兰扇文艺培训，同时开设特派员活动中心，定期开展各类座谈、联谊交流活动，切实提高特派员的业务水平。

近年来，三门县大胆创新文化人才工作机制，精心组建"农村文化特派员"队伍，有力促进了农村文化事业的发展和繁荣。他们先后举办了3期"文化特派员"培训班，定期开展各类座谈、联谊交流活动，切实提高特派员的业务水平。"文化特派员"驻村后，以加强公共文化设施建设为重点，想实招、办实事、求实效，大大缓解了农民群众看书难、看戏难、看电影电视难等问题。截至目前，共新建省级文化示范村2家，乡镇综合文化站12个，"农家书屋"73个，基层文化俱乐部442个。完成送戏下乡150场，送放电影下乡3080余场。"文化特派员"在结对活动中，开展"民间艺人"的挖掘和培育工作，挖掘出民间艺术带头人38名，其中4人被确定为台州市首批非遗项目代表性传承人。同时，加强对农民的文艺培训，排舞《好日子》、道情《走进新三门》等一批农民表演团队参加台州市第四届农民文化节获广泛好评。文化特派员精心组织开展农民文化节、"乡村大舞台"、乡镇"种文化"联谊会等特色文化活动，极大地丰富了农民群众的文化生活，深受农村群众的喜爱和欢迎。

文化特派员同时又是调研员、教练员、管理员和组织员。他们为满足农民群众多方面、多样化的文化需求，还在各个派驻村挑选数名有专长且热心公益事业的文艺骨干分子，进行重点培养，并采取以点带面的方式，发展一批"文化示范户"和"民间艺术能人"。对一些偏远乡村和农村特困户，文化特派员尽力帮助他们实现5项基本保障：拥有一份常年适合的读物、一件基本的视听设备、每月参加一次文化娱乐活动、每月观看一场电影、每季度看一场戏。同时，还动员各联系村广泛建立文化团队，鼓励各种形式的农民自办文化，以农民"自创、自演、自乐"的方式，丰富农民的文化生活。

典型案例 3

把文化播撒到每个角落

——舟山市文化志愿者纪事

文化如水,滋润心田。

夜幕降临,华灯初上。千岛之城——舟山,海风带来阵阵海浪声,音乐伴随着人们的欢笑声,传遍每个角落;

海边的码头上,在渔船灯光的照耀下,渔嫂们踩上了城市人的舞步,阵阵爽朗的笑声传出很远;

岛城的广场、小公园、戏曲角,传出流行音乐、传统越剧,细听其中还夹杂着几百乃至上千人整齐的脚步声;

偏僻的农家小屋里,三五个挽着裤脚的农民拿着最新的时尚杂志,聚精会神地阅读……是谁让整个岛城沉浸在文化的欢乐海洋中?

这里,有一群人的奉献功不可没,他们有一个共同的名字:文化志愿者。

2009 年 7 月,在舟山跨海大桥开通前,市委宣传部审时度势,谋划建立了一支信奉"奉献、友爱、互助、进步"志愿精神的文化志愿者队伍,旨在把文化的种子播撒到每个角落。

定海区文化志愿者服务总队队长汤赛虹还记得,短短 7 天时间,有 600 多位热心市民报名参加,有 17 支业余艺术团队以团队志愿者身份报名。志愿者中,有教师、学生,也有军人、退休干部和社区群众,年龄最小的 18 岁、最大的 69 岁。

感动不仅于此。把最好的文化送到社区、农村、企业、军营,给缺少文化生活的渔农民、外来民工、部队官兵带去欢声笑语,很多志愿者都不惜精力体力日夜排练。舟山市越情工作室的张秋蓉,平时加班加点,在演出那天累得浑身无力、腹泻发烧,临上场时她赶到医院打了一针,然后精神饱满地站到舞台上。

也许有人不理解,既不能领到工资,又无演出费可拿,为何这些人乐此不疲地做一名文化愿意者?

"为群众送去快乐,正是自我价值的最好体现!"这是普陀区文化志愿者蒋晓敏的话,也是舟山 5200 余名文化志愿者的心声,在奉献中实现自我价值,在奉献中汲取快乐。

涓涓细流汇成江河。正因为有了一个个文化志愿者的倾情付出,岛城的每个角落才浸润着文化的气息。尽管文化志愿者队伍才成立短短一年,但其品牌影响力已逐渐显现。据统计,目前文化志愿者全年送戏 300 场以上,送电影 5000 场以上,送辅导 50 期以上。

送文化关键还要"种"文化,让志愿者播撒的种子留在每个地方生根发芽。

每个星期四下午,定海区文化馆的"百姓课堂"准时开课,广场舞、书法、国画、摄影,只要你想学,可以随时报名上课。

"这些老师都是专家级的,如果外面去上一堂课,至少上百元,但这里却是完全免费的。"聊起这些志愿者,"百姓课堂"的主办方定海区文化新闻出版局的负责人总有一份感动在心中。据介绍,"百姓课堂"文化公益培训,采取全免费、全自愿、全方位和有求必应的方式,为群众提供文艺培训辅导。为了边缘小岛、渔农村的需求,文化志愿者们无私奉献、有求必应,课堂从固定变成了"移动",还采用了"菜单式",不断拓展门类,延伸到戏曲综合艺术、合唱、舞蹈、演讲与口才(企业专场)等,满足广大渔农民的需求。

岱山县直接把 35 名文化志愿者聘为全县"种文化"辅导员,通过文化馆"引"请省市老师来岱山辅导培训,提高他们的业务素质;再通过他们"播""种",深入全县渔农村开展各类文艺培训,形成"一人带一户、一户带一片、一片带一村"的文化建设新格局。

嵊泗县菜园镇通过文化志愿者,根据群众的兴趣和爱好,有针对性地举办戏曲、舞蹈、曲艺、乐鼓等培训和辅导,并挖掘和提炼特色文化元素,将船头、船舵及船上的起网机、驾驶盘、柴油筒、打水筒等工具制成模型,配上鼓乐,组建了由 19 位渔嫂参加的菜园阿姐团船鼓队等,使基层群众从"看客"变身为"主角"。

在普陀的文化志愿者小院,书香弥漫,各种各样的图书满足了各类人的需求:农民看农业技术、工匠看室内装饰、家庭主妇看烹饪……

坚持比理想更重要,行动比激情更重要。深深水静静流,有了文化志愿者的坚持不懈、无私奉献,舟山在大桥时代,其文化的发展势必会成为城市自信的表现、开放的表现。

典型案例 4

嘉兴市文化志愿活动丰富多彩

嘉兴市在推动文化大发展大繁荣中对文化志愿服务队伍建设、活动开展、机制建设进行积极探索,充分发挥了志愿者的作用,推进了"文化大市"建设。

嘉兴市始终把文化志愿队伍建设作为重点工作来抓,使队伍建设有了新进展,为繁荣城乡文化提供了坚实的保障。一是搞好宣传。志愿服务体现着公民的社会责任意识,志愿服务发展水平反映着社会文明程度。志愿服务以自愿、无偿为前提,以弘扬志愿精神为核心,能够把服务他人、服务社会与实现个人价值有机结合起来,引导人们在做好事、献爱心的过程中陶冶情操、提升境界,有利于倡导爱国、敬业、诚信、友善等基本道德规范,提高公民思想道德素质,把建设社会主义核心价值体系的任务落到实处。二是搞好招募。在组织程度较高的重点部门,群众参与面较广的重点领域,采取集中招募和日常招募的方式,通过现场、电话、网络等多种手段进行登记、注册,形成了市、县(市、区)志愿者协会,乡镇(街道)、社区成立志愿者服务站(点),单位成立志愿者服务(总)队的相互补充、协调管理的志愿者活动组织网络体系。目前,市区已经有近万名文化志愿者,全市 74 个镇(街道)、120 个社区都建立了志愿者服务站(点)。

嘉兴市文化志愿活动注重围绕中心工作,积极丰富活动载体,成效明显。一是围绕丰富城乡居民的文化生活,组织文化志愿者开展"送文化"活动。有一年春节、元宵期间,市书法家协会、美术家协会多次组织文化志愿者走进社区、农村泼墨挥毫,为城乡居民创作对联、条幅、国画等 300 多幅书画作品。嘉兴市诗词楹联学会招募学会中有嘉兴文化积淀的文化志愿成员,向社区、民工子弟学校和高校推出公益性的"风雅禾城诗词讲坛"。嘉兴市音协民乐专委会组织文化志愿者在社区举办了一场庆祝改革开放 30 周年民乐专场音乐会,为近千名居民送去了精彩的表演。海盐县文化志愿者王健带着自己主办的《我爱我家》系列走进企业巡演 15 场。南湖区充分利用城市文化志愿者队伍丰富的优势,开展了城乡文化结对交流活动,有 503 对城乡家庭结成文化对子,并通过"五送"(送电影、送节目、送图书、送春联、送年画)把丰富的文化生活送到农户家中。二是围绕为基层培育文化人才,文化志愿者开展"种文化"活动。"种文化"的关键环节在于培养农村文化队伍,嘉兴市积极发挥城市文化的辐射作用,利用好文化志愿队伍,协助并指导各村开展文体活动,挖掘和培育一批农村本地的业余文体骨干。嘉善县通过壮大文化志愿者队伍,推动了"培养千名文艺体育骨干,万名业余文体爱好者"活动。目前,全市有 57 个镇建立了文化志愿者队伍,已建有农村文体团队 2000 多支。

嘉兴在做好文化志愿活动的同时,十分注重文化志愿队伍的服务机制建设。一是积极推进文化志愿者工作信息化管理。积极宣传志愿精神,引导社会各界参与支持志愿者队伍建设。市志愿者协会开发和完善了志愿者服务网站,开设工作报道、地方传真、媒体关注、风采展示、进步学堂、品牌工程等栏目,开设志愿者注册管理系统、QQ 群相配套的信息化管理工作系统,有效地推进了文化志愿服务工作。二是建立健全文化志愿者管理制度。成立了嘉兴市志愿者艺术团,建立了党政机关文化志愿者团队。为提高文化志愿者服务素质,全市各地按照文化志愿者服务项目,加大了对文化志愿者的管理力度和培训力度,加强了志愿服务管理体系系统化、规范化建设。市志愿者协会邀请上海华东师范大学的社会工作专家作了"志愿服务与和谐社会构建"讲座,提高志愿者服务水平。

典型案例5

我对民乐一直有个梦
——记嘉兴市优秀文化志愿者姜双根

姜双根老师,1950年4月出生,从小喜爱民族音乐。自20世纪60年代末古筝民乐专业中专毕业以来,一直热爱和从事民乐工作。

2002年,姜双根老师凭着一位民族音乐专业者的满腔热情,抱着为群众做点实事、在嘉兴推广民乐的激情和责任感,在原来自己所从事的曲艺团伴奏的基础上,自愿掏钱创办当时还没有自己名称的民乐队。

依靠自己的民乐专业知识和原来在曲艺团工作的影响力,姜双根老师投入了全部的精力,把分散在社会各个方面的民乐爱好者召集起来,从十多个人开始起家,正式诞生了民乐队。为克服训练场地困难,姜双根老师四处奔走,联系场地,在没有任何企业赞助的情况下,咬咬牙自己出钱租下场地,安顿民乐队进行排练和指导。

成立民乐队后,姜双根老师一方面用自己的收入定期支付场租费,一方面制订排练与演出的相关活动制度。规定每周五晚上必须召集民乐队员集中训练和合排。待一个个动听的民乐节目合练满意后,又分头到社区和部队联系,把这些优秀的民乐节目送到部门战士和社区群众中去。几年来,姜双根老师已先后与空军嘉兴机场等部队建立了定期演出制度,在每年的建军节、春节等节假日,都要带着民乐队前去演出。近年来,姜双根老师已先后到部队演出 10 多场次,到社区演出 20 多场次,免费为社区音乐爱好者培训 100 多人次。

2007 年,经过几年的训练和演出,民乐队的影响慢慢扩大了,队员渐渐多了起来。这让姜双根老师倍添了信心。8 月份,他自己出资 10 万元,向民政局正式注册登记了嘉兴市禾韵民乐团。禾代表嘉兴,韵是民乐美妙的旋律。为方便民乐爱好者参加学习与排练,姜双根老师又分别在市区城南路 449 号和城北路 158 号开设了南北两个民乐团训练场地,安排广大民乐爱好者培训和排练。为提高民乐排练效果,姜双根老师还在民乐团内开设了一个专门的"演播厅",供乐队录音。同时成立了一个培训部,开展非营利性的培训指导,若碰到演出任务,会增加训练指导次数和时间。又成立了一个演出部,专门组织外出开展非盈利性的演出展示活动,先后在党校中青年干部学习班等场合开设民族音乐欣赏会,向他们进行民族乐曲和民族乐器的介绍。

为更好地在广大青少年学生中普及推广民乐,2010 年,姜双根老师又在市区阳光小区设立青少年民族音乐培训基地,定期下学校,向学生介绍和辅导民乐知识,开展民乐培训,普及民乐课程。南湖区辅成教育集团辅成小学民乐队就是在姜双根老师的精心辅导下,成为全区最优秀的学生民乐团。

在姜双根老师的精心投入下,民乐团不断取得新的收获和成果。2006 年,他带领的禾韵民乐团参加首届浙江省民乐社团比赛获得金奖,2008 年参加浙江省器乐大奖赛获得银奖,并在浙江省民族器乐比赛中,获得学校组三等奖的好成绩。

总之,几年来怀着对民乐的热爱,姜双根老师自费创办民乐队,向部队和社区无偿组织慰问演出,免费为民乐爱好者开展培训指导,使嘉兴的民乐事业注入了生机和活力。

第七章　浙江省农村文化队伍
建设的基本经验

改革开放以来,浙江各级党委、政府及文化部门高度重视文化人才工作和农村文化人才队伍建设,广泛吸引和凝聚文化人才,大力培养和造就文化人才,各类文化人才在构建农村公共文化服务体系中发挥着越来越重要的作用,农村文化人才队伍建设取得了历史性进展。从一定意义上说,农村改革开放 30 多年来的文化发展史,就是文化人才队伍不断创新的历史,就是文化人才队伍不断发展壮大的历史,就是文化人才队伍特色不断增强的历史。

一、加强农村文化队伍建设的主要做法

进入新世纪以来,在文化部的关心、支持和指导下,在浙江省委、省政府的重视领导下,全省各级文化行政部门把农村文化队伍素质提升工程作为一项战略性、基础性的工作来抓,高度重视人才队伍培训工作,完善现有人才队伍培养机制,努力培育一支高素质的农村文化人才队伍,有效地提高了农村文化人才队伍的公共文化服务能力和业务水平,为实现浙江文化大发展大繁荣、建设文化强省提供人才保障和智力支持。

(一) 坚持以强化政策导向为统领

强化政策导向,是做好各项文化工作的优良传统,加强和改进党对

农村文化队伍建设的领导，是推进文化改革发展、建设文化强省的根本保证。浙江各县（市、区）党委政府切实把思想和认识统一到中央和省委省政府的决策部署上来，自觉把文化建设摆在全局工作的重要位置，把农村文化队伍建设纳入本地区文化发展的总体规划，认真履行把握农村文化队伍建设方向的政治责任、统揽文化发展大局的领导责任、凝聚文化队伍各方力量的组织责任，开拓创新，锐意进取，充分发挥农村文化队伍资源的潜在优势转化为文化发展的现实优势。早在1999年，浙江省委省政府提出了建设文化大省的战略目标。2005年，中共浙江省委十一届八次全会作出《关于加快建设文化大省的决定》，实施文化建设"八项工程"，其中文化人才工程就是围绕公共文化服务体系建设设立的文化建设工程。2008年，浙江省委召开工作会议，专题研究部署兴起文化大省建设新高潮、推动文化大发展大繁荣的工作，制定了《浙江省推动文化大发展大繁荣纲要（2008—2012）》，提出深入实施文明素质、文化精品、文化人才等文化建设"八项工程"，着力建设社会主义核心价值体系、公共文化服务体系和文化发展体系等"三大体系"①。2010年12月20日，为了贯彻落实中宣部、中组部、中央编办、国家发展改革委、财政部、人力资源和社会保障部六部委《关于加强地方县级和城乡基层宣传文化队伍建设的若干意见》，浙江省委宣传部、省委组织部、省机构编制委员会办公室、省发展和改革委员会、省财政厅、省人力资源和社会保障厅等六部门联合下文，制定出台《关于加强地方县级和城乡基层宣传文化队伍建设的实施意见》，要求进一步提高基层宣传文化队伍的思想理论素养和创新能力，进一步优化结构，不断提高队伍建设的科学化水平，充实力量、提高待遇、突出重点、整体推进，努力造就一支政治坚定、素质优良、扎根基层、服务群众的宣传文化工作队伍。自浙江省委宣传部等六部门出台《关于加强

---

①　冯源.《浙江建设公共文化服务体系：早投入　重基层　抓人才》. http：//news. hexun. com/2011-11-01/134760617. html

地方县级和城乡基层宣传文化队伍建设的实施意见》以来,全省各地、各部门紧紧围绕干部管理、力量配备、业绩考核、培训培养、工作保障等重点内容,扎实推进基层宣传文化队伍建设。全省 11 个市、60 多个县(市、区)已经结合各地实际,出台《实施意见》,落实主要工作任务。如嘉兴市委、市政府高度重视农村文化建设,先后出台了《嘉兴市推动文化大发展大繁荣的实施意见》、《嘉兴市推动文化大发展大繁荣的若干政策意见》等一系列务实举措,农村文化事业取得了显著成效。伴随着农村文化建设的不断推进,村级民间文艺队伍也迅速成长和发展,呈现出数量多、规模大、类型丰富的基本特点,成为新农村文化建设的一支重要的生力军。目前,全市拥有音乐、舞蹈、戏曲、曲艺、美术书法、摄影、民俗表演、技艺表演、体育等门类的村级民间文体团队 2400 多支、计 3.3 万人,其中民间体育团队近千支。这些民间文艺团队常年活跃在农村第一线,在新农村文化建设中发挥着不可或缺的文艺轻骑兵的作用,极大地丰富了农村群众日益增长的多样化、多层次的精神文化需求[①]。又如建德市在 2011 年 9 月制定下发了《关于加强全市宣传文化队伍建设的实施意见》,明确加强宣传文化队伍建设要求。同时专门制定村级文化管理员岗位招录条件和文化示范团队、文化示范户评选标准等一系列文件,为抓好农村文化队伍建设打下基础。结合省、市文化示范单位、星级文化团队的创建评选工作,全面开展全市群众文化示范团队、示范户评选活动,极大地调动了广大基层文化工作者和群众文化团队的积极性。全市登记在册的文艺团队有 299 支,9600 余人,涵盖排舞队、腰鼓队、戏迷协会、龙灯队、书画等十余个类型,这些文艺团队成为农村文化建设的中坚力量。

---

① 浙江文化厅网站.嘉兴举行全市村级民间文艺队伍建设现场会.http://www.zjwh.gov.cn/dtxx/zjwh/2011-10-26/110769.htm

（二）坚持以创新管理机制为抓手

在新的形势下,各级文化部门担负的任务越来越重,队伍建设的要求越来越高,迫切需要建立一套完备的管理机制,解决当前工作中"干与不干一个样,干多干少一个样"的问题,进一步形成竞争、择优的环境和氛围。这既是适应新形势、新任务发展变化,不断提高队伍整体素质和战斗力的根本途径,也是事关文化工作全局、着眼于队伍长远发展的战略措施。

1. 加强公益性文化单位的管理

为了发展公共图书馆事业,满足公众对科学文化知识的需求,对省内公共图书馆的规划建设、经费保障、文献信息应用、读者服务以及数字化、网络化、自动化建设等问题作出指导,《浙江省公共图书馆管理办法》经省人民政府第9次常务会议审议通过,自2003年10月1日起施行。为进一步明确文化馆的公益性性质、公共文化服务职能,明确文化馆的建设要求和标准,强化文化馆作为当地群众开展文化活动设施的服务功能,适应新时期推进公共文化服务体系建设的要求,《浙江省文化馆管理办法》经省政府第36次常务会议审议通过,自2009年10月1日起施行。这两个办法的出台,有效推进了公共图书馆、文化馆的建设和管理,大力促进了群众文化事业的发展。

2. 建立等级评估制度

2009年9月,对全省市级(杭州、宁波除外)图书馆进行了评估,并抽查了部分县区级图书馆。评估组以文化部制定的《公共图书馆评估标准》、《细则》和《定级必备条件》为主要依据,通过听取当地文化主管部门和图书馆的汇报、查看台账材料、现场检查等方式开展工作,并对被评估(抽查)馆的情况及时进行了反馈,提出整改建议和要求。

按照文化部办公厅《关于开展全国第三次文化馆评估定级工作的通知》(办社文函〔2011〕19号),今年2月至7月,我省组织开展了全省范围内的文化馆评估定级工作。全省共有 102 个文化馆（群艺馆），本次有 97 个馆参评，参评率为 95.1％。通过评估，进一步加强我省文化馆的服务能力和管理水平，有效推动全省文化馆事业的发展。

2009 年，省文化厅对全省乡镇综合文化站评估定级标准和方法进行了修订，从办站条件、公共服务、业务建设、管理水平等方面对全省乡镇综合文化站开展了评估定级工作，全面促进乡镇综合文化站规范化建设，科学化管理。全省 1509 个乡镇综合文化站中，共评出特级站 157 个、一级站 270 个、二级站 248 个、三级站 222 个，定级文化站约占全省乡镇综合文化站总数的 60％。[1]

围绕整合各地业余文化团队资源、创新业余文化团队管理机制，建立群众文化团队评级管理体系。群众文化团队评级管理体系的建立，改变了以往业余群文团队无人管理、自生自灭的无序状态，将这支重要的群众文化队伍纳入了一个由文化管理部门主导的管理平台。评级管理制度，也大大促进了各团队间的交流、竞争和互动，增强了优秀群文团队的示范、带动和辐射作用。如杭州有数千支业余群众文化团队，它们是群众文化活动的主体，繁荣活跃群众文化、推进群文事业发展的主要力量。在对这些团队的整合管理方面，杭州各区县（市）文化部门进行了多方面的探索，如上城区成立了文艺团队联合会，将该区 346 支群文团队 9800 名文艺爱好者纳入统一管理平台；下城区、余杭区采取了星级团队、等级团队评定办法。在各区县（市）群众文化团队管理工作的基础上，杭州市建立了全市群众文化团队评级管理制度，通过评定杭州市群众文化星级示范团队，加强对这支队伍的管理。杭州市群众文化星级示范团队每两年评定一次，评为"示范团队"的队伍，市文广新局给予一定的资金补助，市群众艺术馆在业务上给予重点辅导。2008 年，全市共评选"示范团队"46 支；2010 年，全市共评选

---

① 陆冰凌.2009 年全省乡镇（街道）综合文化站评估定级工作全面完成.浙江文化信息网.http://www.zjwh.gov.cn/dtxx/zjwh/2009-12-10/84650.htm

出"示范团队"102支,其中五星级团队8支,四星级团队10支,三星级团队15支,二星级团队20支,一星级团队49支。

3. 完善人才管理制度

通过多年的实践,全省建立了"基础人才→人才库人才→县专业技术优秀人才→市级专业技术拔尖人才→省管优秀专家"这一由低到高的梯次管理模式。对各类人才建立了专业技术人才、民间文艺表演人才、非遗传承人队伍等人才库,实行动态管理,跟踪服务,定期考核;对在一定期限内没有新成果或没有完成责任目标的,不再列入管理;对于新涌现出的有一定成果、有发展潜力且热心文化事业的人才及时纳入管理,保证了全省各级农村文化人才队伍充满活力。此外,规范职称评审。2009年,省文化厅制订了《浙江省图书资料和群众文化高级专业技术资格评审业绩成果和学术要求量化指导意见》,促进了职称评审的公正,对专业队伍的建设起到了"指挥棒"的作用,确保了高级职称的"含金量"。

4. 创新激励机制

为规范农村文化队伍活动,科学设置群星奖、优秀业余文艺团队、优秀群众文艺队伍、公共文化服务创新奖等奖项,省文化厅制定下发《关于省级群众文化活动及作品评奖有关事项的通知》,根据团队现实状况,引导团队正常发展,建立科学的评估机制,从团队成立时间、人数、艺术水平、社会贡献、组织管理等方面进行科学评估。在科学评估的基础上,对获得全国、市级、区级奖项的团队和个人给予奖励,对日常管理规范、活动较多、发挥作用显著的优秀文化团队给予奖励,交流经验,展示成果。比如下城区在原有工作基础上积极探索实践"星级文化团队"工作新机制,通过健全领导机制、培育机制、互动机制、激励机制和考核机制,着力打造具有城区特色的民间文化团队,构建和谐邻里关系,发展与繁荣社区先进文化,推动"文化社区"建设。特别是制定文化团队日常训练、内部建设、星级管理、文明创建等一整套工作制度,保证了团队日常工作的正常开展。

(三)坚持以创新培训方式为载体

"十一五"以来,全省各级文化行政部门高度重视人才队伍培训工作,根据全省农村文化队伍建设要求,在教育培训工作中着眼提高培训实效,实施多样化培训模式,采取绩效评价举措,确保培训目标圆满完成。2007年—2010年,省本级共培训图书馆、文化馆馆长、优秀乡镇综合文化站站长及文化馆各门类业务干部2500余名。各市县文化部门共组织培训乡镇综合文化站站长、文化员,业余文艺团队负责人、业余文艺骨干,村级文化管理员12.1万余名[①]。

1.分类别培训促提升

采取课堂讲授、座谈交流、作品加工、文艺观摩、田野采风等形式,坚持理论与实践结合,关注专业素质和实际应用能力的提高。采取专题培训、系统培训、重点培训等多种形式,拓宽文化干部的知识视野,拓展文化工作创新的思路,从思想观念、体制机制、政策待遇、方式方法等方面进行灌输。

(1)高层次培训。按照"大规模开展干部培训教育"的要求,以改善和丰富知识结构、提高领导水平和管理能力为目标,不断创新教育培训手段,积极鼓励和组织干部参加各级各类专业知识和业务培训。2006年4月首次举办出国培训班,组织全省10个市的文化行政主管部门负责人和有关省级单位负责人赴澳大利亚进行公共文化管理培训和考察,收到了良好成效。此外还不定期举办各类专题知识讲座,提高文化系统干部队伍的科学人文素质,推进学习型机关建设。10月举办全省文化系统高级人才培训班,组织全省的国务院政府特殊津贴享受人员、全省宣传文化系统"五个一批"人才、文化部优秀专家、省新世纪"151"人才工程等七类高层次人才参加学习培训,在开展全省高层次文化人才培训工作、加强同全省文化人才联系等方面进行了有益的尝试。

（2）系统培训。实施农村文化队伍素质提升工程,依托省群艺馆和省艺术职业学院部署开展省本级培训工作,对大型群众性文艺活动编导、排舞编导、大型企业文艺俱乐部负责人进行培训。举办全省分管局长、社文处科长、县级文化馆长、图书馆长培训班。全省组织培训农村文化队伍 1 万人次,每县培训文艺团队负责人、文艺骨干 150 名,村文化协管员培训由各县（市、区）自行开展。

（3）重点培训。一是文化共享工程培训为重点。针对不同岗位的要求,分类实施技术支持、资源使用、服务开展等内容的培训,将现场培训、卫星广播、网络互动、光盘教学等方式有机结合起来,逐步使培训工作实现制度化和规范化;坚持先培训后装机的原则,特别是对于新建网点,须在完成对骨干人员培训、并做到培训考核合格以后才进行设备安装,使培训人员切实掌握设备操作技能,具有开展服务的能力。二是以农村文化队伍素质提升工程为重点,旨在全面提高农村文化队伍素质,为构建农村公共文化服务体系提供人才支撑。省文化厅为配合"农村文化队伍素质提升工程"的实施,本着"宜学、好懂、实用"的原则,组织有关专家、学者撰写教材,正式出版发行《浙江省农村文化队伍素质提升工程辅导教材》。据统计,从该工程实施以来,全省省、市、县三级文化部门分级、分批、分类对全省文化馆、图书馆、文化站干部以及农村业余文艺骨干、村级文化管理员进行大规模的全员培训,受训人员达 59356 人次,其中省文化厅举办培训班 13 期,培训人员 1360 余人。三是以非物质文化遗产保护为重点。围绕非物质文化遗产申报与保护的关系、申报与评审等内容,举办了 7 期全省非遗普查分类及普查成果汇编、保护培训班,培训文物管理干部 411 人,推进了全省非遗保护事业的发展。四是以培育文化志愿者队伍为重点。发挥好各级文化部门的职能优势,采取有效措施,加强省、市、县、乡四级文化志愿服务队伍建设。将文化志愿服务者的培训工作纳入农村业余文艺骨干培训计划,着力提高文化志愿者服务水平。

2. 多途径培训抓普及

以"抓普及、促提高,抓提高、带普及"的思路,运用网络培训、创设培训基地和下基层免费培训等形式,对农村文化队伍的人员开展全方位的培训。

(1) 依托网络培训。在传统教育显然无法跟上知识更替和信息爆炸的当下,终身学习已经越来越成为当今社会的主流。而网络作为信息的天然载体,必将通过其在教育领域所特有的功能,来回应当今社会对于终身学习的需求。"宁波网视"在栏目设置上,注重利用资源广、信息量大、共享快捷的优势,向宁波市民提供优质的群众文化培训。通过"美食天地"、"综艺集萃"、"时尚生活"、"法制在线"等几个栏目视频,"宁波网视"普及了美食文化、民间文艺、美容护肤、塑身美体、养生保健、法律常识等与民众生活息息相关的知识。并且在"公告栏"中,即时发布海曙区文化馆"百姓文化课堂"的培训通告,让市民能够快速便捷地获取第一手培训资讯。

(2) 创设培训基地。国家"非遗"保护中心在浙江设立了中国非物质文化遗产保护培训基地,并批准在中国丝绸博物馆挂牌建立中国蚕桑丝织文化保护中心。全省在浙大、浙师大、杭师大、中国美院、浙江传媒学院、浙江艺术职业学院建立了 6 个高校"非遗"研究基地,发挥高校人才密集、学科综合的优势,科学指导和推动"非遗"保护实践。2010 年全省举办了多次"非遗"人才培训班以及高级工艺美术人才培训班,进一步健全"非遗"保护专家库,整合人才资源,分门别类,发挥专业指导、科学研究、决策咨询等方面的重要作用。比如青田县把深化学习培训作为提升文化队伍素质能力的重要环节来抓。通过建设文化基地,抓住浙江艺术职业学院在青田县挂牌成立"校外教学实践基地",通过"请进来、走出去"形式,大力开展戏曲演唱、舞蹈创编、舞蹈表演、音乐创作、书法美术等业务培训,加大对农村业余文体团队、农村文艺骨干和农村文化示范户的培训力度,提高广大业余文艺骨干的业务素质和综合技能。在中国美术学院、丽水学院开设青田石雕技艺进修班、培训班,以及成立青田石雕艺术学校,加强青田石雕艺人业务培训,进一步拓展艺人的知识面,激发创作灵感,提升石雕作品的文化内涵。此外,青田县还组织开展鱼灯道具制作、舞蹈编排等专业培训。据统计,近三年累计培训人员600多人次,有效地提高了鱼灯表演队伍的整体素质和表演水平。

(3)下基层免费培训。组织省内各艺术门类协会、专业院团和群文系统知名艺术专家组成辅导团,深入浙江老、少、边、贫地区举办声乐、戏曲、小品、书画、摄影等大型培训讲座,让基层文艺骨干接受省内最高水平的艺术辅导,播撒农村文化良种,培育农村基层文化队伍,有效地提升群众文化骨干的艺术水平。2010年联合省委宣传部举办"浙江省农村'种文化'辅导团服务基层活动月"活动,选派10余名省内书法、声乐、舞蹈、民间工艺等方面群文专家赴绍兴、金华、台州、衢州等地与当地文艺骨干、民间艺人开展面对面、手把手的交流辅导,激发基层群众文化的内生活力。培训人次达5000余名。

3. 抓规划培训保质量

以科学发展观为指导,深入贯彻文化部《关于开展全国基层文化队伍培训工作的意见》,制定实施农村文化人才队伍建设规划,并将培训任务进行层层分解,采取绩效评价制度等切实有效的措施,加强督促检查和考核,确保培训工作质量和各项任务落到实处。

(1)制定培训规划。2005年8月,浙江省委十一届八次全会审议通过了《关于加快建设文化大省的决定》,提出了要大力实施包括"文化人才工程"在内的文化建设"八项工程"。浙江省文化事业"十一五"时期发展规划明确后,在人才队伍建设方面提出了对全省文化教育培训工作的配套规划,向全省文化系统下发了《浙江省文化厅2006—2010年干部教育培训规划》,明确了"十一五"时期文化干部教育培训的指导思想、基本原则、工作目标、主要内容,并分六大类确定了36种不同具体任务的干部培训项目,制定了相应的保障措施。为积极推进干部教育培训工作,《培训规划》明确了干部教育培训工作由厅党组统一部署,人事部门归口管理,业务部门分类实施的工作机制,做到职责明确,协作配合,有利于干部教育培训工作制度化和规范化。2010年9月,根据《国家中长期人才发展规划纲要(2010—2020年)》和浙江省经济社会发展的总体战略部署,制定出台了《浙江省中长期人才发展规划纲要(2010—2020年)》,按照人才强省的总体部署,制定实施农村文化人才队伍建设规划,完善机构编制、学习培训、待遇保障等方面的政策措施,吸引优秀文化人才服务基层。

(2)建立培训机制。为加强文化人才培训工作,强化统筹规划,浙江形成了由省、市(地)、县(市、区)三级文化行政部门组成的组织协调网络,建立分级负责、上下联动、整体推进的农村文化队伍培训三级联动组织协调新机制。"十二五"期间,以浙江省群艺馆、浙江艺术职业学院为基地,整合资源,上下联动,建立省、市、县三级培训网络。充分利用共享工程网络资源,制作培训课件,开展远程培训。根据基层文化工作实际需要,设计培训课程,充实丰富基层文化队伍培训内容。如大型群众性活动,舞蹈(排舞)、编导、合唱指挥培训,大型文艺团队编导、大中型企业文化俱乐部负责人的培训。

(3)实施培训考核。将培训任务层层分解,落实专门机构和人员。建立干部培训档案,将培训工作与持证上岗、职称评定、职务晋升相挂钩,并作为绩效考核的重要方面。将培训工作纳入文化行政部门、文化单位年终考核指标,纳入图书馆、文化馆站评估工作。

(四)坚持以落实专项经费为保障

为贯彻落实《关于加强公共文化服务体系建设的若干意见》(中办发〔2007〕21号)、《关于进一步加强农村文化建设的实施意见》(浙委办〔2007〕38号)等文件精神,进一步推进我省基层公共文化服务体系建设,保障广大基层群众的基本文化权益,丰富广大农民群众文化生活,省文化厅和财政厅联合出台了《浙江省基层公共文化服务建设专项补助资金管理办法》,主要是将"十一五"期间的多个专项资金管理办法整合成浙江省基层公共文化服务建设专项补助资金管理办法,分为公共文化设施建设效能提升项目、公共文化产品配送项目、文化信息资源共享工程服务提升项目、群众文化品牌培育项目、基层文化队伍素质提升项目、文化示范工程创建项目共六大项目,省财政年安排补助资金 1.36 亿元。"十一五"期间,浙江省财政每年安排 500 万元专项资金用于农村文化队伍素质提升工程,保障各级培训工作顺利开展。其中,省级组织的培训和演出成果检阅和展示,由省统筹安排;县级组织的文化员、业余文艺队伍骨干、村文化管理员培训,分类别由省财政统一拨付。同时在各市县文化主管部门的精心策划和争取下,各地财政也加大对基层文化队伍建设的投入,为发展壮大基层文化队伍提供有力的经费保障。如杭州市从 2011 年开始财政每年安排 1000余万元专项资金,用于全市行政村专职宣传文化员队伍建设和村文化团体活动。作为一项特色,杭州市还深入实施《青年文艺家发现计划》,每年设立 3000 万元专项经费培养文化人才。同时,通过进一步提高公益性演出补助标准,从去年的每场 6000 元增加到 1 万元,极大地调动了市级文艺院团送戏下乡、文化惠民的积极性。在市里的带动下,各区县(市)和乡镇(街道)也为这项工作投入了大量经费。萧山区注重政府激励、扶持,制定出台了《萧山区"种文化"系列工程实施方案》、《萧山区品牌文化艺术团扶持奖励实施办法》等有关文件,对每个镇街品牌文化艺术团扶持奖励 6 万到 8 万元,同时根据参加区内各种文体活动的情况给予相应经费。每年还要评选一批活动丰富、阵地活跃、节目精彩、特色鲜明的优秀文化艺术团、俱乐部进行表彰和奖励,激发基层文体队伍建设的积极性。

(五)坚持以注重总结展示为平台

主题鲜明、内容丰富、形式多样的农村文化展演展示活动,对传承弘扬民间文艺、增强全社会的民间文化遗产保护意识、丰富群众精神文化生活发挥了积极作用。"十一五"期间，全省各乡镇（街道）每年组织一次以上农民群众为主体的文化展演活动；全省各县（市、区）每年组织一次农村文艺汇演，即在全县（市、区）范围内精选一批优秀的民间文艺节目在县（市、区）进行汇演；在县级文艺汇演的基础上，选拔一批节目，在全省范围内组织两次省级文艺汇演。2009 年 12 月，规模空前的浙江省首届社会文化艺术团队文艺汇演暨 2009 浙江省民族民间乐团（队）大赛隆重举行。此次活动由省文化厅主办，历时三天，来自全省各地包括驻浙部队和武警总队的近百支艺术团队参加了本次汇演和比赛。从他们带来的节目中，我们可以看到，大多数作品反映的是当代题材和现实生活，他们讴歌伟大时代，赞美可爱家乡，反映火热生活，颂扬民族精神，表现出了较高的创作水准和表演水平，展现了改革 30 年来我省群众文化建设成果，它不仅是我省社会（民间）艺术团队的一次盛大交流，更是对全省社会（民间）艺术团队的一次全面检阅，必将对我省群众文化建设和艺术团队建设产生积极的影响。

2010 年 7 月—12 月，为进一步提高我省乡镇（街道）文化员的综合业务能力，检验"十一五"期间全省农村文化队伍素质提升工程培训成果，展示全省文化员队伍业务水准和时代风采，浙江省文化厅在全省范围内举办"浙江省首届乡镇（街道）文化员才艺大赛"。全省共有 2000 余名文化员参与此项活动，涉及音乐、民间工艺、美术、文学等 9 个参赛门类。此次活动激发了基层文化队伍的活力，探索出了一条展示基层群众文化队伍风采，提升基层群众文化队伍素质，加强公共文化服务体系建设的新路子。

2010 年"五一"期间，浙江省民协等单位举办了海峡两岸四地民歌邀请赛；第五个"文化遗产日"期间，我省以传统表演艺术为重点，举办了浙江省传统音乐展演、传统舞蹈展演、传统戏剧展演、传统表演艺术绝技绝艺展演等系列展演展示活动。民间工艺美术展示无疑是全年活动最活跃的部分，第十一届中国工艺美术大师作品暨国际艺术精品博览会(杭州)、"农民画时代·时代画农民"全国农民绘画展(杭州、嘉兴)、第六届浙江省根艺精品博览会(东阳)、第二届中国·浙江工艺美术精品博览会(杭州)、2010中国国际旅游商品博览会(义乌)等一系列展会活动的举办,充分展示了我省民间工艺美术的实力。

为指导和促进基层文化馆(站)的业务创作工作,加强交流与推广,浙江省文化厅近几年共编辑出版了《越风吴歌——浙江省最具地域特色民歌选》、《浙江省30年新农村建设题材地方小戏选》和《浙江省群文精品节目集萃》等材料,免费发放给各地文化馆(站),丰富基层农民群众的精神文化生活。

二、统筹农村文化队伍发展的几点启示

改革开放、特别是进入新世纪以来,伴随着经济社会的快速发展,广大人民群众的文化生活不断丰富。浙江省各级党委、政府更加重视文化建设,把建设公共文化服务体系作为改善文化民生、实现文化惠民的重要举措,以农村文化建设为重点,大力推动城乡基本公共文化服务一体化、均等化,在建设基础文化设施、丰富社会文化生活、满足群众文化需求等方面取得了重大进展,公共文化服务水平不断提高,多项指标位居全国前列。特别是近年来,浙江各级文化部门以科学发展观为统筹,以优质的文化资源为抓手,发挥政府的主导力、公共文化服务机构的主体力和市场配置资源的推动力,整合资源、打响品牌、创造优势,努力提升农村文化队伍的服务能力和水平,积极引导和组织专业和业余文艺团体走向民众,走进校园、部队、企业、公园、工地、居委会及社区广场,不断加强和完善对群文团队建设的管理制度化、活动定期化、投入重点化、展示经常化,是浙江抓好农村文化队伍建设的基本经验与做法,从一定层面上确保了农村文化队伍的健康发展。

（一）要处理好当前需求与长远目标的关系

农村文化人才队伍建设作为一项战略工程,具有长期性、复杂性的特点,是一个动态的、渐进的过程。因此,文化部门要坚持统筹兼顾,把当前任务与长远需求统一起来,认真搞好农村文化人才队伍建设的统筹谋划和系统设计。在当前与长远的关系上,文化部门应立足于工作实际,既要从当前的满足群众文化需求和现实条件出发,优先解决影响和制约文化人才队伍建设和发展的重点难点问题,又要着眼于文化人才队伍建设的长远和未来需求,做好文化人才队伍建设的中长远规划,始终把培养和造就一大批基层高素质文化人才放在突出位置,提早部署,并持之以恒地抓紧抓好。俗话说,十年树木,百年树人。任何只顾当前、不顾未来、忽视长远发展的做法都是片面的,会导致文化人才资源的浪费和人才队伍建设的落后。农村文化人才队伍建设要有大局观念、长远眼光,想问题、作决策要立足于农村公共文化服务体系建设的长远发展。这里,要分清轻重缓急,并用发展的眼光谋划农村文化人才队伍建设,有些做法从眼前需要考虑是合理的、应给予满足,但还要预见文化的发展方向,使农村文化人才队伍建设能始终适应文化未来和长远发展的需要。从当前任务看,各级文化部门要不断加强文化党政人才、文化经营管理人才、文化艺术专业技术人才、公共文化服务人才、高技能文化人才、文化科技人才、文化外交人才等七支人才队伍的培养;从长远需求看,还要逐步提高与文化工作相关的法律、创意工程、非遗保护、经营管理等专业背景的人员比例,培养一批复合型文化人才、高科技数字化文化人才、国际化文化人才。只有把当前需求与长远目标统一起来,才能为农村文化事业的科学发展提供源源不断的高素质人才。

（二）要处理好参与政府主办活动与团队自办活动的关系

政府性的展示、展演、展评活动是农村文化队伍展示自我、提升素质、相互学习、树立形象、扩大影响、打响品牌的好平台,对于展示农村文化队伍精神风貌、检验文化人才队伍的业务素质、促进文化工作上水平都具有十分重要的意义,必将进一步激发文艺骨干学知识、学技艺、学业务的热情,促进农村文化队伍平常性活动的规范有序开展。政府性的文化活动对群众文艺团队有导向、引领、激励作用,一次成功的展示、展演、展评活动,离不开众多优秀的文艺团队参与;一个获奖节目的取得,离不开文艺骨干平时的刻苦学习与磨炼;一个品牌团队的打响,更离不开这个团队平时规范的管理、正常的活动和整体素质的提升。也就是说,业余文艺团队只有服从和服务于政府性的文化活动,才能出精品、出人才、出效益。如杭州市文广新局坚持"政府主导、群众自主管理"的原则,鼓励和扶持群众文艺团队经常开展文化活动。一是加强队伍建设。2008 年,命名余杭区南苑街道钱塘舞龙队等 13 个区、县(市)共 46 支群众文化团队为市级群众文化示范团队,以抓好典型、推广经验来促进群众文艺团队健康有序地发展。同时充分发挥文化馆的辅导职能,加强对农村社区文化团队的专业培训和表演技能辅导,增强文艺团队的业务素质和演出能力。二是搭建有效平台。以搭建文化大舞台、开展特色文化广场活动、组织百团百场文化大汇演等活动为群众文化团队展示风采提供了平台。三是提供资金扶持。每年对市级群众文化示范团队给予 5000 元的经费补助,为群众文艺团队购置必要的服装、道具、乐器和音响设备等。政府的资金扶持有效地改善了群众文艺团队资金紧缺的问题,激发了群众文艺团队队员的主动性,促进了团队业务素质和团队艺术水准的提高。[①]

(三) 要处理好扶持特色文艺团队与关心普及性团队的关系

特色文艺团队是指具有民间文艺特色和地域民俗特征的农村文化

---

① 许英.杭州大力扶持群众文艺团队建设.浙江文化信息网,2009-08-27. http://www.zjwh.gov.cn/dtxx/zjwh/2009-08-27/81801.htm

团队。扶持好特色文艺团队,有助于创建特色文化乡镇,打造特色文化品牌;有助于培养和造就民间文艺人才,发展壮大传承人队伍;有助于开发民间工艺和民间演艺业,发展文化产业。特色文艺团队在提升人民群众文化精神生活质量,打造文化特色品牌,提升对外知名度等方面发挥了非常重要的作用,是群众文化活动的主力军、特色文化的生力军、民间文化的传播者。普及性团队是指大众化的、休闲性的、健身为主的文体团队,以自娱自乐为目的。关心普及性团队不仅可以丰富人民群众的文化生活,满足人民的基本文化需求,展示群众的精神风貌,而且有利于群众的身心健康,增强群众的凝聚力,发展壮大农村文化队伍。在实际工作中,我们既要扶持特色文艺团队的发展,打造文艺精品,提升团队品位,又要关心普及性团队的日常活动,引导其向规范化方向发展。如果只重视扶持特色文艺团队,而忽视普及性团队的成长,放松对普及性团队的管理,那么壮大农村文化队伍、丰富群众精神文化生活将会受到影响;如果只关心普及性团队的建设,而不重视特色文艺团队骨干的培养、特色文艺节目的创作加工,那么这个地区的农村文化队伍的整体素质就上不去,文化活动会变得一般化,在上级展示展演中就会缺乏竞争力。因此,我们要一手扶持特色文艺团队的发展,一手关心普及性团队的成长和管理。同时,各业余团队要充分利用当地政府在经费投入、政策扶持等方面的优惠条件,创新机制,整合资源,拓展空间,全力推进,力争做到业余文艺团队整体水平要有新提升,管理和服务要上新台阶,精品创作要有新成果,特色团队建设要有新成效,为浙江文化大发展大繁荣作出更大贡献。

(四)要处理好专业文化队伍与业余文艺团队的关系

加快培养和造就高素质文化人才队伍,统筹促进各类文化人才发展。专业文化工作者是文化改革发展的中坚力量,业余文艺人才则是文化建设的基础力量。专职农村文化队伍是新农村文化建设的基本力量,必须明确乡镇文化站公益性文化事业单位的性质,保证乡镇文化站足够的编制员额；有条件的地方还应将专职文化队伍网络向行政村一级延伸，合理地配备行政村专职文化指导员。还要通过招聘制度、管理考核制度、继续教育制度等各方面制度的实施和完善，提高他们的文化水平、业务素质、服务意识和服务绩效。

与此同时，必须认识到新农村文化活动的真正主体是广大农民群众，农民业余文化队伍对于经常、便利且低成本地满足农民群众的各类文化需求，提高农民群众的文化素质和生活质量，树立农村文明新风尚，构建农村和谐社会以及保护优秀传统文化、挖掘特色文化具有显著的积极作用。因而，必须充分重视发挥农民业余文化队伍的作用，使他们在专职文化工作者的指导下，真正成为新农村文化建设的生力军，这是使新农村文化活动具有持久生机活力的关键所在。

业余文化人才既是文化的参与者、传播者，又是群众文化活动的组织者，已经成为文化系统一支不可替代的有生力量，发挥着重要作用。在抓好文化专业人才队伍建设的同时，要高度重视文化业余人才队伍建设。一是抓机关、学校、企事业等单位的文化骨干，通过开展节庆、调演、比赛等活动，进一步培养他们的文化兴趣，调动他们组织、参与文化活动，服务群众文化生活的热情。二是抓街道、社区这支业余文化队伍。依托街道办事处、居委会等基层组织，把区域范围内的文化爱好者组织起来，使之成为发动、组织群众开展经常性文化活动的中坚力量。三是抓遍布农村的民间演出队。为他们的演出牵线搭桥，提供方便，创造条件，积极鼓励、支持他们的行为。同时，加强对他们的管理和引导，特别是在演出内容上要加强监管，让他们朝着积极健康的方向发展，用先进文化思想牢固占领农村文化阵地，使业余文化人才与专业文化人才相得益彰，形成县市乡镇、街道、社区、农村以及机关、企事业单位上下贯通、纵向到底、横向到边的文化人才队伍网络。①

---

① 丁国琰.创新文化人才队伍建设[N].湖北日报,2010-8-25(13)

（五）要处理好人才规模与人才质量的关系

建设具有一定规模的农村文化人才队伍，是提升文化工作质量的重要保证，也是推进文化科学发展的重要前提。无论过去和现在，农村文化人才的数量多、规模大，都是文化部门追求的一个目标。但应看到，农村文化人才队伍的总体规模是有限的，片面追求规模是不可取的。这里，应科学把握质与量的辩证关系，在稳步扩大农村文化人才队伍规模的同时，更要注重提升文化人才质量，这是农村文化人才队伍建设的必然要求。高水平的专业文化人才是带动文化观念创新、方法创新、管理创新的中坚力量，也是带动文化人才队伍整体素质提高的重要依托。因此，提高文化人才队伍建设的质量，关键是面向各个专业岗位的需要，培养一大批高水平的人才。要处理好文化人才的数量、质量和结构关系，近年来文化人才的供求矛盾和结构性失衡一直是浙江农村文化建设的障碍，由于建设文化强省目标的多样性，应该将农村文化人才队伍建设的数量、质量与结构优化综合考虑。培养一支规模宏大、适应时代要求、富有开拓精神、善于创新创造的农村文化人才队伍，汇聚文化人才，壮大文化队伍，是农村公共文化服务体系建设的活力所在。

第八章　浙江省农村文化队伍
建设的发展策略

　　农村文化队伍建设是我国社会主义文化建设的重要基础,也是构建农村和谐社会的主要内容之一。在未来,农村文化队伍建设的能否保持可持续发展是社会主义先进文化建设发展成败的关键。本章就如何通过合理的准入机制、科学的管理制度、实用的技能培训、强大的激励措施、客观的评价体系等一整套发展策略,打造一支业务水平高、综合实力强、可持续发展的高素质农村文化队伍进行详述,让一支充满活力的农村文化队伍在社会主义文化事业中充分发挥主力军作用,为扎实推进社会主义文化强国做好农村文化人才储备,为加快实现"中国梦"提供强有力的农村文化人才支撑。

一、建立农村文化队伍的准入机制

　　农村文化队伍的人才结构复杂、层次不一、良莠不齐,是我省农村文化队伍建设发展缓慢的症结所在,特别是在文化岗位工作人员招考方式上,原则性太强,灵活度不够,使文化岗位所招之人专业不对口、文化编制大量浪费的问题日益突出,文化人才紧缺与文化队伍进人制度不协调的矛盾严重阻碍了农村文化人才队伍建设发展。因此,农村文化队伍的建设发展迫切需要在文化队伍进人方式上进行灵活地调整,建立一套符合农村公共文化服务需求的农村文化队伍准入机制。

（一）复合型人才引进方式创新化

文化人才一般分为专业技术型人才、文化科研型人才、组织管理型人才。农村文化人才参差不齐，各有所缺，是我省农村文化建设中存在的普遍问题，我们引进人才的工作重点要放在当地不能培养的急需型人才上，特别是既具有较强的专业创编能力、又有组织策划能力的多面手，是基层文化战线非常紧缺的。以前的人事政策在引进文化人才方面缺乏创新，受制于条条框框，使基层政府在此类文化人才时遇到了实际的困难。通常来说，引进人才有三种方式：直接引进、公开招考、定向招考，但大部分基层政府为了以示公平公正，将其他招考办法一棍子打死，仅公开招考被人事部门广泛采用，以至于将这些一专多能型的文化人才拒之门外。譬如，引进急需型文化人才，既要讲究原则，又要有创新的方法，切忌"饥不择食"，不可对某些自身有所短缺的专业人才盲目乐观，在人才质量和数量方面都要根据实际需求，立足长远发展、分清轻重缓急，先制定文化人才发展规划，再与人事部门做好协调沟通，做好直接引进或者变通招考的方案，特别是对那些不具学历但又紧缺的文化专业人才应另辟蹊径招考录用，对某些特殊专业的岗位招考上要单独立项，进行业绩实地考察，既要保持公正公平的原则，又要兼具灵活的设置条件，最后再施行方案，确保复合型文化人才引进工作的万无一失。

（二）实行文化事业单位招考特殊化

群众文化与其他事业单位的行业特点相比较，具有较大的社会性、广泛的群众性、明显的地域性、较长的积累性、较强的业务性等特点。文化的公平公正招考原则必须建立在符合群众文化行业特点和适合文化专业岗位的基础上。文化事业单位人员在招考方式上切忌和其他事业单位等同对待，否则最后招进来的人往往是一些"考试能手"，在文化工作上却无多大用处,这种情况让很多基层文化部门深感无奈。因此,将文化岗位的招考办法独立出来,对文化事业单位招考实行特殊办法,是文化人才工作的正常需求。

1. 招考流程规范化

出台相关规定,要求乡镇街道的文化员岗位招考不可由乡镇单独申报、招考,必须经过报由县级文化部门同意方可操作。由乡镇负责申报,由文化部门设置招考条件,由人事部门监督招考过程。这种方式既可以保证所招人员有一定的文艺技能,便于开展农村文化工作,还可以杜绝乡镇街道以利用文化编制招用于其他岗位的现象发生。

2. 招考条件特殊化

对某类符合要求的人才量身定制招考条件非常有必要,在这里必须申明一点,这里所谓的量身定制不是针对某人,而是针对适合担任文化专业干部的某个群体,某个具备群众文化专业优势的群体。从某些群众文化岗位具有地域性和积累性的角度出发,我们应在招考条件上设置以本地人为主,甚至可以附加应考者要具备当地主流方言的规定。譬如,文化馆音乐岗位人员招考,在设置条件时,应从文化馆的音乐岗位职责出发,该岗位人员必须具备创编当地特色音乐的能力,这就要求所招人员必须懂得方言,否则所招人员很难开展本专业的工作。

3. 考试内容实用化

在人事部门发出招考公告前,必须和乡镇街道、县级文化部门共同商榷,针对招考岗位的实际需求,以实用性为原则制定考试内容,以文艺专业技能面试、群众文化活动组织策划现场测试为主,以公共课程笔试为辅,并且提高专业技能的分数比重,提高具有文艺专业优势和文化组织能力考生的中考率。

(三) 实行文化行业人员上岗资格化

党的十八大提出了文化体制改革,再加上经济的飞速发展,文化市场的竞争也开始呈现白热化。在文化政策的扶持下,各类艺术培训中心、歌舞团遍地开花,开始在市场上大把大把地捞金。从正面角度来讲,它们的出现促进了文化的良性竞争,对文化的发展大有裨益;从负面角度来看,某些纯粹以牟取经济为利益的个人或者公司利用人情关系或者金钱交易等办法,不择手段引起市场不公平的竞争。某些少儿艺术培训中心师资力量薄弱,利用家长"望子成龙"的心情,非正当牟利。建立文化行业人员持证上岗制度,实行文化行业人员上岗资格化,有利于促进整个文化市场竞争机制的不断完善,有利于提高农村文化师资的业务素质,也是农村文化队伍建设发展的大势所趋。一般情况下可以按性质把文化行业人员归为两类:政府部门类、自由经营类。

1. 政府部门类文化工作人员持证上岗制度

此类人员由上一级文化业务部门组织考核,考核标准以开展组织群众文化活动方面或者专业创作方面的实际绩效作为主要依据。考核期为三年一次,考核合格者可继续聘用,颁发上岗证;不合格者,颁发岗位试用证,试用一年,再行考核,仍不合格者不予继续录用,劝其调离本岗位或者解除其事业单位人员身份。在考核过程中,要牢牢把握艺术技能和实际业绩相结合这一原则,最大限度地保持客观性,对每一位人员保持负责任的态度,但也绝不可偏袒。这对那些不适合从事群众文化工作或者不能积极投入文化工作的在编人员起到过滤和促进作用,大大地净化了农村文化专业干部队伍的血液。

2. 自由经营类文化行业人员持证上岗制度

把自由经营类文化行业人员分为表演类和教育类。表演类包括歌舞团等,教育类包括艺术培训学校或培训中心等,由当地的文化部门联合工商部门对其进行两年一度的业务考核,考核合格者,可以继续经营;考核不合格者,试营业半年再考核一次,如仍不合格,由工商部门注销其经营权。

二、健全农村文化队伍的管理制度

科学的文化人才管理机制主要包含文化人才制度的创新与文化人才队伍建设两大层面,其中前者是关键,是一种制度层面的变革,后者是一种文化人才存量的激发。开展农村文化人才管理机制改革,不仅可以使人才个体释放出最大的能量,还可以有效集聚文化人才队伍力量,使文化人才队伍始终保持旺盛活力。探索建立符合农村文化人才队伍特点、能够保证文化人才队伍持续发展的文化人才管理机制,是加强农村文化人才队伍建设的重要任务和当务之急。

(一) 牢固树立科学的管理理念

浙江农村文化队伍的规模已经初步形成,但农村文化队伍缺乏管理、人员散乱这一问题非常突出。科学的文化管理要求文化人才机制的改革,农村文化队伍要进一步繁荣和发展,必须具备凝聚力和向心力,这就要依靠管理的力量,确切地说,只有管好队伍,才能用好队伍的力量。

1. 提高认识

从农村文化队伍本质上看,“队伍”就是人,就是人才,农民是农村文化建设的主力军,是农村文化建设的实践者和组织者,建设和谐的新农村还要依靠广大渔农民的力量;从经济与文化的对比上看,基层人民政府对文化队伍建设重视力度还远远不够,牢固树立管理理念,充分认识农村文化队伍建设是一项基础性、战略性工程,对农村文化队伍的科学管理必须保持县级的高度,切实加强责任感、使命感、紧迫感,了解农村文化队伍建设对社会各个层面所带来的重大意义,在社会和谐、政治稳定方面起到的作用,高度重视农村文化队伍管理,理顺文化队伍管理体制,把文化人才队伍建设作为文化事业发展的重点,纳入本地人才工作和农村经济社会发展总体规划,明确目标和任务,列入党委和政府工作的重要议事日程。

2. 创新理念

从农村文化队伍的组成上看,它既包含了带领群众发展农村文化、构建和谐农村的骨干力量,又有农村文化建设中最活跃的业余文化爱好者;从农村文化队伍的业务水平上看,它既有具备专业水平的民间艺人、文化专干、资深文化能人,又有未受专业训练的普通农民、文化爱好者。前者文化程度或者说文化素养较高,而后者的文化素质较低,他们参加文化工作或文化活动,有的是出于兴趣,有的是出于经济目的,有一部分人文化程度普遍较低,甚至无组织性和纪律性,这些人员在整个队伍中占有相当的数量,这也是造成当前农村文化队伍整体素质不高的主要原因。地方政府必须解放思想,坚持"以人为本",以培训、培养与引入人才为延伸,创新管理和用人理念,把"人才"放在政府工作的首要位置来抓。形成文化理事会制度,让"人才"有机会成为文化理事会的成员,能为文化理事献计献策。财政、人事、教育等部门要按职责分工,打破条条框框,拓宽渠道,整合资源,落实措施,努力形成党政统一领导、有关部门各司其职、全社会大力支持农村文化队伍建设的良好格局。

3. 组织保障

农村文化队伍在建设农村文化与和谐农村的过程中,既是付出者,又是受益者,要管好这样一支队伍,必须建立组织机构,对农村文化队伍实行专管制度,才能保障队伍管理有条不紊。就目前而言,农村文化队伍当中较有文化素养的专业人才由文联负责组织管理,而层次较低的业余文化爱好者则较为散乱,基本上处于无人管的境况,他们只有在被政府用到时才会被想起,其余时间只是"无业游民",特别要指出的是,某些农村文化队伍还分帮立派,不团结、不合作,相互贬低,如一盘散沙,影响文化活动的正常开展,这些问题是导致农村文化队伍的人员断层、逐步解散的根源之一。成立专管组织机构,让团队有了核心,队伍有了主心骨,人心有了归属感,农村文化队伍的日常活动得到了有效管理和正常维系,才能保证可持续发展。

(二) 建立科学合理的管理模式

人才队伍管理是农村文化人才队伍专业化的基础。文化队伍的组织管理机构要结合农村文化队伍现状、中高级文化人才的发展规划,制定科学合理的管理模式。

1. 农村文化人才的分级分类管理

运用层级管理理论,将文化人才划分为不同层次,实施分级管理,可以较好地解决单一行政管理体制下,人才缺少职业的专业成长空间,发展内动力缺乏的问题。按照岗位性质的不同,将农村文化人才队伍分为专业文化类、农村文化管理类、业余文艺演出和文化志愿者四个大类,对应文化系统管理机构层次,建立专家级、高级、中级和初级四个层次,形成各类文化人才的梯次发展模式。

2. 文化人才的灵活动态管理

建立农村文化人才业绩档案,对各类各级文化人才实行动态管理。建立科学的文化人才评价考核制度,重点考核业务水平和工作实绩,按照管理权限分级定期组织评价考核活动。根据考核评价结果,对符合条件的人员进行级别等级调整,等级的调整应体现能者升、平者等、庸者降的原则,建立起一套能者上庸者下的灵活动态制度,给人才一个广阔的提升空间,进一步完善农村文化人才流动机制,在保持各类专业人才队伍相对稳定的同时,给人才成长提供更多的实践锻炼机会。

3. 建立农村文化人才数据库

文化人才数据库建设是集聚、整合、储备、共享和优化人才资源的有效载体。在分级分类管理基础上,把组建文化各类人才库作为推进农村文化人才队伍建设的切入点和具体抓手。坚持分类指导,整体推进,尽快建立健全具有较强的科学性、针对性、操作性的各级各类人才数据管理办法,按照急用先建的原则,抓紧建立当前农村文化工作急需的村级文化管理、业余文艺团队、文化志愿者等农村文化人才库,以点带面,逐步建立完善涵盖文化管理、业余团队和专业技术等门类和省、地市、县市区三级的立体型人才数据库。数据库要求备有人员的姓名、地址、年龄、性别、工作单位、职务职称、归属地、学历、联系电话、专业特长、文化业绩等详细信息,信息由文化员报送,由文化部门审核,并对有变动的成员信息要及时准确改动,及时更新。对农村文化队伍实行科学化、系统化的电子信息管理,使之有名单可查,有数据可询,出入有根据,对入库人才实行统一调配、集中使用,充分盘活和优化人才资源,发挥人才数据库的作用。

(三)抓好思想道德的导向管理

在农村文化活动中,我们发现这样一个现象,部分农村民间演出团队或民间艺人把文化活动当成赚钱的营生,以经济谋生为根本目的,对党的政策和农村文化建设的重要性认识不够,忽略了社会影响力和群众效应,他们的演出有时候会带一些负面的东西,造成不良的社会影响,这就需要我们给予思想上的正确引导和行为上的必要管理,这是农村文化队伍建设和发展的关键。

1. 在思想上给予正确引导

适时开展业余文化爱好者、民间艺人的思想道德培训课,宣传党中央的文化政策和社会主义先进文化,传播健康的道德观念,树立正确的人生观、价值观。

2. 在活动上给予客观约束

不能对演出活动听之任之,及时掌握团队的活动信息,采取主动联系和走访的办法,了解演出的内容,对节目进行有效的审查和指导,对积极的一面给予充分肯定,并提供必要的支持和帮助,对消极的内容要予以劝导,多渠道进行交流沟通,对演出主题和节目内容严格把关。

3. 以广场活动进行教育

由文化馆专干、乡镇文化员经常性地组织公益性的广场文化活动,以社区、村居的广场为活动阵地,打造广场文化活动品牌,为每支队伍进行品牌规划,通过品牌包装,提高文化队伍的自信心,通过广场文化活动的灌输式宣传教育,寓教于乐,潜移默化提高民众的思想,培养高尚的社会主义核心价值观,引导广大的农村文化队伍树立正确健康的思想道德观念。

三、构建农村文化队伍培训体系

坚持以科学发展观为指导,按照"培养造就、结构优化、布局合理、素质优良的人才队伍"的总体要求,大力实施"人才兴文"战略,坚持培训工作重心下移,以"学得会、用得上、有实效"为出发点,坚持把素质和能力培养贯穿于培训全过程,围绕激发培训活力、提高培训质量,努力实现培训内容由重知识学习向重能力提高的方向转变,培训方式由传统的课堂教学向与文化信息资源共享工程等先进的教育手段结合的方向转变,培训体制由单一的行政计划指令向依法管理、制度规范、机制激励、各方参与的方向转变,通过培训与高效并轨,为推进浙江省公共文化服务体系建设,实现由文化大省向文化强省的跨越提供强大的人才支持。

（一）完善培训体系

农村文化队伍的整体素质高低取决于培训体系的完善程度,合理完善的培训体系是提高农村文化队伍的专业技能、思想道德、组织能力等综合素质最有效的途径。

1. 逐步建立培训长效机制

"十二五"期间,以浙江省群艺馆、浙江艺术职业学院为基地,整合资源,上下联动,建立省、市、县三级培训网络。充分利用共享工程网络资源,制作培训课件,开展远程培训。根据基层文化工作实际需要,设计培训课程,充实丰富基层文化队伍培训内容。比如 2014 年文化部举办的"全国基层文化队伍远程培训",地方县区(市)级文化部门应做好组织工作,鼓励基层文化工作者积极参与。特别是,比如大型群众性活动,舞蹈(排舞、健身舞)、编导、合唱指挥培训,大型文艺团队编导、大中型企业文化组织策划的培训。培养一支稳定的高素质的师资队伍,推动培训工作科学化、系统化、常态化。

2. 建立分级负责、分类实施的培训组织体系

建议由浙江省文化厅及各地市文化行政主管部门组织开展对县市、乡级专业文化队伍进行培训;县市级文化行政部门组织开展对当地业余文化队伍进行培训。充分发挥基层群众文艺辅导基地的辐射、带动作用,充分利用辅导基地植根基层、贴近群众的优势,开展一系列成规模的基层文化队伍培训工作。在此基础上,选择 2—3 个工作基础好、培训积极性高的文化培训机构或文化单位、高等院校或科研院所建成培训基地。最后由各级文化行政部门负责组织培训考试。

3. 健全培训考核评估与督查制度

把农村文化队伍培训工作纳入各级文化行政部门年终考核指标,并对本级培训任务进行目标分解,并落实专门责任机构和人员。定期对各地农村文化队伍培训工作进行督查,对培训工作完成较好的部门和单位进行表彰,不合格的进行通报批评,甚至采用年终考核一票否决制。

(二)整合培训资源

一要招贤纳士,广泛吸纳优秀资源,激发办学活力。根据省文化厅

培训计划，省本级培训采取对点培训、异地培训、分类培训等方式，委托浙江省群艺馆和浙江艺术职业学院，每年对各市县分管局长和社文处（科）长、县级图书馆长、文化馆长及各门类群文业务干部、业余文艺骨干进行全面培训。通过高等院校培训培养一批群众文艺带头人、文艺专业骨干。通过乡镇文化员才艺大赛选拔一批有专业特长的优秀文化员。各县（市、区）每年平均培训文艺团队负责人和文艺骨干100名。二是加强培训工作规范化管理。建议研究制定省农村文化人才队伍培训制度和总体目标任务、培训内容等工作规范，使这项工作有序扎实推进。三是加强师资队伍建设。尽快建立各级的培训师资库，并依托现有各级文化干部培训机构、文化信息资源共享中心各级分中心和基层服务点、各级文化馆、乡镇综合文化站、群众文艺辅导基地和图书馆馆外服务点等文化单位，建立一支业务能力强、爱岗敬业的专职教师队伍。同时，选聘一批文化工作实践经验丰富、理论水平较高的党政领导干部、文化行政部门和公共文化机构管理人员、高校和科研机构专家学者等担任兼职教师，为农村文化队伍培训工作提供丰富师资。特别是充分利用教育系统优秀的文艺人才资源，采取文化教育联姻的形式，交换师资，吸纳优秀的青年文艺教育工作者。

（三）创新培训方式

农村文化队伍培训要以政策法规、业务知识、文化素质培养、能力建设等内容为基础，结合当地实际和需求，不断丰富和完善多形式、多样化的组织培训。根据浙江省现有培训条件，主要采取以下培训方式：一是集中培训。充分利用本省图书馆、文化馆、艺术院校等培训基地，采取集中办班的形式，集中培训一批师资和业务骨干。二是外派培训。选派一批综合素质好、业务能力强的农村文化骨干到上级文化单位、先进地区、高等学府进行带职培训，培养一批素质过硬的农村文化干部。三是远程培训。充分利用现代信息技术手段，建立开放、兼容、共享的网络远程培训服务平台，依托全国文化信息资源共享工程服务网络,面向农村专兼职文化工作者提供随时随地的在线学习、在线考试等服务。2013 年 11 月 6 日,全国文化干部网络学院在中央文化管理干部学院成立,这为农村文化人才培训提供了更优质的载体。四是脱产研修。精选一部分思想素质、理论修养、业务能力俱佳的文化干部脱产进修,培养一批高尖端文化人才。与此同时,组织省内各艺术门类协会、专业院团和群文系统知名艺术专家组成辅导团,深入基层举办公益性的培训讲座,让基层文艺骨干接受省内最高水平的艺术辅导,播撒农村文化良种,培育农村基层文化队伍,有效地提升群众文化骨干的艺术水平。

四、完善农村文化队伍的激励机制

农村文化队伍的核心是"人",是"人才",农村文化队伍建设发展关键在于人,完善的激励机制能为人才工作带来巨大的作用,激励措施的成功实施能凝聚团队的力量,产生共同的信念,使之转化为动力,并为之努力,从而大幅提高农村文化人才队伍的战斗力。激励所产生的效果更多的是在于精神层面的动力,激励的能量是持续的而非短暂的、必然的而非偶然的,它所拥有的导向作用、动力作用、优化作用、提升作用、稳定作用、约束作用、凝聚作用充分调动人才的工作热情,可持续地提升人才的发展力和创造力。

(一) 酬劳与业绩挂钩,完善分配制度

传统的平均分配主义已经成为一些地方政府部门潜在的定律,同在一个单位,同在一个部门,无论能力强弱、付出多少,工资、福利、奖金一样,表面是一种公平,实际上是一种不公平。在文化战线上,埋头苦干的专业人才和综合型人才拿着最低等的工资,这种现象并不少见。国家出台工资改革是对中国分配制度的改革和完善,打破了传统

的平均分配制度,具备科学性。地方政府应根据行业的特点制定多元化分配标准,把文化人才的实际业绩考核作为分配多少的主要量度,把文化人才的学历、职称、工龄作为分配多少的参考量度,对当地文化有杰出贡献、业绩特优的工作者采取特优待遇。提高农村文化人才的经济待遇,减轻生活的压力,才能充分发挥其潜力。文化人才付出的是智慧,产生的是不可估量的文化价值,从而创造出巨大的文化财富,完善分配制度,打破传统的吃"大锅饭"现象,真正形成酬劳与业绩挂钩的分配制度,才能让文化人才全心全意为农村群众服务。

1. 职称评定与实际业绩相挂钩单位

高级职称代表着享受政府津贴、高工资、高待遇,而一些具有中高级职称的人员不下基层、不干事实却能享受到高薪。要改革分配制度首先要完善职称评定制度。职称评定标准应和实际业绩、工作能力挂靠,把绩效作为评定的主要指标,学历、论文要求等作为参考指标。打破职称终身制,对于已经具备中高级职称的人员应采取每三年进行一次绩效考核,考核不合格者,给予职称降级处理。

2. 建立文化工作绩效奖励基金

国务院出台的绩效工资改革,这个被称为中国史上最大的分配制度改革,目的是通过不同的奖励分配制度鼓励职工更努力地工作,形成"多劳多得"的良性局面。但由于配套机制的不完善,绩效工资改革已成为一种表面上的应景制度,导致了更多人的收入上的不公平。针对实干型文化工作者成立绩效奖励基金,把奖励基金纳入财政预算,对绩效明显的个人和团队给予嘉奖,譬如:针对积极参加公益活动的文艺团队,设文化团队奖励基金,年终召开颁奖大会,为最优秀的团体进行表彰,并颁发奖金;针对实干型群众文化人才,设文化人才绩效奖,由乡镇农村组织报送当地一年中群文绩效最优的文化工作者,要求申报材料真实,图文并茂,在年终大会统一进行表彰;针对引进的高级人才或独掌民间技艺的具有实效的人才,设高级人才特殊贡献奖,对此类人才,以完成全年重大文化项目或文化活动的情况为标准实行嘉奖。通过灵活有效的绩效奖励机制,全面营造有利于高素质文化人才大量涌现、健康成长的良好环境,建设一支有影响、有水平、有成就的文化人才队伍。

3. 建立文化艺术创作奖励基金

针对文化科研成果创作型人才,设文化科研成果奖,对那些实用性高、影响力广、突破性强的文化科研成果给予嘉奖或表彰;针对艺术创作型文化人才,设文化艺术创作奖,按全年文艺作品件数的一定比例评选出年度最佳文艺作品,给创作者予嘉奖;四是建立文化艺术保障基金。保障基金专门针对艺术专业性强(基本上以表演艺术和民间艺术为主)但艺术生涯较短的专业人才而设,表演专业人才因年龄、身体状况无法再继续担任本专业工作,必须离职或者调离时,给予一笔补贴人才保障基金,为离开文化工作的专业人才提供一定的生活保障。

(二)载体与待遇扶持,激励本地人才

本地人才较外来人才优势明显,一是本地人才生活区域稳定,社会环境和人际关系熟悉,对当地文化认知度较高,对家乡的文化建设会有较强烈的责任感和使命感;二是本地人才的培养成本较之外地人才低得多。因此不可一味地注重外来人才,而忽视了本地人才利用,可以采用类似引进人才的"大手笔、大优惠"政策,大力开发本地人才的土壤。

1. 建立多样化展示载体

作为主管文化的政府部门和主管文化人才的组织机构,把本地人才建设规划提升到当地文化发展的战略高度,通过全社会的力量,搭建展示平台,多提供能让业余文化爱好者和民间艺人、文化骨干展示才华的舞台,积极营造"人尽其才,才尽其用"的人才氛围。特别是中国传统文化受到全球经济不断冲击的今天,一些身怀绝技的民间艺人

逐渐老去,面临着民俗技艺失传的现状,政府方面应多渠道为其提供展示"绝活"的机会,如举办民俗文化技艺大挑战、民间技艺擂台赛等。在本地群众文化人才的开发利用上,形成传统性载体,如建立以地域特色为主的载体活动,"欢乐渔乡"为主题的渔家海洋文化节,组织开展"渔民才艺大比拼"、"周末渔民大舞台"、"渔村文艺展演"等系列活动,让有才艺的渔民、渔家民间文艺团队一展魅力。

2. 提供可行性职业规划

引导重点高校的文化专业类毕业生到农村参加文化工作。根据对方意愿,制定一至三年、三年至五年的职业待遇规划,通过采取报考公职人员优先录用、建立"五险一金"、享受正式在编待遇等措施,对其提供扶持和帮助,既能完成从学校到职业生涯的角色转变,又可以实现职业理想、为家乡做贡献,何乐而不为呢!

3. 实行编内外待遇平等

文化行业分工精细,隔专业如隔山,仅仅依靠编制运作根本无法满足大量的文化需求。社会上一些自由文化策划人、民间培训机构的舞蹈教师、艺术策划设计等等都可以加以充分利用。面对一个公共性的智囊团,我们必须合理规划,坚持刚柔并济的原则,促进人才的有序流动,打破"以编养人"的传统观念,充分提升利用编制内的刚性人才,并在引进人才的基础上,重视外智利用,建立可进可出的人才结构链和灵活的人才资源利用制度,只付薪金,不占编制,让编外文化人才也能享受编内人员的职称、养老保险、公积金、医疗保险等社会保障待遇,甚至更为优越的待遇,通过借用、编外聘请、自由聘用、交换人才等柔性方式,激励有才学之士为文化提供智力支持。

(三)政策与财政并举,吸引外来人才

政策激励是农村文化人才建设中的关键因素,财政力度决定着农村文化队伍建设发展的成败。用好本地人才、留住优秀人才、吸引外来人才需要政策和财政共同扶持,才能推动文化人才队伍的迅速发展。某些地区领导对人才一再流失不得其解,扪心自问:我们的工资福利、住房待遇、干部提拔、文化产业投资等方面政策是否优越,有没有吸引力?没有灵活变通地运用政策给予支持,没有强有力的财政力度,是人才流失的主要根源。譬如,在干部的提拔政策方面,要遵循"任人唯贤"原则,讲人情、比关系、拼背景任用的干部没有几个是能真正为文化作贡献的,学历、身份、工龄都只能作为参考因素,有实干精神、实际能力才是最重要的。

1. 政策亲情化

解决好外来高级人才的家属安置困难问题和住房困难。某些紧缺型外来人才愿意为当地服务的,政府方面要有特殊的政策倾斜帮助解决子女就学、家属就业、人才住房等问题,为人才营造良好的家庭亲情氛围,解决他的后顾之忧,让他一心一意地在当地安居创业,把才华奉献给第二故乡。

2. 环境优良化

鼓励外来专业人才自由创业,打造优良的外来文化产业投资环境。譬如,为专业人才创办文化产业启动融资担保政策、金融优惠政策、税收补贴或免除税收政策、审批手续简化政策。在财政上,专门为愿意自主创业的外来文化人才提供创业基金。鼓励个人和集体创办文化企业,帮助外来人才宣传和推广文化科研成果,对那些作出卓越贡献的专业人才可以给予产权入股等作为奖励。吸引并支持外来文化创意企业、策划公司入驻本地,打破国有文化垄断当地文化项目的局面,对愿意投资当地文化产业的企业提供资金扶持,提高文化创业的成功率,扩大外来企业人才与本土人才的竞争力度,打造充满生机和活力的人才格局。

3. 资金加强化

加强投入财政在硬件设施规划上的资金,建设一批具有浓郁的文化氛围的标志性建筑。譬如,建立文化艺术创作中心,一个好的艺术创作环境是艺术家们挖掘潜力、寻找灵感、创作文化艺术精品的关键因素,这为吸引外来人才提供了专业的空间。文化创作中心能产生较大的人才集聚效应,发挥出巨大的人才群体能量,为众多文化精英带去无限的想象空间,激发文化人才的创作情感和创作力量;建设文化产业园,为文化人才提供创意空间。文化产业园指的是与文化关联的、产业规模集聚的特定区域,是具备鲜明文化形象并对外界产生吸引力的集文化生产、文化消费为一体的多功能综合文化园区,也可以说是一条较为完整的文化链,它的主要作用在于能大幅提升当地对外的吸引和文化品牌效应,对引进外来文化人才工作意义重大。

五、建立符合省情的农村文化人才评价使用制度

建设和谐的农村社会,农村经济发展是根本,农村文化建设是关键,先进文化的引导是主要途径。我省的经济发展正处于快速发展阶段,与之相比,农村文化建设明显滞后,文化发展速度已经跟不上日益增长的物质生活水平。农村文化要大发展,必须依靠文化人才,引进先进文化的力量,要充分发挥文化人才这一主体作用,必须建立一套符合本省文化人才现状的实用合理的文化人才评价机制。本节根据浙江省农村文化人才评价体系的实际背景和现状,从原则性、灵活性、合理性出发,设计符合省情的农村文化人才评价体系,并对整个体系设置加以阐述。

(一)创建农村文化人才评价使用体系的综合分析

1. 我省农村文化人才评价体系的现状分析

我省农村文化人才是指扎根于渔农村、引进到渔农村、服务于渔农

民文化的人才群体,是将社会主义先进文化引进到我省渔农村,促进渔乡精神面貌大改变的指导者和执行者,是农村发展先进文化的代表和先行者,是浙江省文化人才队伍的主要组成部分。农村文化人才作为我省文化工作中一种特殊的角色、特殊的群体,还没有一套系统、完整、科学、专业的评价体系与之相适应,现有的文化人才评价体系存在着较大的局限性和不相适应性,考评条件和过程流于形式,评价结果不够客观。文化人才评价机制就是一支杠杆,失去平衡就会引发不公平的竞争。当务之急就是要创建一套以政府为主导、社会为主体的,适合浙江省农村文化人才发展的文化人才评价机制,通过"考、议、评、核、定"为广大农村文化人才提供一个公平、公正的评价平台,让业绩突出的优秀人才得到客观的认定和社会的认可,为建设农村文化事业提供人才资源和智力保障。

2. 创建农村文化人才评价使用体系的基本原则

根据农村文化人才自身的特点,尊重农村文化人才的专业取向,保持规律性、原则性、灵活性,以专业素质、综合能力、工作绩效为评价内容,由主观转为客观,由单一转为多元,制定农村文化人才评价体系须遵循以下几个基本原则:

(1)导向性原则。导向性源于公正性。客观公正地评价农村文化人才,才能激发他们的创业热情,充分发挥他们在开展文化活动中的示范、带动作用,真正成为新农村文化建设的"领头雁"、"带头兵"。

(2)实用性原则。本原则源于农村文化人才所处的岗位和服务对象,实用性是农村文化人才考核的重要指标,设置指标方面要根据文化人才层次分档分类评价,切合农村文化人才的实用性。

(3)特殊性原则。评价体系的特殊性取决于农村文化人才的乡土性。他们活跃在农业和农村经济社会发展第一线,具有一定科学文化知识或者一技之长,并具有一定工作业绩或社会示范力。但在一定程度上,他们系统的专业理论教育和专业技能培训是有限的,也没有取得任何职业资格证,他们的生活环境、工作目的、服务方式以及成才路径,带有浓厚的乡土色彩。乡土性是研究农村实用人才评价体系的基点。

（4）多元性原则。农村文化人才涉及的领域广、人数众多、层级差异明显,仅靠某个部门、采取某种形式或方法来评价难以达到目的,必须与多渠道、多形式的农民科技教育培训鉴定相结合,与不同部门、不同角度、不同内容的鉴定或评价相衔接后,再作出最终评价结论。

（5）公正性原则。本原则源于农村文化人才结构的复杂性,在设置体系时,不因学历、身份、背景、工龄而有任何偏向和倾斜,是农村文化人才公平竞争的平台。

（6）可操作性。在评价农村文化人才时,必须区别对待,分类管理,采取简单易行的评价程序,切合实际进行评价,不宜全部照搬专业技术人才和高技能人才的评价模式。

（二）创建农村文化人才评价使用体系的主要内容

农村文化人才工作考评机制是一个复杂的系统工程,是考核主体和考核对象相互协作、配合和沟通的过程。因此,健全和完善科学的文化人才工作考评机制应坚持注重实绩、群众公认的原则,遵循科学合理、突出重点的原则,注重可操作性,做到组织评价与群众评价、定量评价与定性评价、结果评价与过程评价、集中考核与平时考核相结合。

1. 评价指标设计

考评指标即通常所说的考核要素,考评指标包括指标维度、指标权重和指标等次。要分类制定农村文化人才队伍评价办法,针对不同类型专业技术人员的特点,制定和实施不同的评价办法。

指标维度,即考评指标的类别。根据文化人才工作的实际以及考核对象岗位职责、阶段岗位任务的等情况,可以将考评指标分为硬性指标和软性指标两类,硬性指标主要考评文化人才工作实绩,包括职责分工、目标任务、重点工作、经费保障、舆论宣传、创新举措等几大类,并对硬性指标进行进一步细化,分解为若干个二级指标,为便于操作,二级指标不宜过多,一般在十个左右;软性指标主要反映社会公众对文化人才工作成效和满意程度的总体评价。

指标权重,即考评指标的重要程度。硬性指标和软性指标考评分各占考评总分的70%和30%。硬性指标考评分按百分制计算,一般以加分、减分形式计入考评总分,不单独设置权重;软性指标考评总分按满意度计算,可划分为"满意、基本满意、不满意"三类,以满意度高低确定社会公众对文化人才工作成效的认可程度。

指标等次,即考评指标的等级分值。从理论上讲,评价标准的等级越多,量化越细,评价精度越高;但同时,评价标准的等级越多,量化过细,操作难度就越大。在兼顾评价精度与操作难度的前提下,建议文化人才工作总体评价标准的等次设定在4个为宜,即:好、较好、一般、差,考评总分达90%及以上的为"好",80%至89%的为"较好",70%至79%的为"一般",70%以下的为"差"。

2. 创新考评方法

农村文化人才工作考核评价方法应按照客观公正、易于操作、注重实效的原则,坚持日常考核与年度考核相结合,上级考核与群众评议相结合,多种方法综合使用。一是实施年度考核。年初制定考核评分细则和考核方案,年底下发考核通知,组织综合考评主体的相关人员,采取实地考察、查阅资料、数据分析、综合汇总等程序,确定硬性指标考核结果。二是强化日常考核。文化部门应建立日常工作备忘制度,对部署的重大任务和日常工作完成情况进行督促检查,综合打分,并作为年度考核的重要内容之一。三是推行群众测评。每年年底,选择那些与各类文化人才工作密切相关、适于调查对象评判、能够了解人才工作情况的相对人考评主体相关人员,进行民意调查,开展满意度测评,确定软性指标考核结果。

3. 建立反馈机制

农村文化人才队伍考核评价必须设置反馈机制，否则考评将失去意义。反馈机制包括考评结果反馈、考评结果运用和工作改进。一是考评结果反馈。考评主体作出的考核评价结果以口头、书面两种形式及时反馈给考核对象，使其对文化工作绩效完成情况和能力素质水平有比较全面而及时的了解，为制定工作改进计划提供依据。二是考评结果运用。考评结果运用是指依据考核结果对考核对象实施奖惩的过程，关键是要把考评结果与奖惩结合起来，这是农村文化人才队伍考评机制的核心。凡综合考评等次为"好"的，给予表彰奖励并在人员使用时重点考虑；凡综合考评等次为"一般"的，不得评先选优；凡综合考评等次为"差"的，对其进行诫勉谈话。三是工作改进。考核组织及时与考核对象进行沟通交流，考核对象认真对照反馈信息，深入分析自身存在的问题和不足，详细制定工作改进计划；同时，考核组织应根据考核情况，反思考核工作中的不足，及时调整和改善评价体系，促进农村文化人才工作考评机制的改进。

（三）优化农村文化人才队伍的评价和使用机制

人才的评价和使用是两个紧密关联的重要环节，人才评价是手段，而使用是目的，科学的人才评价是科学选任用人的基础。只有建立科学的文化人才评价机制，改革文化人才评价方法，完善文化人才评价标准，才能科学有效地选拔文化人才，合理使用文化人才，保证农村文化人才资源效能的充分发挥。

1. 建立以能力和业绩为导向的文化人才评价机制

坚持德才兼备原则，把品德、知识、能力和业绩作为衡量人才的主要标准，打破编制、学历、职称、资历和身份的限制。引进先进的人才评价技术和评价手段，着眼文化工作和文化人才的特点规律，建立各类农村文化人才的评价指标体系，不断改进评价内容和评价方法，提高人才评价的科学性和准确性。坚持走群众路线,不断增强农村文化人才评价工作的开放性和透明度,对管理人才的评价要重在群众认可,对业余文艺人才评价要重在社会效益认可,对专业技术人才要重在社会认可和业内认可。把人才评价与日常考核工作相结合,不断完善民主测评、民主评议、工作绩效考核等制度,进一步提高农村文化人才评价工作的质量和实效。

2. 建立公平竞争的选人用人机制

以转换用人机制、搞活用人制度为重点,以实施岗位聘用管理、建立岗位管理制度为主要内容,深化图书馆、文化馆站人事制度改革,建立符合事业单位特点的用人制度。贯彻公开、平等、竞争、择优的原则,公开平等地使用人才。坚持正确的用人导向,积极拓宽选人用人视野,为优秀人才脱颖而出创造条件。积极鼓励各类文化人才大胆探索,开拓创新,营造人人都能成才,人人都能干事创业的良好环境,给文化人才创造施展才华的舞台。

3. 完善人才资源的合理配置和流动机制

以职位管理和岗责管理为基础,统筹岗位需要和人才个体特点,把不同能级、不同类型、不同性格、不同专长的人才放到合适的岗位,通过合理配置、优化组合,充分发挥各类人才效能。注重在配置使用中发挥各类人才作用,对于专家型人才,要积极发挥其在重大工作任务中的领军示范作用;对于高层次专业化、复合型人才,要积极发挥其在重点工作中的攻关作用;对于骨干业务人才,要敢压担子,积极发挥其在公共文化服务中的骨干带头作用;对于基层一线文化专业人才,要通过合理配置其岗位职责,充分发挥其在农村文化建设中的基础性作用;对农村文化管理人才、业余文艺人才和文化志愿者,则要加强引导和管理,调动他们在丰富和繁荣农村文化生活方面的积极性和创造性。建立健全人才交流、岗位轮岗、易地任职、挂职锻炼等制度,完善相关政策,积极鼓励引导文化人才向欠发达地区、文化基层单位流动,积极调整人才在机构层次、工作岗位、地区间的不平衡，促进农村文化人才分布趋向合理。

　　农村文化队伍建设的发展前景影响着中国农村文化的未来命运，以"多载体展示文化人才、多方位培养文化人才、多平台利用文化人才、多渠道引进人才"为总体构架，牢牢把握如何"进人、管好、培养、激励、评价"的主线，积极营造优越的农村文化人才环境，打开浙江省农村文化队伍建设的一片蓝天。

参考文献

［1］刘吉发，金栋昌，陈怀平.文化管理学导论［M］.北京：中国人民大学出版社，2013

［2］张敏.文化自觉与国家软实力提升［J］.中外企业家，2012（4）

［3］金青梅.文化产业项目管理［M］.西安：西安交通大学出版社，2011

［4］盛建国.公共文化服务的模式分析［J］.大观周刊，2011（18）

［5］孙萍.文化管理学［J］.北京：中国人民大学出版社，2011（2）

［6］王建民.战略人力资源管理学［J］.北京：北京大学出版社，2011

［7］陈立旭.文化的力量——浙江社会发展的引擎［J］.杭州：浙江大学出版社，2008

［8］周航，王全吉.浙江百镇综合文化站发展研究［J］.北京：五洲传播出版社，2008

［9］沈壮海.软文化真实力——为什么要提高国家文化软实力［J］.北京：人民出版社，2008

［10］罗争玉.文化事业的改革与发展［J］.北京：人民出版社，2006

［11］胡惠林.文化政策学［J］.太原：书海出版社，2006

［12］李向民，王晨民，程乔明.文化产业管理概论［J］.太原：书海出版社，2006

［13］王全吉，周航，金才汉，浙江改革开放 20 年群众文化实践研

究[M].杭州:杭州出版社,2010

　　[14] 向勇,喻文益.公共文化服务绩效评估的模式研究与政策建议[J].现代经济探讨,2008(1)

　　[15] 赵江滨.文化与公共文化服务体系建设的几个问题[J].中国行政管理,200(5)

　　[16] 韩美群.关于农村文化研究的几点思考[J].安徽农业,2004(6)

　　[17] 郝宗珍.加强农村文化建设促进农村可持续发展[J].探索,2003(1)

　　[18] 董西明,苏洪志.农村文化市场问题及对策[J].上海社会科学院学术季刊,2001(1)

　　[19] 王全吉,竺培勤.宁波市邱隘镇文化义工模式及其意义[N].中国文化报,2011-02-24(7)

　　[20] 李华,陆舟敏.构建新型文化公益品牌　创新基层文化服务模式[N].中国文化报,2011-02-24(7)

　　[21] 闫平.培育和壮大文化志愿者队伍.中国文化报,2011-01-01(3)

　　[22] 刘慧,叶晖.不计报酬"驻点联村"种文化　浙江文化特派员活跃三门农村[N].浙江日报,2008-12-05(1)

　　[23] 沈望舒.十大指标体系考量公共文化服务[N].北京日报,2007-06-05

　　[24] 浙江文化年鉴编纂委员会.2009浙江文化年鉴[M].杭州:中华书局,2010(4)

　　[25] 浙江省文化发展"十二五"规划主要任务之六.浙江省文化厅.http://www.zjwh.gov.cn/dtxx/zjwh/20/2096.htm

　　[26] 梁朝文.浅谈如何加强新农村人才队伍建设.来宾市党建网.http://www.lbsdj.com,2009-08.

　　[27] 十七届六中全会《决定》解读:如何壮大文化志愿者队伍.新

华网. http：//www. chinanews. com/cul/202/02-0/65905. shtml，202-02-01

[28] 关于加强文化人才队伍建设的实施意见. 温州网. http：//news. 66wz. com/system/202/0//029840. shtml，202—01—31

[29] 中共湖北省委办公厅湖北省人民政府办公厅. 关于加强农村实用人才队伍建设和农村人力资源开发的实施意见（鄂办发〔2008〕5号）. 湖北省政府门户网站. www. hubei. gov. cn，2008-09-25.

[30] 创新机制 优化环境 为人才队伍建设提供优质服务. 百度文库. http：//wenku. baidu. com/view/7ff0be960590c69ec76a. html

[31] 国家"十二五"时期文化改革发展规划纲要. http：//www. gov. cn/jrzg/2012-02/15/content_206778. htm

[32] 关于深化文化事业单位人事制度改革的实施意见. http：//www. htexam. com/a/sydw/zhengce/2009/00/26595. html

[33] 蒋水荣. 200 年浙江民间文艺述评. 浙江文艺网，http：//www. zjwenyi. cn/infoDetail. jsp? id＝62

[34] 浙江省新农村文化建设 90 问. 浙江省文化厅网站. http：//www. zjwh. gov. cn/ggwh/xnc/402. htm

[35] 金庚初，戴言，黄杭娟. 浙江省农村文化队伍素质提升工程辅导教材. 浙江省文化厅内部资料，2007(11)

[36] 浙江省文化文物统计年鉴(2011). 浙江省文化厅编印

[37] 中共中央关于深化文化体制改革推动社会主义文化大发展大繁荣若干重大问题的决定. 中国共产党第十七届中央委员会第六次全体会议决议. 2011-10-18

[38] 文化馆管理办法（中华人民共和国文化部发布）. 2007-09-13

[39] 浙江省文化馆管理办法（浙江省人民政府令第 262 号）. 2009-08-27

[40] 浙江省公共图书馆管理办法（浙江省人民政府令第 6 号）.

2003(08)

[41]乡镇综合文化站管理办法(中华人民共和国文化部令第48号).2009-05-15

[42]浙江省文化事业发展"十一五"规划(2006—2001)

[43]关于认真贯彻党的十七届六中全会精神,大力推进文化强省建设的决定(中共浙江省委十二届十次全体(扩大)会议审议通过).2011-11-16

[44]中共中央办公厅 国务院办公厅关于进一步加强农村文化建设的意见.国务院公报.中办发〔2005〕27号.http://www.gov.cn/gongbao/content/2006/content_16057.htm

[45]沈达.海宁村村都有专职文化管理员[N].嘉兴日报,2008-12-1(1)

[46]严红枫.宁波鄞州两百业余文保员活跃乡村[N].光明日报,2003-08-12

[47]群众文化在两个文明建设中的作用.http://www.he.xinhuanet.com/zhuanti

[48]莱山区招聘文化市场管理协管员简章.http://www.gxqrc.com/2005/zxgg/view.asp?findid=0,202-02-12

[49]刁玉泉.浙江业余文艺团队建设对策思考[J].浙江文化月刊,2009(03)

[50]浙江省文化厅.全面实施素质提升工程 激发基层文化队伍活力.文化部网站 http://www.cpcss.org

[51]浙江省政协文化大省建设课题第一调研组.加强人才队伍建设 促进文化事业繁荣.http://www.zjzx.gov.cn/Item/9.aspx

[52]许茵茵,戚军."合四力"促文化志愿者服务长效性.http://www.e-volunteer.com.cn/blog/article.asp?id=58

[53]钱永祥,谷云峰.志愿服务:有品质的生活——改革开放与杭州志愿服务的发展.中国青少年研究网.http://www.cycs.org

[54] 浙江省文化厅.浙江省文化志愿服务工作总结.2011

[55] 吴福平.浙江省群众文化课题调查报告[J].文化艺术研究，2010(5)

[56] 嘉兴市文广局.文化志愿者队伍建设的相关资料

[57] 梁磊.健全完善人才工作考评机制的对策和建议 http://dangjian.people.com.cn/GB/132289/9710698.html

后 记

　　《浙江省农村文化队伍建设研究》一书终于和大家见面了,编写组全体同仁如释重负,心情激动。因为,《浙江省农村文化队伍建设研究》一书浓缩了改革开放三十年来浙江农村文化队伍建设的艰辛历程和骄人成绩,全面总结了浙江农村文化队伍建设的丰富经验,这必将对浙江乃至全国农村文化队伍建设起到抛砖引玉的作用。

　　本书由多人合作完成,从谋划召开编撰工作会议,讨论编写提纲,到分配编撰任务,来自基层的七名编写人员怀着对农村文化工作的责任感,不顾工作的繁忙,不顾深入采访的艰辛,不顾伏案思考的劳累,克服了重重困难,编写完成了初稿。浙江省文化艺术研究院张卫中教授带领全体编写人员对初稿进行了逐章逐节的梳理推敲,体现了学者务实、严谨、负责的风范和情怀。嵊州市甘霖镇文化站金才汉老师负责起草提纲、联系编写人员、全书统稿等事宜,在编撰过程中起到了穿针引线的作用。本书编撰人员来自基层,理论水平不高,但由于编写人员的团结协作、尽心尽力,终使本书完稿,彰显了基层群众文化工作者的精神风貌。

　　本书的写作历尽艰辛、磨砺,无论是大纲的商定,还是书中各个章节的内容安排,都曾经历过写好后推倒重来的过程。从起初的谋篇布局,到编制大纲、动笔写作乃至文稿修改、加工、润色,编写组人员都始终保持互通信息,彼此商讨鼓励,愉快地完成了一次跨地域的友好合作。本书第一章由嘉兴市文化馆戴旭锋老师撰稿,第二章、第七章由嵊州市甘霖镇文化站研究馆员金才汉撰稿,第三章由嵊州市三江街道文化站副研究馆员张少坡撰稿,第四章由三门县博物馆馆长郑有堆撰稿,第五章由开化县根宫佛国管委会管理处副主任赖飞明撰稿,第六章由上虞区道墟镇文化站副研究馆员马德良撰稿,第八章由萧山区文化馆蔡海滨老师撰稿。最后,浙江大学城市学院的耿志红老师对全书统稿并作了部分修改。

　　本书的编写,得到了省文化厅及省文化艺术研究院的大力支持,得到了各地文化部门及同仁的友情配合,特别是无私提供基层第一手资料,推荐典型案例,在此表示诚挚谢意。由于水平有限,加之编写组人员缺乏编撰经验,书中疏漏在所难免,恳请广大读者提出宝贵意见。

编　者
2014 年 7 月

图书在版编目(CIP)数据

浙江省农村文化队伍建设研究 / 金才汉,耿志红主
编.—杭州:浙江大学出版社,2014.12
ISBN 978-7-308-14159-8

Ⅰ.①浙… Ⅱ.①金… ②耿… Ⅲ.①农村文化—
文化工作—研究—浙江省 Ⅳ.①G127.55

中国版本图书馆 CIP 数据核字(2014)第 291021 号

浙江省农村文化队伍建设研究

金才汉　耿志红　主编

责任编辑	余健波
封面设计	林智广告
出版发行	浙江大学出版社
	(杭州市天目山路 148 号　邮政编码 310007)
	(网址:http://www.zjupress.com)
排　　版	杭州林智广告有限公司
印　　刷	富阳市育才印刷有限公司
开　　本	710mm×1000mm　1/16
印　　张	15
字　　数	202 千
版 印 次	2014 年 12 月第 1 版　2014 年 12 月第 1 次印刷
书　　号	ISBN 978-7-308-14159-8
定　　价	42.00 元
